니체에 관한 모든 것

니체에 관한 모든 것

초판 1쇄 발행	2020년 12월 20일

원제	The Philosophy of Friedrich Nietzsche
지은이	헨리 루이스 멘켄
옮긴이	정명진
펴낸이	정명진
디자인	정다희
펴낸곳	도서출판 부글북스
등록번호	제300-2005-150호
등록일자	2005년 9월 2일
주소	서울시 노원구 공릉로 63길 14, 101동 203호(하계동, 청구빌라)
	(01830)
전화	02-948-7289
전자우편	00123korea@daum.net
ISBN	979-11-5920-135-6 03160

니체에 관한 모든 것

The Philosophy of Friedrich Nietzsche

헨리 루이스 멘켄 지음   정명진 옮김

"나의 철학에서 위안을 얻지 못한다고 말하는 사람이 있을 것 같다. 그건 내가 진리를 말하고 있기 때문이다. 사람들은 하느님이 만든 것은 모두 선하다고 믿는 쪽을 더 선호한다. 만약 당신이 그런 사람이라면, 성직자들이나 찾을 것이며 철학자들은 가만 평화롭게 내버려두시길!"

- 아르투르 쇼펜하우어

서문

* 이 서문은 지은이가 3판을 내면서 쓴 서문이다.

프리드리히 빌헬름 니체(Friedrich Wilhelm Nietzsche)의 중요한 사상들을 요약 해석하려던 노력의 결실이 1908년 초에 처음 책으로 출판되었을 때, 니체의 가장 중요한 저서 몇 권은 아직 영어로 번역되지 않은 상태였으며, 그때까지 발표된 해석도 단편적이거나, 혼란스럽거나, 솔직히 철학 전문가들을 대상으로 한 것이었다. 그 같은 노력이 처음 시작된 것은 독일어를 전혀 모르고 신학의 전문적인 문제들에 대해 아는 바가 전혀 없는 일반 독자가 니체를 이해하도록 돕기 위한 것이었다.

상당수의 사람들이 그런 노력을 기다리고 있었다는 사실이 금방 확인되었다. 초판이 빠른 속도로 소진되었으니 말이다. 이어 영국에서도 즉각 특별판을 요구하는 소리가 나왔다. 뒤이어 나온 보다 두꺼운 미국판도 그 앞 판의 길을 그대로 따랐다. 그래서 책을 전반적으로 수정할 기회가 생겼다. 초판의 일부 오류를 제거하고, 오스카 레비(Oscar Levy) 박사가 니체의 작품 전체를 영어로 옮겨 출판하면서 겪게 된 사실들과 의견까지 소개할 수 있게 된 것이다. 그 외에 니체의 일생에 관한 유익한 연구가 새롭게 몇 편 나오고, 많은 토론과 비판이 이어졌다. 니체의 지적 기원에 관한 섹션은 전부 다시 쓰였으며, 니체의 비판자들에 관한 부분도 마찬가지로 다시 쓸 수 있었다.

니체의 삶에 관한 장들에도 새로운 자료가 더해졌다. 또 이 책의 중간 부분도 조심스럽게 수정되었다. 이 같은 변화들이 니체의 철학에 대해 추가로 더 깊이 파고들지 않을 독자들뿐만 아니라 니체의 책들을 직접 읽을 계획을 잡고 있는 독자들에게도 이 책의 효용을 크게 높였을 것으로 믿어진다. 당연히, 이 책은 니체의 중요한 비판자들과 옹호자들의 논쟁에도 유용하게 쓰일 것이다.

니체가 최근에 더욱 두드러지고 있다는 점에 대해선 말할 필요도 없다. 현재 문학 작품을 읽고 있는 어떤 독자도, 심지어 정기 간행물을 구독하고 있는 독자도 니체의 사상이 점점 키워가고 있는 무게감을 눈치 채지 못할 수가 없다.

니체라는 이름이 1890년대 말쯤에 영국과 미국에 처음 들렸을 때, 그는 자신의 옹호자들 중에서 자신을 진정으로 이해하고자 고심하는 사람이 거의 없었다는 사실 때문에 고통을 많이 겪었다. 그런 식으로 그의 사상이 잘못 전해지면서, 그는 반은 바쿠닌(Mikhail

Bakunin)이고 반은 바이런(George Gordon Byron)인, 지적으로 무시무시한 도깨비 같은 존재로 받아들여졌다. 신성을 더럽히는 불길한 동료로, 당시의 상스러운 모든 것들의 아버지로 여겨졌던 것이다. 요약하면, 그보다 앞섰던 인물인 입센(Henrik Ibsen)처럼, 니체도 자신의 짐이 아닌 것을 많이 짊어져야 했다.

그러나 시간이 흐름에 따라 그에 관한 진실이 무질서한 열정의 구름으로부터 점점 떨어져나왔고, 따라서 그의 중요한 사상들이 뚜렷하게 보이기 시작했다. 이어서 그 사상들에 관한 보고가 사상의 실제 내용물보다 훨씬 더 끔찍하다는 사실이 발견되었다. 정말로, 니체의 사상들 일부는 위장한 상태로 수준 낮은 현자들의 독창적인 영감으로서 이미 존경할 만한 사회 속으로 파고들어갔다. 다른 사상들도 검토를 거친 결과 꽤 무해하고 심지어 위안을 주는 것으로 드러났다.

니체의 사상들에 대한 평가 중에서 가장 형편없는 것은 그 사상들이 평범하고 진부한 것들에 다소 폭력적으로 맞섰고, 또 이 행성이 가능한 모든 세상들 중 최선의 세상이 아니라는 점을 떠들썩하게 소리 높여 외쳤다는 식의 평가이다. 물론, 이단의 주장은 다행히도 이단적인 음악을 쉽게 받아들이는 귀로 향하게 되어 있다. 오늘날 옛 질서를 지키겠다고 나서는 사람들의 수는 지나간 시대에 비하면 크게 줄어들었다. 옛날의 질서는 보다 나은 무엇인가에 양보해야 하고, 현실에 만족하며 안주하는 태도는 노력하고 투쟁하려는 태도에 자리를 내줘야 하고, 전혀 변하지 않는 것보다는 어떤 변화라도 이루는 것이 더 낫다는 인식이 세상에 널리 퍼지고 있다. 그리고 니체가 제안한 변화의 프로그램이 처음에 사람들을 놀라게 했다 하더라도, 그것은 적어도 다른 개혁가들이 제안한 프로그램들보다 결코 더 놀라운 것은 아니었다. 따라서 그는 마침내 자신의 불만을 털어놓을 기회를 누렸으며, 이어서 그의 사상은 생각이 깊고 마음이 열린 사람들의 관심을 끌 수 있었다.

물론 니체가, 바오로가 정복했던 것처럼, 오늘이나 가까운 미래에 기독교 세계를 정복하겠다고 위협하는 것은 아니다. 정말로, 니체의 사상은 그런 것과 거리가 멀다. 버나드 쇼(Bernard Shaw) 같은 사람의 희극적 체를 통해 걸러내거나 루즈벨트(Theodore Roosevelt) 같은 인물을 통해 감상적으로 다뤄진다면, 그의 사상들 중 일부는 상당한 대중성을 보여줄 것이다. 그러나 그의 사상은 원래 상태로는 수백 만 명의 가슴을 건드리지 못하게 되어 있다.

넓게 보면, 니체의 사상들은 일반 대중에 속하는 인간들을 달래어 잠들게 만드는 온갖 꿈과 정반대이며, 따라서 그런 인간들은 적어도 앞으로 몇 년 동안은 니체의 사상을 의심할 것임에 틀림없다. 특별히 니체의 사상들은 일반 대중에 속하지 않는 사람들, 말하자면 머리의 높이가 조금이라도 평균 수준 그 이상으로 올라 가 있는 사람들을 위한 것이다. 니체의 사상은 바로 그런 인간의 성공을 정당화한다. 기독교가 아래 쪽에 있는 사람들의 실패를 정당화하듯이 말이다. 그렇기 때문에 자연의 법칙과 자연적인 요소들의 작용이 니체의 사상을 뒷받침하고 있음에도 불구하고, 그의 사상이 기독교의 옛 우상들과의 경쟁에서 전반적으로 승리를 거두게 될 것이라는 예상은 불가능하다.

그러나 어떤 사상이 세상 속에서 느껴지도록 하려면 그 사상에 복종할 다수의 사람들을 개종시키는 것보다 세상을 지배할 소수만을 개종시키면 되기 때문에, 니체의 신념은 장기적으로 인간의 사고에 막강한 영향력을 행사하게 될 것이 분명하다. 그의 신념을 한마디로 압축한다면, '감상성에 대한 격한 반대'로 불릴 수 있다. 소멸하고 있는 신들에 대한 애착을 완전히 끊고 감상성을 깨뜨려야만 인간의 진보가 가능하다는 것이 니체의 뜻이었다.

니체가 자신의 시대에 중요한 다른 메시지를 전혀 남기지 않았다 하더라도, 기독교가 희망을 품고 진취적으로 앞으로 나아가고 있는 사람들을 위한 이론이 아니라 자신의 힘을 믿지 못하고 자신의 힘에 낙담한 사람들을 위한 이론이라는 경고의 소리만은 귀기울여 들을 만한 가치를 충분히 지닌다.

니체의 사상들에 대한 혼란스런 보고로 인해 힘들어할 독자를 위해 그의 중요한 사상들을 도면 그리듯 쉽게 설명하고, 니체의 책들을 질서 있게 결실을 거둬가며 읽는 길을 닦아주는 것이 이 책의 목적이다. 영어로 번역된 니체의 책은 이 책 만한 두께로 18권을 채우고 있으며, 그의 생애를 설명하는 책이 서너 권 더 있다. 그러나 진정으로 바라건대, 니체의 넓은 세계를 관통하는 중요한 경로들을 배운 학생이라면 철저히 탐험하는 과정을 거치는 것이 좋다.

현대의 철학자들 중에서 니체는 그래도 덜 지루하게 읽히는 철학자이다. 그는 틀림없이 당대의 독일 최고의 산문 작가였다. 니체의 책을 영어라는 베일을 통해 읽을 때조차도, 그의 표현들의 매력과 색깔로부터, 그리고 불꽃같은 그의 사고의 광휘로부터 달아나는 것은 불가능하다.

1913년 11월 볼티모어에서

H. L. 멩켄

I

인간 니체

1장
소년 시절과 청년 시절

프리드리히 니체는 설교자의 아들로 태어나 하나님을 두려워하는 분위기에서 성장했다. 그런 환경은 위선을 타파하려고 노력하는 존재들과 자유사상가들에겐 아주 이상적인 훈련이었다. 주의를 기울이며 지적 호기심을 끝없이 나타내는 소년을 신앙심 강한 환경에서 자라도록 해 보라. 그러니까 회의(懷疑)가 신성 모독이 되고, 탐구가 죄가 되는 그런 환경에서 말이다. 그러면 소년은 틀림없이 수염이 나면서 반항심을 보일 것이다.

소년의 정신이 부모의 권위의 위압적인 과시 속에서 스스로 왜소하다고 느끼는 한, 소년은 온순하고 심지어 경건한 모습을 보일 것이다. 그러나 소년이 권위를 매우 한정적이고 변화 가능하고 너무나 인간적인 것으로 보기 시작하자마자, 말하자면 소년이 자기 아버지와 어머니도 결국엔 똑같은 인간에 불과하고 자기처럼 잘못을 저지른다는 사실을 깨닫기 시작하자마자, 소년은 곧장 지적 통곡의 장소들로 달려가서 자신의 생각들을 자신만의 방식으로 생각하고, 끝없이 펼쳐지는 하늘 아래에서 자신만의 신들을 숭배하고 나설 것이다.

어린 아이로서, 니체는 경건했으며, 한 사람의 어른으로서, 그는 온갖 불경(不敬)의 상징이고 구현이었다. 아홉 살 때, 니체는 이미 탁월한 성직자들의 지식에 정통했으며, 설교자의 아내이자 설교자의 딸이었던 그의 어머니의 행복한 마음에는 당연히 설교단이 니체가 설 높은 목표처럼 보였다. 그런데 나이 서른에, 니체는 모든 설교단을 해체해서 신학자들의 어리석은 뇌를 파낼 곤봉으로 만들어야 한다고 주장한 사람들 중에서도 가장 두드러지는 모습을 보이는 사람이 되었다.

니체가 어머니의 앞치마 끈과 난롯가를 처음 벗어나려고 시도했을 때, 어떤 깨달음이 그에게 일어났다. 그때 열 살 소년으로서 그는 세상에는 너무나 많은 사람들이 있다는 것을, 이 사람들은 모두 다 다른 마음을 갖고 있다는 사실을 배웠다. 권위의 충돌로 인해 권위의 종말이 찾아 왔다. 만약 A가 옳다면, B가 틀렸다. 그런데 B는 니체의 어머니나 할머니, 신성한 예언자들을 지지하는 우려스런 버릇이 있었다. 바로 여기서 소년의 내면에서 지성의 발달이 시작되었다. 일들을 놓고 서로 비중을 따지며 그 중에서 어느 것을 선택하는 이 기능은 인간에게 통달의 느낌을 줌과 동시에 무력감을 안기는 것 같다. 이로써 의심은 일종의 죄라는 옛날의 인식이 점점 사라졌다.

그 인식이 자리 잡고 있던 곳을, 새로운 인식이, 말하자면 세상에서 진정으로 유일한 죄는, 그러니까 인류를 해치는, 비겁하고 용서할 수 없는 유일한 죄는 무분별한 믿음이라는 인식이 차지했다. 따라서 니체의 가족이 전통적으로 지켜오던 신념이 그의 내면에서 완전히 뒤집어지면서 스스로를 삼켜버렸다.

초인(超人)의 철학자 니체는 1844년 10월 15일 프로이센의 작센주의 작은 도시 뢰켄에서 태어났다. 그의 아버지 칼 루트비히 니체(Carl Ludwig Nietzsche)는 루터 교회의 시골 목사였으며, 지역에서 유명한 인물이었다. 그러나 니체의 아버지는 단순히 지평선에 펼쳐지는 나무들의 경계선으로 시야가 제한되었던, 시골에서만 훌륭한 인물로 통하는 그런 사람이 아니었다. 왜냐하면 그때 이미 그가 위대한 세상에서 무엇인가를 보았으며, 심지어 그 위대한 세상 안에서 미천한 역할까지 맡았기 때문이다.

니체의 아버지는 아들 프리드리히가 태어나기 몇 해 전에 알텐부르크 공작(Duke of Altenburg)의 아이들의 가르치는 가정 교사를 했다. 알텐부르크 공작은 니체의 아버지를 좋아했으며, 수시로 그를 데리고 베를린으로 기억에 남을 만한 여행을 했다. 당시에 베를린에서는 사나운 군주 프리드리히 빌헬름(Friedrich Wilhelm) 4세가 휘황찬란한 궁정에서 지내면서 정신박약 상태에서 치매 상태로 급격히 악화되고 있었다. 빌헬름 4세 왕은 젊은 가정교사를 만난 자리에서 그가 똑똑하고 상냥한 인품의 소유자라는 사실을, 또 군주들이 대중과 뜻을 달리하기 쉬운 모든 일에 대해서 탁월한 의견을 갖고 있다는 사실을 발견했다.

알텐부르크 공작의 아이들이 배움을 충분히 익히게 되었을 때, 니체 목사가 공작의 집에서 할 일은 끝났다. 이어 니체 목사는 베를린으로 가서 고위 성직자들의 곁방에서 지루한 나날을 보내게 되었다. 그때 국왕이 우연히 그가 베를린에 와 있다는 소식을 듣고 그를 유쾌한 기분으로 떠올리면서 관리를 불러 그에게 재능에 걸맞은 목사관을 지체없이 주라고 명령했다. 그래서 그는 뢰켄으로 가게 되었으며, 그곳에서 아들이 태어나자, 그는 아들을 왕실의 후견인에 대한 감사의 표시로 프리드리히 빌헬름이라고 불렀다.

니체의 집에는 아이들이 둘 더 있었다. 하나는 아들 요제프(Josef)였다. 이 아들은 이름을 알텐부르크 공작의 이름을 따서 지었으나 1850년에 어린 나이에 세상을 떠났다. 다른 한 아이는 딸 테레제 엘리자베트 알렉산드라(Therese Elisabeth Alexandra)였다. 이 아이가 나중에 자기 오빠의 살림을 도맡아 꾸리고 오빠의 수호천사와 전기 작가의 역할을 하게 되는 여동생이다. 그녀의 이름을 이루는 3개의 단어는 그녀의 아버지가 인문학을 가르쳤던 귀족 아이들 3명의 이름을 그대로 딴 것이었다. 중년이 다 된 나이에 결혼해 푀르스터 니체(Förster-Nietzsche)로 잘 알려진 엘리자베트는 사실상 우리가 니체 가족과 그 가족의 뛰어난 아들에 대해 알고 있는 모든 것을 들려주고 있다.

니체의 가족은 그 슬프고 헛된 전쟁들이 일어나던 시기에 동부 독일의 다른 많은 가족들과 마찬가지로 폴란드에서 왔다. 가족을 둘러싼 전설은 니체 가족이 잘 나가던 때에 귀족이었다는 이야기를 들려주고 있으며, 니체 본인도 그런 식으로 생각하기를 좋아했다. 니체 가족의 성은 원래 니치(Nietzschy)였다고 엘리자베트는 말한다.

니체는 이런 식으로 말하곤 했다.

"독일은 위대한 국가인데, 이유는 단지 국민의 피 속에 폴란드인의 피가 아주 많이 흐르고 있기 때문이다. … 나는 나 자신이 폴란드인의 후예라는 사실을 자랑스럽게 생각한다. 옛날에 어느 폴란드 귀족이 홀로 거부권을 행사함으로써 인민 회의의 결정을 뒤집은 기억이 남아 있다. 나의 조상들의 시대에는 폴란드에 거물들이 있었다."

니체는 '니체 가문의 기원'(L'Origine de la famille de Nietzsche)이라는 불어 제목으로 논문을 써서 그 원고를 소중하게 간직해야 하는 보물로 여겨 여동생에게 넘겼다. 니체의 동생은 자기 오빠가 니체의 가문은 큰 시련을 겪었다고, 또 엄청나게 큰 영광을 누리던 자리에서 종교적 및 정치적 의견 때문에 추락하고 말았다고 주장하기를 좋아했다는 이야기를 들려준다. 니체는 그것을 뒷받침할 만한 증거를 전혀 확보하지 못했지만, 그런 식으로 생각하는 것이 그를 즐겁게 만들었다.

니체 목사는 1848년에 말에서 떨어졌으며, 어떤 숙환으로 1849

년 7월 28일에 사망했다. 프리드리히가 겨우 다섯 살 때의 일이었다. 그때 니체 부인은 작은 가족을 데리고, "기독교적이고, 보수적이고, 충성스러운 도시"로 잘레 강을 끼고 있던 나움부르크로 이사를 했다. 가족은 그녀와 두 아이, 아이들의 친할머니와 두 미혼 숙모, 즉 죽은 목사의 여형제들로 구성되었다.

니체의 할머니는 문학을 좋아하는 사람이었으며, 전성기에 바이마르에서 괴테(Johann Wolfgang von Goethe)의 주변에서 화를 내고 소리를 지르곤 하던 지식인들과 아마추어들로 구성된 이상한 집단의 회원이었다. 그러나 그것은 오래 전의 일이었다. 그러니까 그녀가 목사의 아내가 되고 또 다른 목사의 어머니가 되는 꿈을 꾸기 전의 일이었다. 1850년대에, 그녀는 그런 젊음의 공상을 생생하게 즐겼으며, 그녀의 독실한 지붕 아래에 신의 계시가 있을 것이라는 데 대해선 전혀 의심을 품지 않았다. 기도로 하루를 시작하고, 기도로 하루를 마감하는 그런 생활이었으니까. 그곳은 수녀원의 평화로움과 차분한 찬양이 있는 그런 신성한 여자들의 집이었다. 어린 프리드리히는 그 신전의 우상이었다. 그가 더 이상 고귀할 수 없을 정도로 고귀하고 더 이상 선할 수 없을 만큼 선한 인간으로 성장하는 것이 모두의 희망이었다.

이런 식으로 응석받이로 자라면서 소년은 세상의 거친 손길을 피했다. 니체의 여동생은 니체가 이웃의 질 나쁜 소년들을 좋아하지 않았다고 말한다. 이 소년들은 새집을 털고, 과수원에 몰래 들어가 과일을 서리하고, 병정놀이를 했다. 니체의 내면에 별스럽게 까다로운 구석이 있었는데, 그것은 건강하고 젊은 남자의 이상들과 정반대였다. 그의 학교 동료들은 조롱삼아 그를 "꼬마 목사"라고 불렀으며, 그를 숨어 기다리다가 습격하는 일을 즐겼고, 그를 상대로 야만스럽고 별난 농담을 던지며 재미있어 했다.

니체는 꽃과 책과 음악을 좋아했으며, 그가 외국으로 나가는 목적은 홀로 산책을 즐기기 위해서였다. 그는 시를 암송하고 노래를 부를 줄 알았으며, 성경을 아주 잘 알고 있었던 덕분에 언제든 성경 속의 의식(儀式)들을 놓고 논쟁을 벌일 수 있었다.

어느 옛 급우는 훗날 그에 대해 "그 친구에 대해 생각할 때면 당연히 신전에 들어가 있는 열두 살 예수에 대한 생각을 떨칠 수 없다."고 말했다. 니체의 여동생은 "정중함까지 갖춘 대단히 내성적인 아이가 다른 소년들에게는 너무나 이상하게 보였기 때문에, 어느 쪽에서도 우정 어린 접근은 불가능했다."고 말한다.

생애 최초로 긴 코트를 입고 뽐내는 소년의 사진이 있다. 바지는 신발 위에서 달랑 끝나고, 머리카락은 길고, 두 다리는 공기처럼 가벼워 보인다. 사진을 응시하고 있으면, 훤히 빛나는 이마와 야윈 하얀 뺨에서 비누 냄새가 날 것 같다. 그처럼 맑고 깨끗한 소년들의 종족은 세상 속에서 서서히 죽어갔다. 소년들의 매끈한 머리카락과 반투명이던 귀들도 사라졌다. 주름 잡힌 소매와 훈화용 성서 글귀를 외우던 행위도 사라졌다.

니체는 열 살이 되기 전에 시를 썼다. 운율에 맞게 쓰인, 경건하고 구슬픈 내용의 시들이었다. 시들 속의 비유는 시간이 흐름에 따라 세련되게 다듬어졌다. 우리가 아는 한, 그의 처녀작은 '아버지의 무덤'이라는 제목의 비가(悲歌)이다. 그 이후로 줄곧 그는 물질적인 것들을 자각하게 되었으며 장미와 일몰을 즐겨 노래했다.

그는 피아노도 연주했으며, 베토벤에 대해 잘 알았다. '엘리제를 위하여'에 왼손이 빠지기 쉬운 함정들에서부터 C 단조 교향곡의 격한 소란에 이르기까지, 자신이 연주하는 베토벤을 훤히 알고 있었다. 예수 승천 대축일이던 어느 일요일에, 그는 마을 교회에 갔다가 성가대가 '메시아' 중 할렐루야 코러스를 부르는 것을 들었다. 그의 감각을 마비시키고, 그의 영혼을 쓰다듬는 음악이었다. 소년이었던 그는 그 음악의 최고 아름다움을 느꼈다. 그날 밤 그는 선이 그어진 종이 여러 장에 꼬부랑 음표를 빼곡히 적었다. 그는 작곡도 하곤 했다.

훗날 당시에 끔찍한 독일어 교과서로 가르치던 '통주저음'(通奏低音)[1]을 배우며 어려움을 겪은 탓에 열성이 다소 약해지긴 했지만, 니체는 젊은 시절에 음악가가 되는 것에 대해 한 번 이상 진지하게 생각해 보았다. 그가 진정으로 열정을 기울여 처음 쓴 곡은 '초원의 달빛'이라 불린 피아노 작품이었다. 여기서 말하는 초원은 평평하게 넓게 펼쳐지는 보헤미아 지방의 초원을 일컫는다.

니체의 가족은 이 처녀작에 기쁨을 감추지 못했다. 어린 프리드리히가 어느 조용한 저녁에 집에서 어머니와 할머니, 여동생과 숙

---

1   17~18세기에 유럽에서 유행한 음악 기법으로, 건반 악기의 연주자가 주어진 저음 외에 즉흥적으로 화음을 곁들이며 반주 성부를 완성시키는 것을 말한다.

모들이 빙 둘러 앉아서 천재성에 감탄하는 가운데 그 작품을 연주하는 그림이 쉽게 그려진다. 훗날 그는 가곡과 소나타를 썼으며, 어느 적(敵)의 말을 그대로 믿어도 된다면, 장엄한 스타일로 오페라도 한 편 썼다. 그의 여동생은 자서전에 오빠가 쓴 음악 샘플을 싣고 있다. 솔직히 말하면, 그의 음악 작품은 들리는 소문보다 더 좋지 않다는 점을 인정하지 않을 수 없다.

이 시기에, 니체는 기념물에 대해 경건한 마음을 품고, 나이 많은 사람들을 존경하고 그들의 무오류성을 믿었지만, 그런 만큼 그를 공격하며 불안하게 만드는 문제들도 많았다. 그가 홀로 걸으며 사색에 잠기는 때가 아니면, 여동생이 동행이 되어 주었다. 그럴 때면 그는 여동생에게 가슴을 활짝 열었다. 마치 남녀 구분도 초월하고 개인적인 정에 연연하지 않는 고해 신부를 대하듯이 말이다. 정말로, 그는 여동생 앞에서 진정으로 큰 소리로 생각했으며, 그것이 그의 생명이 다하는 날까지 습관으로 남았다.

늘 깨어 있던 그의 정신은 맹목적으로 사랑하며 상냥하게 대하는 여자들로 둘러싸인 좁은 세상 그 너머를 떠돌아 다녔다. 독일의 두뇌들이 판단력을 키우는 중요한 곳인 김나지움에 들어가기 전까지, 니체는 공개적인 반항을 삼갔고, 심지어 그런 반항에 대해 생각조차 하지 않았지만, 그는 자기 앞에서 일어나는 미스터리들에 대해 곰곰 생각하지 않을 수 없었다. 그런 미스터리들 중에, 그가 틀림없이 뒤졌을 성경조차도 그 본질에 대해 전혀 설명하지 못하는 것이 많았다. 당연히, 어머니와 할머니, 숙모는 그런 문제에 대해서는 말도 꺼내지 않았다.

엘리자베트는 이렇게 말한다. "오빠가 아직 아주 어린 어느 날 나에게 이런 말을 했다. '넌 내가 두루미가 아기를 데리고 온다는 어리석은 이야기를 믿는다고 생각하면 안 돼. 인간은 포유류이고, 포유류는 스스로 자기 아이를 가져야만 해.'" 아마 모든 아이가 그런 문제에 대해 생각하겠지만, 절대 다수의 아이들은 그 문제에 관한 지식이 우연히 외부에서 들어올 때까지 기다린다. 니체는 그런 다수의 아이에 속하지 않았다. 니체에게 있어서 생각은 열렬히 추구해야 하는 것이고, 차분히 무게를 달아야 하는 것이며, 불 속에 넣고 단련시켜야 하는 것이었다. 좋은 것이든 나쁜 것이든, 그의 믿음의 초석들은 자신의 정신이라는 채석장에서 땀을 흘리고 고통을 겪으며 직접 깎아야 했다.

니체는 열 살이 될 때까지 마을의 다양한 공립 학교와 사립 학교를 다녔다. 아침마다 학교에 갈 때면 배낭과 점심 도시락을 들고 의무적으로 터벅터벅 걸었다. 그는 학교에 갈 때 문에서 어머니와 입맞춤을 했으며, 그의 어머니는 그가 학교에서 돌아올 때면 기다렸다가 다시 아들과 키스를 했다. 흔히 말하는 행복의 의미로 말한다면, 그의 어린 시절은 아마 행복한 시절이었을 것이다. 싸우거나 훔치거나 생명체들을 죽인다든지 하는 사내아이 특유의 호전적인 즐거움은 절대로 그의 것이 아니었지만, 지식에 목말라하는 아이에겐 루터(Martin Luther)의 말이나 아프리카의 사자, 분수의 특성에 관한 새로운 사실의 발견이 나름의 스릴을 안겨주었음에 틀림없다. 그러나 그가 첫 십년의 삶 중 마지막 해를 맞았을 때, 대답을 알수 없는 질문들이 우리 모두에게 불만과 불안으로 다가왔듯이 그에게도 불만과 불안을 안겨주었다. 해답을 거부하는 문제들과 질서정연한 연결 고리 속으로 매끈하게 들어가지 않는 사실들을 직면할 때면 누구나 억압의 느낌과 통렬한 아픔을 느끼기 마련이다. 의식의 능률이 자극을 받으며 온갖 종류의 흐릿한 안개를 다 걷어내는 것은 오직 통달이 따를 때뿐이다.

김나지움에 들어갔을 때, 니체의 세계 전체가 완전히 뒤집어졌다. 거기서 소년들은 더 이상 벙어리가 아니었으며, 이해하기 쉽도록 미리 다듬어 놓은 것으로만 채워지는 빈 그릇도 더 이상 아니었다. 소년들은 각 문제의 본질에 개별적으로 접근하는 것이 허용되는 인간들이었다. 질문을 던지는 것도 가능하고, 논쟁적인 주장을 펴는 것도 가능했다. 그곳의 가르침은 학생들이 필요로 하는 약을 나눠주는 성격이 약해진 반면에 맛있는 식사를 함께 나눠 먹는 성격이 더 강해졌다.

독일의 선생은 대체로 엄격하고 회초리를 결코 놓지 않지만, 선생은 자기 일을 사랑하고 학생들의 진정한 근면을 인정할 줄 아는 중요한 자질을 소유하고 있다. 역사는 나움부르크 김나지움에서 니체를 가르친 교사의 이름을 기록하고 있지 않는데, 불행하게도 그 선생은 니체에게 망각되었음에 틀림없다. 그럼에도 그 선생은 탐구심 강한 어린 니체의 열망하는 정신을 충족시키면서 그를 새로운 소년으로 바꿔 놓았음에 틀림없다. 예전에 애정 어린 가정에서 불가능한 꿈들을 구체화하는 것은 불건전하고 불쾌한 일로 여겨졌으나 이제는 그럴 듯하고 인간적인 일로 여겨졌다.

니체의 배타성과 까다로움은 타고난 것이며 버려질 수 있는 것이 아니었다. 아마 그런 배타성과 까다로움이 평생 어느 정도 그와 함께했지만, 지식에 대한 갈증과 논쟁에 대한 갈망이 곧 그로 하여금 세상엔 육성할 가치를 지닌 다른 소년들도 있다는 사실을 깨닫도록 만들었다. 이 다른 소년들의 생각도 그 자신의 생각과 마찬가지로 비행(非行)이나 요란스런 장난보다 훨씬 높은 곳까지 올라가 있었던 것이다.

그런 소년 2명과 그는 재빨리 우정을 쌓았으며, 그 소년들은 니체에게 젊은 시절 끝까지 대단히 큰 영향을 미쳤다. 그들은 상호 훈련을 위해 클럽을 조직했으며, 거기에 '독일 문학 연합'(Der litterarischen Vereinigung Germania)이라는 거창한 이름을 붙였다. 그들은 연구 계획을 정교하게 짰다. 일주일에 한 번씩 모임을 가졌으며, 그때마다 회원 3명은 에세이나 음악 작품을 한 편씩 제출했으며, 작품들은 다른 회원들의 엄격한 비평의 대상이 되었다.

그들은 클럽 활동에 점점 더 깊이 빠져들었다. 어느 주에 그들은 "국가들의 유아기"에 대해 논했고, 그 다음에는 "음악의 악마적인 요소"와 "나폴레옹 3세", "역사의 숙명론"에 대해 논했다. 그 열성과 성실성이 칭송할 만했음에도, 프로그램은 웃음을 짓게 만든다. 우리가 지금까지 관찰해온 소극적이고 말쑥했던 어린 니체가, 14세의 키가 크고 수척한 니체로, 그러니까 친구들과의 동행을 갈망하고 목소리가 점점 거칠고 깊어지고, 정신이 말로 털어놓을 수 없는 것들로 복잡하게 돌아가는 그런 니체로 변해가는 모습도 마찬가지로 웃음을 자아내게 한다.

니체는 아주 똑똑하고 사람들의 시선을 끄는 학생이었으며, 곧 거기서 멀지 않은 곳에 있던 유명한 고등학교인 포르타의 장학금을 받게 되었다. 그 시절에 포르타는 이튼이나 해로 스쿨에 버금가는 명성을 누렸다. 포르타는 훌륭한 학교였지만, 그만 전통이 그 학교를 압도하고 있었다.

이 학교는 아마추어 철학자들 사이에 격한 토론을 격려하지 않았다. 그곳은 신사들이 유클리드 기하학을 습득하고 언어를 신분에 맞게 품위 있게 말하는 방법을 배우는 곳이지, 서투른 시골 철학자들이 의기양양하게 자신의 의견을 발표할 수 있는 그런 곳은 아니었다.

그러나 니체는 이때쯤 이미 공개적으로 반항아가 되어 있었으며, 학식 높은 박사들이 제시한 원칙들을 놓고 상세히 설명하면서 반박하는 일에 흥미를 느끼고 있었다. 그는 "관념들"(Ideen)이라는 항목 아래에 일련의 경구들을 쭉 적어놓고 그것들에 대해 깊이 생각했으며, 그 노트를 집에 보내서 어머니를 깜짝 놀라게 만듦과 동시에 두려움을 느끼도록 만들었다. 그 생각들 중 일부는 예를 들면 "전쟁은 빈곤을 낳고 빈곤은 평화를 낳는다."는 표현처럼 뜻이 깊은 것이 있었던 반면에, 다른 생각들은 단순히 설익은 생각들을 모호하게 표현한 것에 지나지 않았다.

그는 순진하게도 자신의 정신적 탁월을 믿기 시작했으며, 이 믿음을 그는 그 후로 한 번도 버린 적이 없었다. 정신적 탁월을 뒷받침하는 뚜렷한 증거로, 그는 향수를 달랠 목적으로 일련의 삼단논법을 엮어냈다. 그런 식으로. 그는 소년의 눈으로 본 삶의 문제들을 놓고 고심했다.

이 모든 것은 철학자에게 좋은 훈련이었지만 포르타 교수들에게는 불안감을 안겨주었다. 니체는 자기 자신을 지나치게 확신하게 되었으며, 교육에 다소 거만하게 굴었다. 그에게 바보 같은 남작의 아들과 미래의 근위대 병사가 통달하고자 노력하던 공부에 머리를 싸매는 것은 시간 낭비로 보였다. 니체는 수학을 무시했으며, 엘레아 학파와 피타고라스 학파, 소피스트들과 회의론자들의 궤변을 파고들었다. 그는 지리학에 대해 저주와 증오를 쏟아냈으며, 그것에 대해선 아무것도 배우지 않았다. 그 결과, 기말 시험을 치를 때, 그는 비참하리 만큼 허둥대고 몸부림을 쳤으며 책들을 갖고 다시 열심히 공부해야 하는 상황에 처하게 되었다. 다만 특출난 독일어 실력과, 독실한 어린 시절의 유산인 기독교 교리에 대한 엄청난 지식이 그를 구해주었다.

옛날의 니체, 그러니까 나움부르크에서 기죽은 어머니가 애지중지하던 아들로 지내던 니체는 이제 기억 속에만 존재할 뿐이었다. 본까지 간 니체는 냉소적인 사고방식을 가진 젊은이였으며, 세상의 법체계에 대해 비판적이지 않은 청년이 아니었다. 그는 거드름 피우는 걸음걸이로 걷고, 콧수염도 기르고, 머리는 하늘 아래의 온갖 것들에 관한 기이한 생각으로 가득한 그런 청년이었다.

니체는 1864년 10월에 본 대학에 들어갔다. 정확히 만 20세이던 때였다. 그는 문헌학과 신학의 학생으로 등록했지만, 신학은 단순히 가족의 신앙과 전통 때문에 마지못해 양보한 것일 뿐이었으며, 첫 학기를 마친 뒤로는 성서 해석학의 존경스런 박사들은 더 이상 그의 얼굴을 보지 못하게 되었다.

처음에 니체는 대학이 즐거운 곳이고 그곳의 사람들이 매력적이라고 생각했다. 강의실과 노천 맥줏집은 니체 같은 젊은이들로 가득했으며, 그곳의 젊은이들은 비스마르크(Otto von Bismarck)의 정책을 놓고 토론을 벌이고, 다윈(Charles Darwin)을 칭송하고, 라블레(François Rabelais)의 노래를 서툰 라틴어로 부르고, 애완견을 기르고, 각자의 단장(短杖)에 리본을 달고, 결투를 벌이고, 순한 맥주를 무한정 마셨다. 남자는 누구나 젊은 시절에 불현듯 인간들의 훌륭한 동료가 되고 싶다는 갈망을 경험한다. 다수의 남자들에게 "빌"이나 "짐"이라는 애칭으로 불리고, 존 펠스태프 경[2]과 톰 존스[3] 같은 전설적인 인물이 되기를 원하는 때가 있는 것이다.

이런 감성적인 광기가 본에서 보낸 첫 해에 니체를 사로잡았다. 그는 극장을 자주 찾아 오페라 부프(희가극)나 맥아주, 신으로 받들어지던 여자들에 대해 잘 아는 전문가처럼 행세했다. 그는 학생

2　윌리엄 셰익스피어의 연극 세 편에 등장하는 가상의 인물.

3　헨리 필딩의 코믹 소설 '주운아이 톰 존스의 이야기'(The History of Tom Jones, a Foundling)에 등장하는 주인공.

들의 도보 여행에 참가했으며, 시골 여관들의 낡은 테이블 위에 자신의 이름을 새겼다. 그는 학생 단체에도 가입했으며, 작은 모자를 하나 사고는 쾌남처럼 굴었다 그의 어머니는 가난하지 않았지만, 이런 야심찬 모험들이 필요로 하는 경비를 댈 수는 없었다. 프리드리히는 용돈보다 더 많은 돈을 썼으며, 모든 어머니들이 그렇듯이, 선한 그의 어머니도 틀림없이 그 일로 눈물을 흘렸을 것이며, 배우는 것이 너무 많은 돈을 요구한다는 사실에 놀랐을 것이다.

그러나 불가피한 반발이 따랐다. 니체는 원래 선술집이나 결투장의 영웅에 어울리지 않았다. 옛날의 까다로운 성미가 다시 나타났다. 어린 시절에, 다른 소년들을 멀리하도록 만든 그 기이하고 불건전한 성격 말이다. 이런 까다로운 성격 때문에, 그는 평생 동안 동료 남자들과 친한 관계를 맺지 못했다. 군중과 접촉하는 것이 그에겐 매우 혐오스럽게 다가왔다. 그는 품위를 떨어뜨리는 일에 거의 광기에 가까운 두려움을 느꼈다. 이런 모든 감정은 한동안 새로운 기쁨과 새로운 동행의 야릇한 매력에 의해 흐려지기도 했지만, 결국엔 공상들을 엮어내던 음울한 운명이 그만 이 젊은 대학생을 압도하고 말았다. 니체는 학생 단체에서 물러나고, 도보 여행 때 갖고 다니던 지팡이를 불태우고, 담배와 술을 끊고, 요한 슈트라우스(Johann Strauss)와 오펜바흐(Jacques Offenbach)에게 영원히 작별을 고했다. 태평하고 유쾌한 장난을 즐기던 그의 젊은 날들은 그것으로 끝이었다. 그 이후로 그는 더없이 엄숙하고, 더없이 진지한 모습을 보였다.

그의 여동생은 이렇게 말한다.

"이런 초기의 경험 때문에, 오빠는 평생 동안 흡연과 맥주를, 그리고 흥청거리며 노는 분위기를 증오했다. 그는 맥주를 마시고 파이프 담배를 피우는 사람들은 자기를 절대로 이해하지 못한다고 주장했다. 그런 사람들이 심오하고 미묘한 문제들을 파악하는 데 필요한 지각의 명료함과 섬세함을 결여하고 있다는 판단이었다."

2장
철학자의 시작

　본 대학에서 니체는 유명한 문헌학자 리츨(Friedrich Wilhelm Ritschl)의 학생이 되었으며, 리츨이 라이프치히 대학으로 옮기기 위해 본을 떠났을 때, 니체도 그의 뒤를 따랐다. 훌륭한 스승의 모든 흔적이 사라져 버리자, 뒤에 남겨진 학생은 중세 툴루즈의 대학 2학년생, 그러니까 "새벽 4시에 잠자리에서 일어나 신에게 기도를 올린 뒤 5시에 두꺼운 책을 겨드랑이에 끼고 잉크병과 촛불을 들고 공부하러 가던" 대학생과 다르지 않았다.

　스승과 학생 사이에 강력한 우정의 끈이 자라났다. 니체는 어머니 같은, 리츨의 늙은 부인의 보살핌을 받았다. 리츨 부인은 커피와 계피 케이크를 즐기는 오후나 저녁 모임에 니체를 자주 초대했다. 그 자리에서 니체는 대학 세계의 유명 인사들을 만났으며, 그곳 대학 세계를 드나들던 탁월한 이방인도 만났다.

이 미래의 철학자는 리츨에게 많은 빚을 졌다. 정말로, 고대인들에 관한 그의 건전한 지식과 처음이자 마지막인 대학교 취직, 리하르트 바그너(Richard Wagner)와의 만남 등이 리츨을 통해 이뤄졌다. 니체는 그 시기를 언제나 즐거운 마음으로 회상했으며, 그의 가슴에는 자신에게 은혜를 베풀어 준 친절한 노교수를 생각하는 따뜻한 마음이 언제나 자리 잡고 있었다.

그런 식으로 2년 정도 보낸 뒤, 그러니까 1867년 후반기에 니체는 프러시아 야전 포병 4연대에서 의무적인 군 복무를 시작했다. 앞서 그는 병역을 피할 수 있을 것으로 예상했다. 그가 근시인데다가 과부의 아들이었기 때문이다. 그러나 예리한 어떤 중령이 법의 허점을 발견하고는 그것을 근거로 그를 옭아맸다.

니체는 일종의 장교였던 것 같다. 그 시기의 어느 사진이 그가 견장과 칼까지 차고 있는 모습을 보여주고 있으니 말이다. 그러나 장교든 하사관이든 군대 생활은 그가 잘 할 수 있는 일이 되기 어려웠으며, 그는 말을 타다가 체면을 구기고 말았다. 마지못해 군 복무를 시작하고 몇 개월 지난 뒤에, 그는 말을 타다가 사고를 당해 아버지처럼 거의 죽을 뻔했다. 그 일로 가슴의 근육을 너무나 심하게 다친 탓에, 그는 정밀 진단을 받은 뒤 조기에 제대했다.

건강을 회복하는 오랜 기간 동안에, 그는 문헌학적 연구에 매진했으며, 처음으로 진지하게 전문적인 일을 시작했다. 헤시오도스(Hesiodos)의 『신들의 계보』(Theogony)와 디오게네스 라이에르

티오스(Diogenes Laërtius), 헤시오도스와 호메로스(Homeros)의 끈질긴 갈등 등에 관한 에세이들을 썼다. 그는 또한 독일의 역사적 자료들을 정리해서 색인을 만들고, 다양한 교수들을 위해서 비슷한 종류의 이상한 과제를 수행했다. 1868년 10월에, 그는 라이프치히 대학으로, 학부 학생으로서가 아니라 특별 청강생으로 돌아갔다. 이 변화가 그에게 유익하게 작용했다. 왜냐하면 그것이 그에게 훨씬 넓은 행동의 자유를 주었으며, 그를 그 자신이 경멸하도록 배운 대학생들의 사근사근한 친절로부터 보호해주었기 때문이다. 다시 늙은 리츨이 그의 스승이자 친구였으며, 리츨 부인은 다시 그를 자신의 살롱으로 환영하면서 그에게 훌륭한 조언과 맛있는 커피를 대접했다.

그 사이에, 니체의 삶의 물줄기를, 아니 그의 인생 자체를 완전히 바꿔놓을 일이 벌어졌다. 그가 아르투르 쇼펜하우어(Arthur Schopenhauer)를 발견한 것을 두고 하는 말이다. 1860년대만 해도 그 위대한 염세주의자는 독일 대학에서 겨우 이름만 알려진 정도에서 그쳤다. 당시에 독일 대학들은 훗날 비정통 쪽으로 흘렀음에도 불구하고 옛날의 제1원인들에 집착하고 있었다.

당시에 니체는 쇼펜하우어에 대해 아무것도 몰랐으며, 라이프치히의 신학교에서 어느 누구도 쇼펜하우어를 옹호하지 않았다. 칸트(Immanuel Kant)와 헤겔(Georg Wilhelm Friedrich Hegel)에 관한 논의는 무한정 이어지고 있었으며, 로체(Rudolf Hermann Lotze)와 피히테(Johann Gottlieb Fichte)를 둘러싼 논쟁은 라이프치히 대학의 철학 교수인 페히너(Gustav Theodor Fechner)의 교실에서 소란스럽게 진행되었다. 그러나 쇼펜하우어에 대해서는 어떤 소리도 들리지 않았다. 그래서 니체가 라이프치히의 낡은 책방을 뒤지다가 우연히 『의지와 표상으로서의 세계』(The World as Will and Idea)라는 헌책을 발견했을 때, 새로운 세계가 그의 시야로 둥둥 떠서 흘러들어오고 있었다. 이때가 1865년이었다.

니체는 몇 년 뒤에 이렇게 말했다.

"나는 숙소로 달려가서 소파로 몸을 날리고는 그 책을 읽고 또 읽었다. 마치 쇼펜하우어가 나에게 직접 말을 걸고 있는 것 같았다. 나는 그의 열정을 그대로 느꼈으며 그를 눈앞에 보고 있는 것 같았다. 글마다 폐기와 부정과 체념을 소리쳐 외치고 있었으니!"

니체가 쇼펜하우어를 처음 발견하고 느낀 황홀경에 대한 설명은 이것으로 충분할 것 같다. 그러나 쇼펜하우어에 대한 니체의 존경심이 아무리 컸다 할지라도, 니체가 그 책에 담긴 모든 것에 전적으로 동의했을 것인지는 다소 의심스럽다. 그때 그의 나이 겨우 21살에 지나지 않았으며, 뜨거운 열정과 낭만에 젖을 수 있는 나이였다. 그는 널리 인정받는 현자들이 대답을 제시하지 못하고 남겨 놓은 문제들을 풀어줄 글을 갈망하고 있었지만, 쇼펜하우어의 선언을 큰 소리로 외쳤을 때, 그가 사실은 그 텍스트를 자신의 '선언'의 변형으로 읽었을 수 있다. 그 염세주의자의 전제들은 당시에 니체의 마음에 떠오르고 있던 생각들에 신뢰와 질서를 부여했지만, 그 결론들은, 니체가 그것들에 찬성했을지라도, 그를 영 다른 곳으로 이

끌었다.

틀림없이, 니체는 증거를 찾기 위해 경전들을 뒤져 끝내 증거를 발견해 내고야 마는, 새로운 숭배의 광적인 메시아 같은 존재였다. 훗날, 그가 처음에 쇼펜하우어를 신격화해 놓고는 나중에 비판하는 모순을 보였다는 지적을 받았을 때, 그는 그런 식으로 방어했으며, 그의 적들이 조소를 보냈음에도 불구하고, 그 방어는 꽤 훌륭해 보였다.

쇼펜하우어의 주장은, 간단히 요약하면, 생명의 가장 중요한 본능인 생존 의지가 모든 인간의 행위와 동기, 생각들의 영원한 제1 원인이라는 것이다.

기독교 세계의 옛 철학자들은 지능을 본능보다 위에 위치하는 것으로 여겼다. 그런 철학자들 중 일부는 지적인 신이 우주를 지배하며, 신의 지능과 욕망이 없으면 아무런 일도 일어나지 않는다고 생각했다. 다른 철학자들은 인간은 자유로운 행위자라고, 인간이 하는 것은 무엇이든 인간 자신의 생각과 선택의 결과라고, 따라서 인간이 죄를 지으면 지옥으로 가고 어쩌다 선행을 하면 천국에 가는 것이 당연하다고 믿었다.

쇼펜하우어는 이 모든 것을 완전히 거꾸로 돌려놓았다. 쇼펜하우어에 따르면, 지능은 의지의 원천이 아니고 의지의 결과이다. 생명은 처음 지구상에 나타났을 때 오직 한 가지 목적밖에 갖지 않았다. 자기 자신을 영속시키는 것이 그 목적이었다. 이 본능은 살아 있는 모든 존재들의 모든 기능들의 바탕에서 언제나 작용하고 있다고 쇼펜하우어는 말했다.

인간의 지능은 인간이 세월이 흐르는 동안에 생의 의지의 어떤 표현들 뒤에 어떤 불변의 결과들이 따른다는 사실을 깨닫기 시작한 데서 비롯되었다. 이 지각 능력 다음에 기억 능력이 따랐고, 이 기억 능력은 다시 미래를 예상하는 능력을 낳았다.

지적인 사람은 단순히 아주 많은 사실들(개인적 경험이나 다른 사람들로부터 전해들은 경험의 결과)을 기억하는 사람이라고 쇼펜하우어는 말했다. 지적인 사람은 그 사실들을 여러 집단으로 분류하고, 사실들의 상호 관계를 관찰하고, 사실들이 미래에 낳을 효과를 과감히 예측한다. 말하자면, 지적인 사람은 그 사실들이 미래에 끼칠 효과를 추론할 수 있다는 뜻이다.

여기서 한 걸음 더 나아가, 쇼펜하우어는 이 생존 의지, 그러니까 늙은 아담이나 다름없는 생명을 보존하고 보호하려는 본능이 좋은 일들뿐만 아니라 불쾌한 일들도 감당해야 한다는 점을, 생존 의지가 근면과 재치와 용기뿐만 아니라 탐욕과 증오와 살인을 낳았다는 점을, 또 생존 의지가 사람들로 하여금 땅을 가꾸고 식량과 옷을 구할 수단뿐만 아니라 서로를 죽일 수단까지 추구하도록 했다는 점을 지적했다. 게다가, 쇼펜하우어는 생존 의지의 나쁜 효과가 좋은 효과보다 월등히 더 크다는 점을, 따라서 그것이 그보다 앞서 많은 사람들이 관찰한 사실, 말하자면 삶에는 기쁜 일보다 슬픈 일이 더 많은 사실에 대해 설명해 준다는 점을 보여주었다.

이 모든 것이 생의 의지 때문에 생겨난다고 쇼펜하우어는 주장했다. 이 슬픈 오래된 세상에서는 사람들이 살고 싶어 하지 않게 될 때까지, 그러니까 아무도 음식이나 음료나 주택이나 아내나 돈을 갈망하지 않게 될 때까지 언제나 고통이 쾌락을 앞지를 것이라고 그는 믿었다. 간단히 요약하면, 인간이 의지로 의지를 죽일 때까지, 다시 말해 생의 의지를 죽이기로 결정함에 따라 그 의지가 더 이상 존재하지 않게 될 때까지, 진정한 행복은 불가능할 것이라고 쇼펜하우어는 생각했다. 그러므로 가장 행복한 사람은 이 종말에 가장 가까이 다가선 사람, 말하자면 인간의 명백한 욕망과 희망과 포부를 모두 죽인 사람, 고독한 금욕주의자, 암자에 갇혀 지내는 수도사, 굶주리며 높은 곳을 추구하는 시인, 구름에 둘러싸인 철학자 같은 사람이다.

니체는 일찍부터 쇼펜하우어의 이 같은 결론에서 벗어났다. 니체는 쇼펜하우어와 마찬가지로 인간의 삶은 아무리 좋아도 종종 시련과 고문이 닥치기 마련이라고 믿었지만, 바로 첫 책에서 그는 자신이 존경하는 사람들은 삶의 일상적 소모로부터 달아나려고 노력했던 금욕주의자들이 아니라, 유혹적인 쾌락과 비틀거리게 만드는 고통을 동시에 직면하면서 균형을 꾀할 줄 아는, 거만하고 오만한 영웅이라는 점을 보여주었다. 이런 영웅은 내면에 숭고한 무관심을 가꾼 사람들이다. 따라서 영웅에겐 행복과 비참이 단순한 단어에 지나지 않을 뿐이며, 인간적인 것이든 초인적인 것이든 어떤 재난도 그를 두려워하게 만들거나 위협하지 않는다.

이 사상들 사이에, 그 기원에 비슷한 점이 많고 또 니체가 젊은 시절에 쇼펜하우어를 숭배했음에도 불구하고, 꽤 다른 점이 있는 것이 확실하다. 니체는 쇼펜하우어 철학의 기초적 사실이라고 불릴 수 있는 것들의 독창성과 정직성에 아주 강하게 매료되었다. 그래서 니체는 쇼펜하우어의 철학 자체를 신뢰하면서 그 철학에 대해 깊이 파고들거나 그것과 자신의 생각들을 주의 깊게 비교하지 않았다. 그러다가 니체는 쇼펜하우어의 철학과 자신의 생각을 아주 기이한 방식으로 비교하기 시작했다. 두 사람 사이에 공통적인 현상은 종교나 과학, 정치에 관한 호기심이 전혀 없다는 점이다.

이런 차이들에 대한 깨달음이 니체에게 불현듯 일어나기 전에, 그는 다른 일들로 바빴다. 1869년에 니체는 겨우 25살의 나이에 리츨의 추천으로 루터 교회 신학의 오래된 본거지인 스위스 바젤 대학의 고전 문헌학 교수가 되었다. 그에게 학위가 전혀 없었음에도, 라이프치히 대학이 논문이나 시험을 거치지 않고 그를 철학 박사로 만들었으며, 니체는 4월 13일 새로운 일을 맡기 위해 나움부르크의 옛집을 떠났다. 그리하여 니체는 신앙심이 유독 독실했던 가정을 완전히 벗어나게 되었다. 할머니는 오래 전인 1856에 세상을 떠났고, 미혼이던 숙모들 중 한 사람은 할머니보다 한 해 앞서 죽었다. 다른 숙모는 오랫동안 아픈 뒤에 1867년에 그들의 뒤를 따랐다. 그러나 니체의 어머니는 아들의 견해 때문에 점점 아들과 멀어졌으나 1897년까지 살았으며, 여동생은 우리가 아는 바와 같이 니체보다 더 오래 살았다.

니체는 공식적으로 문헌학 교수였지만, 대학 부설 초등 교육 기관의 그리스어 선생 역할도 맡았다. 그는 정력적으로 일했으며, 그리스어 동사의 기원과 그와 비슷한 다른 지루한 과목을 가르치는 시간이면 쇼펜하우어와 헤시오도스에 관한 이야기를 섞었다. 그러나 그가 비교적 작은 규모의 집단을 상대로 한 경우를 제외하고는 매우 깊은 인상을 남겼다는 기록은 없다. 그의 가르침은 지독했지만, 그는 지나치게 성급하고 공감 능력이 떨어졌기 때문에 훌륭한 선생이 될 수 없었다. 그의 수업은 실제로 대학 부설 초등 교육 기관을 제외하곤 절대로 크지 않았다. 그러나 이것은 부분적으로, 그 이후도 마찬가지이지만, 1869년에 문헌학을 공부하며 밤낮을 보내겠다고 나설 만큼 비현실적인 사람이 비교적 적었다는 사실 때문이었다.

1870년에 프랑스와 프러시아 사이에 전쟁이 발발했다. 니체는 전선으로 가기로 마음을 정했다. 싸구려 애국심의 온갖 위선적인 말을 증오했고 또 독일인이 아니고 폴란드인이라는 사실에 대단한 자부심을 느끼고 있었음에도 불구하고, 그는 근본이 선한 시민이었으며, 자기 나라를 위해 고통을 겪고 피를 흘릴 각오가 되어 있었다. 그러나 불행하게도 그는 바젤 대학의 교수 자리를 얻기 위해 스위스 시민권을 획득한 상태였다. 그래서 그는 중립국 시민으로서 전사가 아니라 병원 관계자로 전쟁터에 나가야 했다.

그럼에도 불구하고, 니체는 독일에 거의 목숨을 바칠 뻔 했다. 그는 체력적으로 강하지 않았다. 그는 일찍이 1862년부터 심각한 두통에 시달렸으며, 바젤에서 겪었던 고된 일이 그의 건강을 더욱 약화시켰다. 프랑스의 전쟁터에서 그는 점점 몸이 아파갔다. 디프테리아와 급성 위장염으로 보이는 병이 그를 공격했다. 결국 집으로 돌아왔을 때, 그는 신경쇠약에 걸려 있었다.

그 이후로 니체의 삶은 병과의 긴긴 투쟁이었다. 그는 신경병 중에서도 가장 끔찍한 편두통으로 고통을 겪었으며, 위의 만성 점막 염증은 그가 소화불량에 시달리도록 만들었다. 먹거나 잠을 잘 수 없었던 그는 마약에 의지했으며, 그녀의 여동생에 따르면, 그는 평생 마약을 복용했다. 그녀는 "오빠는 약효를 빨리 보려고 처방 받은 양의 두 배를 복용했다."고 말한다. 정말로, 니체는 마약의 노예가 되었으며, 그는 만년에 이르러 광기가 최종적으로 그의 경력에 종지부를 찍기 오래 전에 이미 그런 상태에 빠졌다는 사실을 뒷받침할 증거를 여러 번 보여주었다.

니체는 병에도 불구하고 일을 재개하겠다고 고집을 부렸지만, 그해 겨울 동안에 그는 이탈리아에서 휴가를 보내지 않을 수 없게 되었다. 그 사이에 그는 고대 그리스의 드라마에 관한 강의를 했으며, 이 강의들 중 2개를 수정해서 1872년에 첫 책으로 출간했다. 『비극의 탄생』(The Birth of Tragedy)이었다. 라이프치히의 중요한 출판업자인 엥겔만(Wilhelm Engelmann)은 그 원고를 출간하길 거부했으나, 같은 도시의 프리트쉬(Theodor Fritsch)가 그것을 출간했다. 이 책은 그의 친구들을 대단히 기쁘게 만들었지만, 그 시대의 보수적인 문헌학자들은 이 책에 대해 거칠고 터무니없다는 반응을 보였으며, 그 때문에 니체는 교수직을 잃을 위기에 처하기도 했다. 학생들은 그를 멀리하라는 조언을 들었으며, 1872/73년 겨울 동안에 니체의 강의를 듣겠다고 신청한 학생이 하나도 없었다는 이야기가 전설처럼 전해오고 있다.

그럼에도 불구하고, 그 책은 인습 타파적인 내용 때문에 하나의 사건이었다. 그 책은 니체의 첫 번째 약한 함성처럼 들렸으며, 문헌학에서 명예롭고 신성하게 여겨지는 많은 것들의 뒤에 의문 부호를 붙였다. 그 시대의 문헌학자들 대부분은 만화 신문에나 등장할 법한 독일인 학자들이었으며, 그들의 삶은 그리스 시인들이 어떤 식물들의 이름은 남성형으로 짓고 다른 식물들의 이름은 여성형으로 지은 이유가 무엇인가 하는 문제를 놓고 곰곰 생각하는 일로 채워졌다.

니체는 학문적으로 무익한 것들을 무시하면서 그리스 문학의 심장 속으로 굴을 깊이 파고 들어갔다. 그는 스스로에게 물었다. 왜 그리스인들은 쓰라리고 절망적인 갈등을 표현한 드라마를 보면서 즐거움을 느꼈을까? 이런 형태의 오락이 그리스인들 사이에 어떻게 생겨나게 되었을까? 이런 의문들에 대한 그의 결론은 나중에 길게 설명될 것이지만, 그 결론들이 훗날 그의 일에, 또 그의 삶의 경향에 미치게 될 영향 때문에 여기서도 그것들을 간략히 요약하고 넘어가는 것이 도움이 될 것이다.

고대 그리스에서, 아폴론은 예술의 신, 즉 기록되고 해석된 것으로서의 생명의 신이었다는 점을 니체는 처음부터 강조했다. 또 니체는 디오니소스(고대 로마의 바쿠스 신과 동일하다)가 생명 그 자체의 신, 그러니까 먹고, 마시고, 즐기고, 춤추고, 법석을 떠는 행위, 그리고 인간들이 내면에서 생명력과 의지를 예리하게 자각하도록 만드는 모든 것들의 신이라는 점을 강조했다. 아폴론과 디오니소스가 상징하는 것들의 차이는 러디어드 키플링(Rudyard Kipling)이 미국 해군의 로블리 에번스(Robley D. Evans) 제독에게 바친 시에 잘 드러나고 있다.

> 조그바움[4]은 연필로 그리고
> 나는 펜으로 일을 하오.
> 그러나 당신은 전망탑 안에 꼿꼿이 앉아 있소.
> 800명의 병사들을 지휘하면서
>
> 있는 자는 받을 것이오
> 그것이 이 책들을 바치는 이유라오.
> 조그바움이나 내가 창작할 수 있는 것보다
> 더 많은 이야기들을 살았던 인간에게.

여기서 우리는 뚜렷한 구분을 보고 있다. 조그바움과 키플링은 아폴론적인 반면에, 에번스는 디오니오스적이다. 서사시와 조각, 그림, 스토리는 아폴론적이며, 그것들은 생명 그 자체를 나타내지

---

4 미국 삽화가 루푸스 페어차일드 조그바움(Rufus Fairchild Zogbaum: 1849~1925)을 말한다.

않고 어떤 사람이 생명에 대해 품고 있는 생각을 시각적으로 나타내고 있다. 그러나 춤과 위대한 행위, 그리고 일부 경우에 음악은 디오니소스적이다. 그런 것들은 생명의 본질적인 부분이다. 현실 속의 어느 인간이나 인간들의 집합체가 그것들을 삶으로 살고 있으니 말이다.

니체는 그리스 예술은 처음에 아폴론적이었지만 결국엔 디오니소스의 영향, 그러니까 원시적이고 야만적인 민족들과의 접촉에 따른 결실이 나타났다고 주장했다. 심지어 그 후에도 아폴론과 디오니소스 사이에 갈등이 지속적으로 일어났으며, 이 갈등이 그리스 비극의 핵심이었다. 프랑시스크 사르세(Francisque Sarcey)[5]가 들려주는 바와 같이, 희곡이 우리의 관심을 잡아끌려면 인간과 인간 사이 또는 사상과 사상 사이의 전투를 묘사해야 한다. 오늘날의 멜로드라마에서 그 전투는 영웅과 악당 사이에 벌어지고 있다. 반면에 고대 그리스 비극에서 그 전투는 아폴론과 디오니소스, 사색적인 삶과 격렬한 삶, 적법과 불법, 악마와 천사 사이에 벌어졌다.

앞으로 보게 되겠지만, 니체는 후에 이 구분을 예술뿐만 아니라 도덕과 삶에도 적용했다. 그는 자신을 디오니소스 추종자라고 불렀으며, 광기가 그를 압도하게 되었을 때 겨우 시작했던, 그의 철학 체계를 담은 최고의 책은 과연 "디오니소스"라 불릴 만했다.

5   프랑스의 언론인이자 연극 평론가(1827-1899).

3장
새로운 길을 열다

이 그리스 비극에 관한 이론에서, 니체는 어떤 결함이 있든 적어도 독창적이고, 이해 가능하고, 실현 가능한 사상을 낳으면서, 자신의 지적 능력을 자각하기 시작했다. 또는, 그의 여동생의 표현을 빌리면, "그가 대단히 위대한 인간이라는 것을 이해하기" 시작했다.

바젤에서 보낸 첫 몇 해 동안에, 니체는 학계에 꽤 강한 인상을 심어 주었다. 그가 꽤 훌륭한 뮤지션이었고, 춤을 즐겼을 뿐만 아니라, 부인들에게 들려줄 이야기까지 꽤 많이 갖고 있었으니 말이다. 그러나 그의 사상이 분명해지고, 그가 주변의 권위자들과 갈등을 더욱 많이 빚고 있다는 사실을 깨달음에 따라, 니체는 자신의 내면으로 움츠러들었으며, 결국엔 그리 멀지 않은 트립쉔에 살고 있던 리하르트 바그너와 그의 아내 코지마 바그너(Cosima Wagner) 외엔 거의 친구가 없게 되었다.

정말로, 그의 마음이 방향을 틀자마자, 금방 대학촌의 분위기가 억압적으로 변했다. 자신의 탁월성을 예리하게 자각하고 있던 니체는 고위 인사들과 거물들의 간사한 무사 안일주의 앞에서 인내심을 조금도 보이지 않았으며, 그래서 그는 다양한 갈등에 휘말리게 되었다. 그의 동료들 중에서 그를 존경하던 사람들마저도 좀처럼 그와 우정을 나누려 들지 않았다.

이런 온갖 일화에서 니체가 성인기 초반부터 광기의 조짐을 보였다는 증거를 보는 비평가들도 있지만, 그가 동료들과 떨어져서 그렇게 높이 우뚝 서 있도록 만든 것은 비정상적일 만큼 정확한 비전이었지 뒤틀린 비전은 결코 아니었다. 주변 사람들 절대 다수에서, 그는 가르침의 화려한 겉치레 밑으로 조악한 가짜 금속과 가식을 보았다.

그는 자기 앞이나 아주 가까운 거리에 그 시대의 위대한 인물들을 많이 두고 있었다. 그 지식인들의 말은 그 자체로 학교에서 법이었다. 그는 그들이 과시하는 것도 보았고, 내복 바람으로 있는 것도 보았다. 그가 그런 그들에게 쏟았던 거짓 존경을 모두 거둬들이고 그들을 지위와 명성이 아니라 실제의 진실성과 가치를 근거로 평가하기 시작했다니, 얼마나 놀라운 일인가!

그가 자신의 사상과 그들의 사상을 비교하는 것은 불가피한 일이었다. 또 그가 진리를 광적으로 추구하는 자신의 태도와 그들의 허풍스런 말 아래에 깔려 있는, 전례와 공식에 의존하는 안일한 태도의 차이를 지각하는 것도 불가피한 일이었다. 따라서 니체의 내면에 모든 권위에 대해 불같은 증오가 일어났으며, 그가 생각한 문제에 관한 자신의 의견은 적어도 다른 사람의 의견만큼은 건전하다는 믿음이 강하게 생겨났다. 그때부터 단언적인 "나"(I)가 그의 담론과 책에 자주 등장하기 시작했다. "나는 기독교를 비난한다. 나는 인류에게 … 주었다. 나는 겸손했던 적이 한 번도 없었다. … 나는 생각한다. … 나는 말한다. … 나는 한다. …" 그런 식으로 그는 생의 마지막까지 권위를 향해 자신의 창(槍)을 힘껏 내던졌다.

니체의 주변 사람들에게, 그가 야생적이고 불가능한 존재처럼 보였지만, 어떤 사람도 그를 터무니없는 사람으로 보았다는 기록은 없다. 헤어스타일 때문에 훤하게 드러나는 이마, 예리한 눈, 지나칠 만큼 선명한 눈썹, 손질하지 않은 무성한 콧수염은 무서울 정도로 진지한 분위기를 풍기도록 했다. 주변의 교육자들, 말하자면 머리를 말쑥하게 손질하고 교수답게 턱수염을 기르고 대머리에다가 학식이 느껴지는 안경까지 낀 그런 사람들 옆에 서면, 그는 불가해한 외국인처럼 보였다. 그가 풍기는 이국적인 분위기는 그를 즐겁게 만들었으며, 그는 열심히 그런 분위기를 가졌다. 그는 자신을 불행한 운명 때문에 독일인 상점 주인들 사이에 서게 되어 자존심이 상한 폴란드 귀족으로 여겼다. 호텔 짐꾼들과 거리의 걸인들이 그의 요란스런 외모에 속아 그를 "폴락"(Polack: 폴란드인)이라고 부르기라도 하면, 그 일이 그에게 대단한 즐거움을 주었다.

그는 그런 식으로 살면서 자신의 본질을 형성하게 되었다. 역사 깊은 나움부르크의 탐구적인 소년, 포르타의 건방진 젊은이와 본과 라이프치히 학계의 자유로운 창(槍) 등이 이제 한 사람의 인간으로 합쳐졌다. 자기 자신을 강하게 확신하면서, 진리를 찾는 행위가 법규나 선례에 대한 존경 때문에 방해 받는 사람들을 모두 경멸하는 그런 인간으로 말이다.

니체는 그 시대의 철학자들과 현자들이 더없이 멋진 논리의 비약들 중 많은 곳에서 엉터리 전제에서 시작하고 있다는 사실을 확인했다. 또 그는 그 시대의 지배적인 도덕적, 정치적, 사회적 원칙들 중 일부는 그야말로 어리석은 생각에 지나지 않는다는 사실을 관찰했다. 이런 엉터리 추론, 그러니까 낡아빠진 교리를 근거로 한 가정이 명백히 인습적인 것에만 국한되지 않는다는 사실도 확인되었다. 다른 분야에도 인습의 영역과 마찬가지로 혐오스러운 오류들이 있었다.

니체는 이런 엉터리 예언자들을 모두 책으로 불러내서 그들의 멋진 원칙이 안고 있는 모순을 고스란히 드러내려는 욕망을 강하게 품었다. 따라서 그는 24개의 팸플릿을 시리즈로 내기로 계획하고, 그것을 "Unzeitgemässe Betrachtungen"이라고 불렀다. 이 이름은 "시의적절치 않은 고찰" 또는 보다 분명하게 "가짜를 깨부수는 에세이들"로 번역될 수 있다.

첫 번째 에세이에서 깨부술 머리를 찾으면서, 그의 눈길은 아주 자연스럽게 다비드 슈트라우스(David Strauss)의 머리로 향했다. 슈트라우스는 당시에 사랑 받던 철학자이며 유행을 좇던 인습 타파주의자였다. 슈트라우스는 설교자였으나 성직을 거부하고 기독교를 비판하는 활동을 벌였다. 그는 틀림없이 좋은 의도를 갖고 노력했다. 그러나 그의 독선적인 불가지론의 결과는 그의 신봉자들이 불가지론자의 옷을 입은 상태에서 그 전에 기독교인으로서 그랬던 것만큼이나 자만하고, 옹졸하고, 편견을 가진 것으로 나타났다. 니체의 예리한 눈은 이 같은 사실을 보았고, 첫 번째 작은 팸플릿인 '고백자이자 작가, 다비드 슈트라우스'에서 그는 슈트라우스의 부르주아적인 가짜 회의론을 아주 잔인하게 깨부수었다. 이것이 1873년의 일이었다.

니체는 이렇게 말했다.

"슈트라우스는 '삶의 의미는 무엇인가?'라는 물음을 철저히 피하고 있다. 그는 속물들에게 등을 돌리고 환경 적응력이 가장 뛰어난 자들을 제외하고 모두를 파괴하는 그 끊임없는 투쟁으로부터 과감하게 새로운 도덕을 끌어내는 용기를 보여줄 기회를 누렸으나, 그렇게 하기 위해선 진리에 대한 뜨거운 사랑이 필요했을 것이다. 그런데 그 사랑은 교구 목사와 기적, 그리고 부활이라는 역사적 속임수를 상대로 한 폭력적인 독설에 쏟는 그런 사랑보다 무한히 더 높다. 슈트라우스는 그런 용기를 전혀 갖고 있지 않았다. 슈트라우스가 다윈의 이론을 완벽하게 이해했다면, 그는 속물들을 한 사람의 예외도 없이 모두 자신에게 맞서도록 만들었어야 했다. 그런데 실제로는 속물들이 그의 편이 되어 있다. 그는 기독교의 비본질적인 것들과 싸우면서 시간을 낭비했다. 기독교의 밑바닥에 깔려 있는 사상을 대체할 만한 것을 그가 전혀 제안하지 않았기 때문이다. 따라서 그의 철학은 진부하다."

탁월한 어느 비평가가 지적했듯이, 니체의 공격은 예리한 분석과 냉혹할 정도의 솔직성뿐만 아니라 그 용기로도 주목할 만했다. 스당[6] 전투가 끝나고 3년이 지난 시점에 독일인들을 향해서 그들의 자긍심의 바탕인 새로운 문화가 썩었다고 말하는 것은, 또 절대 진리의 불 속에서 순화되지 않으면 그 문화가 언젠가 그들의 문명을 파괴하고 말 것이라고 말하는 것은 엄청난 용기가 요구되는 일이었다.

그 다음 해에 니체는 당시 독일 대학들에서 인기를 끌던 학문인 역사에 대한 비판으로 그런 공격을 재개했다. 역사를 택한 주된 이유는 기독교의 신화들을 폭파하는 데 그것이 아주 유용했기 때문이다. 그는 그 에세이를 '역사가 인간의 삶에 끼친 좋고 나쁜 효과들'(On the Good and Bad Effects of History upon Human Life)이라고 불렀으며, 거기서 그는 그 시대에 군림하던 교사들과 교수들을 비판했다. 이 에세이는 깊은 사고와 꽤 훌륭한 글쓰기가 두드러진다.

인간의 운명에 관한 인식을 명확하게 품지 않은 상태에서 단순히 역사를 연구하는 것은 사람들을 오도하고 혼란스럽게 만들 수 있다고 니체는 주장했다. 과거에 일어난 모든 일이 종국적으로 완벽을 성취하려는 어떤 신성하고 신비한 계획의 일부라고 단정하는

6   나폴레옹 3세가 1870년에 프로이센에 패한 곳.

것은 대단히 위험한 일이었다. 사실, 많은 역사적 사건들은 무의미했으며, 그 사건이 역사학자들이 곧잘 강조하는 "정부나 여론, 과반수"의 뜻을 따른 경우에 이 말은 특히 더 맞는 말이었다.

니체에게 집단적인 사람들의 생각과 행동은 예외적인 개인들의 생각과 행동에 비하면 터무니없을 만큼 하찮아 보였다. 이 말을 단순히 표현하면, 니체는 세계에 끼친 영향의 측면에서 보면 단 한 사람, 예를 들어 한니발(Hannibal)이 그의 시대 카르타고의 나머지 사람들을 모두 합한 것보다 더 중요했다고 믿었다. 여기서 우리는 디오니소스가 다시 등장하고 있는 것을, 훗날의 '주인 도덕'과 '초인'이 모습을 드러내고 있는 것을 보고 있다.

니체의 그 다음 에세이는 쇼펜하우어에 바쳐졌으며, 1874년에 출간되었다. 그는 그 에세이를 '스승으로서의 쇼펜하우어'(Schopenhaur as a Teacher)라고 불렀으며, 거기서 그는 그 위대한 염세주의자의 제단에 불에 구운 제물을 바쳤다. 이 염세주의자는 더 이상 그의 신은 아니라도, 그의 삶 끝까지 그의 영웅으로 남게 되어 있었다. 니체는 쇼펜하우어의『의지와 표상으로서의 세계』에서 이미 자신의 반항적인 사상들을 읽어내기 시작했지만, 두 가지 점에서, 그러니까 의지 이론과 진리를 향한 충동에서 그와 쇼펜하우어는 언제나 하나였다. 그는 염세주의의 사도인 쇼펜하우어가 평생 동안 자신의 뜻을 세상에 전하지 못하고 버림받은 자로 살도록 만든 그 모든 영향력을 상대로 성전을 선언했다. 그는 대학의 철학 학파들의 편협함에 울분을 터뜨렸으며, 종교 관련법과 지침을 통해 조잡하게 건드리든 아니면 안락한 지위와 공적 명예라는 뇌물을 통해 부드럽게 건드리든, 의견에 관한 정부의 간섭을 모두 부정했다.

니체는 이렇게 말했다.

"위대한 철학자들이 탄생하는 데 가장 큰 방해가 되고 있는 것은 국립 대학들이 형편없는 철학자들을 지원하는 관행이라고 우리의 경험은 가르치고 있다. … 형편없는 철학자들에게 주어진 자리가 그들로 하여금 독창적인 연구를 '자유롭게' 하도록 한다는 대중적인 이론이 있지만, 사실 그 효과는 그와 정반대이다. … 어떤 나라도 플라톤과 쇼펜하우어 같은 사람을 감히 후원하지 않을 것이다. 왜? 나라가 언제나 그들을 두려워하기 때문이다. … 내가 볼 때, 대학교 밖에 대학들이 가르치는 원칙들을 비판적으로 조사할 고등 재판소를 설치할 필요가 있다. 철학자들이 월급을 기꺼이 포기하겠다는 의지를 갖게 되는 순간, 그들 스스로가 그런 재판소를 구성하게 될 것이다. 임금도 없고 명예도 없으면, 그 재판소는 시대의 편견으로부터 스스로 자유로울 수 있을 것이다. 쇼펜하우어처럼, 그 재판소는 소위 문화의 심판자가 될 것이다."[7]

몇 년 뒤, 니체는 자신이 이 에세이에서 쇼펜하우어의 전체 철학을 지지했다는 점을 부정했는데, 니체의 글을 제대로 읽으면 그의 말이 맞다는 것을 알게 된다. 니체는 쇼펜하우어의 단념이라는 원칙을 옹호한 것이 아니라 그의 말에 귀를 기울일 것을 요구하고 있

7　'스승으로서의 쇼펜하우어' 중에서.

었다. 니체는 친구들의 사건뿐만 아니라 적들의 사건도 변호하고 있었다. 니체가 요구한 것은 단지 말할 새로운 것을 가진 모든 사람들에게 토론의 기회를 열어주자는 것뿐이었다.

니체는 쇼펜하우어를 철학자들의 왕으로 여겼다. 쇼펜하우어가 자기 시대의 지배적인 사상을 벗어던지고 완전히 자유로울 수 있었다는 이유에서였다. 무엇보다도 인간 이성에 대한 인간의 신뢰가 특징으로 꼽히는 시대에, 쇼펜하우어는 이성이 저항할 수 없는 자연의 법칙, 즉 자기 보존 법칙의 사소한 한 파생물에 지나지 않는다는 점을 보여주려고 노력했다.

니체는 인간의 용기를 극찬했으며, 그는 자기 보존 법칙이 지각 있는 모든 행위의 바탕에서 작용하고 있다고 주장한 점에서 쇼펜하우어의 뜻에 동의했지만 쇼펜하우어의 포기와 절망에는 절대로 동의하지 않았다. 정말로, 처음부터 니체는 반항의 예언자였으며, 바로 그 지점에서 니체가 쇼펜하우어로부터 벗어나는 길이 끝없이 이어졌다.

니체는 지식이 확장되고 시야가 넓어짐에 따라 자신의 철학도 거기에 맞춰 확장시키고 발달시켰다. 그러는 과정에 니체는 그 철학을 세부적으로 조정하는 작업이 필요하다는 것을 종종 느꼈다. 그러나 니체가 근본적인 문제들에서 입장을 바꿨다는 말은 사실이 아니다. 마흔 살의 니체와 스물다섯 살의 니체는 기본적으로 똑같았다. 실질적으로 그의 모든 글쓰기의 싹은 그의 첫 책 안에 들어 있었다. 아니, 그 싹은 그보다 훨씬 더 전에, 젊은 시절의 자유분방

한 사색 속에서 이미 트고 있었다.

"Unzeitgemässe Betrachtungen" 시리즈의 네 번째 에세이(원래 계획했던 시리즈를 실행에 다 옮기지 못한 탓에 이것이 마지막 에세이가 되었다)는 '바이로이트의 리하르트 바그너'(Rochard Wagner in Bayreuth)였다. 이 에세이는 1876년에 출간되었으며, 이 에세이나 니체와 바그너의 관계라는 일반적인 주제에 대해선 여기서 고려할 필요가 없다. 앞으로 어느 장에서 그 문제 전체를 놓고 논하게 될 것이다. 지금 당장은 니체가 리츨의 아내를 통해서 바그너를 만났고, 두 사람은 급속도로 우정을 쌓았으며, 니체가 그 작곡자에 대해 드라마를, 어떤 것에도 얽매이지 않는 자유로운 삶, 다시 말해 저항적이고 유쾌한 삶의 전형으로 만들기 위해 태어난 영웅이라는 식으로 높이 평가했다는 점만을 말하는 것으로도 충분하다. 또 바그너는 쇼펜하우어의 토대에서 출발한 다음에 디오니소스보다는 성 프란치스코(St. Francis)[8] 쪽으로 향했고, 니체는 자신의 조언이 헛되다는 것을 안 뒤에 '파르지팔'(Parsifal)의 저자를 만남의 대상에서 제외시키고 그에게 저주를 퍼부었다. 그것은 모두 오해에서 비롯된 일이었다. 바그너는 예술가였지 철학자가 아니었다. 바그너에겐 옳든 그르든 기독교가 아름다웠으며, 그리고 아름다운 것으로서 기독교는 그에게 큰 호소력을 지녔다. 반면에 니체에게 아름다움은 단순히 진리의 한 양상으로만 보였다.

니체의 최종적인 철학이 형성되기 시작한 것은 바로 처음으로 작

---

8   이탈리아의 로마 가톨릭교회 수사(1181?~1226)로 프란치스코회를 창설했다.

은 충돌이 빚어지던 이 시기 동안이었다. 그는 당시의 독일 문화에 근본적으로 잘못된 무엇인가가 있다는 것을, 옳고 존경할 만한 것으로 평가 받던 많은 것들이 실제로 보면 고약하고 교회와 국가의 금지 조치를 받고 있던 많은 것은 그 자체로 나쁜 것과 거리가 멀다는 것을 분명히 보았다. 그는 또 거기서 엉터리 논리가 생겨났고, 그 논리가 당시의 사고 전체를 오염시키고 있는 것을 보았다.

인간들은 언뜻 보기에도 너무나 터무니없는 주장을 고수했으며, 그러면서 그들은 이상(理想)이 현실보다 훨씬 더 위대하다는 식으로 생각하며 스스로를 정당화했다. 인간들은 이 쪽을 찬성하면서 정작 다른 쪽을 실천하고 있었다. 기독교는 공식적인 종교였지만, 기독교 세계 어디에서도 진정한 기독교인은 한 사람도 발견되지 않았다. 수많은 사람들이 자신이 경멸하는 인간과 사상에 머리를 조아렸으며, 그들은 정신이 건전한 사람이 모두 필요하고 불가피하다고 알고 있던 것들을 경멸하고 부정했다. 그 결과, 모든 인간사에 불성실과 위선이 팽배하게 되었다. 이론상으로, 교회와 국가와 사회의 법들은 완벽한 것으로 여겨졌지만, 그 법들과 개인적으로 얽히는 경우에 누구나 그것들을 최대한 피하려 들었다.

독일과 다양한 지역의 다른 많은 철학자들도 똑같은 관찰을 했으며, 곳곳에서 낡은 사상들에 대한 본격적인 공격이 진행되고 있었다. 영국에서는 헉슬리(Aldous Huxley)와 스펜서(Herbert Spencer)가 다윈이 심어 놓은 포도밭에서 열심히 노력하고 있었다. 노르웨이에서는 입센이 획기적인 필생의 작업을 준비하고 있었다. 또 멀리 미국에서도 앤드류 화이트(Andrew White)를 비롯한 몇몇 사람들이 신학의 굴레에서 벗어난 자유로운 교육을 위해 투쟁하고 있었다.

따라서 처음 출발할 시점에 니체는 다른 십여 명의 선구자들과 별로 다르지 않았다. 정말로, 그들 중 일부는 그런 투쟁을 벌일 준비가 니체보다 훨씬 더 잘 되어 있었으며, 오랫동안 그들의 노력이 훨씬 더 중요해 보였다. 그러나 니체가 일할 수 있었던 날들이 다 끝나기 전에 그 갈등을 다른 사람들보다 훨씬 더 멀리까지 밀고 나간 것은 그에겐 정말 행운이었다. 다른 사람들이 끝낸 곳에서 투쟁을 시작하면서, 니체는 적의 성채 안으로 치고 들어갔다.

앞으로 길게 설명할, 기독교에 대한 공격은 그의 이런 비타협적인 철저함을 잘 보여준다. 니체는 다른 개념들, 말하자면 종교적, 정치적, 사회적 개념들을 조사하는 데도 똑같은 방법을 동원해야 한다는 것을 알았다. 표면적인 징후들을 무시하고 곧장 문제의 핵심을 파고들고, 터널을 뚫듯 사상 깊은 곳까지 침투하고, 사상의 역사와 기원을 찾아내는 일이 필요했다. 이런 일에서 그를 기꺼이 돕겠다고 나서는 손길은 전혀 없었다.

어떤 의미에서 보면, 그것은 세상에 아주 새로운 일이었다. 따라서 니체는 일을 천천히 진행해야 한다는 것을, 또 모든 단계를 쉽게 제시하는 것이 이롭다는 것을 느꼈다. 격려를 기대하는 것은 상상도 할 수 없는 일이었다. 만약 그의 일이 주목을 끌기라도 했다면, 그 관심은 오히려 그의 작업을 방해하는 형태로 나타났을 것이다.

그러나 니체는 옛것들을 청산하고 새로운 길을 닦는 일을 가벼운 마음으로 시작했다. 그 시대의 사람들이 그를 저주 받은 인간이라고 불렀을지 몰라도, 곧 그의 정직성이 그런 모든 부정을 부끄럽게 만들었을 것이다. 그의 태도는 언제나 이런 식이었다. 그는 자신이 활동하던 시대의 작품에 태만과 불명예가 난무한다고 느꼈다. 그는 또 대부분의 사람들이 자신이 제시하는 어떤 사상이라도 인정하는 순간에 자신이 실수를 저질렀다는 확신을 품게 될 것이라는 말을 자주 하곤 했다.

비판의 경로를 찾기 위해 예비적인 작업을 벌이면서, 니체는 구체적인 사상들의 역사에 많은 관심을 두었다. 그는 어느 한 시대에 죄가 되었던 것이 어떻게 그 다음 시대에 미덕이 되었는지를 보여 주었다. 그는 희망과 믿음과 자비를 이런 식으로 공격했으며, 예술에서부터 초등 교육에 이르기까지 인간 사상의 거의 모든 영역을 탐구했다. 이런 온갖 활동이 1870년대 전반기를 거의 차지했다.

니체는 건강 상태가 보통 정도였으나 힘든 일이 그를 심하게 지치도록 만들었다. 그래서 그는 강의와 시험으로 이어지는 지루한 바젤 대학의 교수 자리를 포기하는 문제를 놓고 자주 고민했다. 그러나 그 시기에 그의 경제 사정이 월급을 포기해도 좋을 만큼 넉넉하지는 않았다. 그래서 그는 가르치는 일을 계속하지 않을 수 없었다. 아울러 그는 스펜서가 가진 그런 폭넓은 지식을 얻기 위해서 자연 과학을 공부하러 베네치아로 갈 생각도 했지만, 똑같은 이유로 그는 그 계획을 포기하지 않을 수 없었다. 그는 겨울은 학생들을 가르치고 연구하면서 보내고, 여름은 바그너 부부가 초대한 스위스의 트립쉔에서부터 이탈리아의 소렌토까지, 물이 있는 다양한 장소에서 보냈다.

소렌토에서 그는 『심리학적 관찰』(Psychological Observations)과 『도덕적 감정의 기원』(The Origin of Moral Feelings)을 비롯한 형이상학적인 책들을 쓴 폴 레(Paul Rée) 박사가 묵고 있던 어느 집에 우연히 숙소를 정하게 되었다. 니체는 훗날 레 박사가 큰 도움을 주었다는 점을 인정했지만, 니체의 사상들이 어떤 의미로든 이 우연한 만남에서 비롯되었다는 주장(막스 노르다우(Max Nordau)는 사람들로 하여금 그렇게 믿도록 하려 들었다)은 터무니없다. 왜냐하면 우리가 보았듯이 니체의 사상들은 그 만남이 있기 오래 전부터 그의 마음에 이미 꽤 명확하게 자리 잡고 있었기 때문이다. 그러나 레가 니체의 시각을 크게 넓혀 주었고, 니체가 다윈의 홀씨로 나타난 영국 자연주의자들을 알게 하고, 몽테뉴(Michel de Montaigne)와 라 로슈푸코(François de La Rochfoucauld)와 라 브뤼예르(Jean de La Bruyère), 퐁트넬(Bernard Le Bovier de Fontenelle), 보브나르그(Marquis de Vauvenargues)와 샹포르(Nicolas Chamfort) 같은 다수의 위대한 프랑스인들을 알게 한 것은 틀림없는 사실이다.

니체는 자신의 생각과 결론들을 짧은 메모 형식으로 기록하고 있었다. 프랑스 철학자들 중 많은 사람들이 자신의 작품을 아포리즘 모음으로 출간했는데, 니체도 프랑스 철학자들을 더 깊이 알게 됨에 따라 자신도 그 형식을 채택하기로 결정했다. 그래서 그는 세상에 '인간적인, 너무나 인간적인'(Human, All-too Human)이라는 제목으로 내놓게 될 메모들을 정리하기 시작했다.

1876년에 그는 바젤 대학으로부터 휴가를 얻어 자신의 시간을 그 책에 온전히 바쳤다. 1876/77년 겨울 동안에, 베른하르트 크론(Bernhard Cron)(페터 가스트(Peter Gast)로 더 잘 알려져 있다)이라는 제자의 도움을 받아, 니체는 첫 권을 인쇄소에 넘길 준비를 했다. 니체는 그 책이 센세이션을 불러일으킬 것이라는 사실을 잘 알고 있었으며, 출간이 준비되는 과정에 용기가 약해진 탓에, 그는 출판업자에게 익명으로 내자고 제안했다. 그러나 출판업자는 니체의 의견을 받아들이지 않았으며, 그리하여 그 책의 첫 부분이 1878년에 출판되기에 이르렀다.

저자가 예상한 대로, 그 책은 신앙심이 독실한 사람들 사이에 광기에 가까운 공포를 불러일으켰다. 그 책을 위해 처음 정한 제목은 '쟁기날'(The Plowshare)이었으나 최종적으로 '인간적인, 너무나 인간적인'으로 정해졌다. 제목은 인간의 사상들의 이면을 조사하려는 시도라는 점을 암시한다.

그 책에서 니체는 현재의 도덕의 모든 것에 도전장을 던졌다. 그는 도덕관념들은 신성하지 않고 인간적이라는 점을, 그리고 인간적인 모든 것과 마찬가지로, 도덕관념들도 변화하기 마련이라는 점을 보여주었다. 그는 선과 악이 상대적인 개념이라는 것을, 또 어떤 행동은 옳고 어떤 행동은 그르다는 식으로 최종적으로 말하는 것은 불가능하다는 점을 보여주었다. 그는 비판적인 분석의 잣대를 101개의 구체적인 사상에 적용했다. 그 결과 그가 끌어내게 된 전반적인 결론은, 한마디로 요약하면, 어떤 인간도 다른 인간의 행위를 어떤 식으로든 심판하지 못하며 어떤 인간도 다른 인간을 이끌 권리를 갖지 못한다는 것이었다. 여기서 우리는 오늘날 모든 현자들이 설교하고 있는 개인주의의 복음을 듣고 있다.

니체는 그 책을 바그너에게 한 권 보냈으며, 위대한 작곡자는 그것을 읽고 너무나 놀란 나머지 말문이 막혀 버렸다. 니체를 지적인 신으로 숭배하면서 저자에 헌신적이었던 여동생마저도 오빠를 따를 수 없었다. 대체로 독일은 그 작품을 광기 어린 공상들과 엉뚱한 부조리의 모음집이라고 혹평했다. 니체는 만족의 미소를 지었다. 1879년에 그는 두 번째 책을 출간했다. 이 책에 그는 "잡다한 의견들과 아포리즘"(Miscellaneous Opinions and Aphorisms)이라는 이름을 붙였으며, 그 직후 그는 최종적으로 바젤 대학의 교수직에서 물러났다. 이 책의 세 번째 부분은 1880년에 '방랑자와 그의 그림자'(The Wanderer and His Shadow)라는 제목으로 출간되었다. 이 세 권은 1886년에 『인간적인, 너무나 인간적인』이라는 제목으로 묶어졌으며, '자유로운 정신들을 위한 책'이라는 해설적인 부제가 붙었다.

4장
초인의 예언자

니체는 1879/80년 겨울을 나움부르크의 옛집에서 보냈다. 그 해에 그는 정말 매우 아팠으며, 한동안 그는 살 날이 길지 않다고 믿었다. 모든 병약자들과 마찬가지로, 그도 자신의 상태를 관찰하고 논하는 데 많은 시간을 할애했다. 정말로, 그는 심각한 건강 염려증 환자가 되어 자신의 허약함에서 감상적인 쾌락 같은 것을 느끼기 시작했다. 그는 온갖 종류의 목욕탕에서 휴식을 찾고 유럽에서 행해지던 온갖 치료를 추구했다. 그는 온탕도 찾고 냉탕도 찾고 염수탕과 진흙탕도 찾았다. 온갖 형태의 새로운 사이비 치료들은 초기 단계에서 니체를 발견했다. 요양소 소유자들이나 진기한 스타일의 마사지나 세척, 발한, 섭식 방법을 발명한 사람들에게, 그는 무한한 기쁨이었다. 그러나 그는 낫기는커녕 더 나빠져 갔다.

1880년 이후에 니체의 삶은 방랑하는 삶이었다. 그의 여동생은 결혼해서 한동안 파라과이에서 살았으며, 그녀가 없는 동안에 니체는 산악 지대에서 바다로, 다시 산악 지대로 옮겨 다니며 살았다. 그는 교수직을 포기했으며, 따라서 이탈리아에서 겨울을 보내고 엔가딘에서 여름을 보낼 수 있었다. 온갖 고통과 여행 앞에서, 당연히 엄격한 적응은 불가능했다. 그래서 그는 두통과 자신의 의사들과 철도 시간표가 허용할 때마다 어디서든, 호텔 베란다나 요양소나 숲속에서 일하는 것으로 만족했다.

그는 혼자서 긴 산책을 하곤 했으며, 그러는 가운데 자신의 문제들을 해결하려고 노력했다. 그는 더 많은 약들을 복용했으며, 광천수도 많이 마셨다. 그는 점점 더 침울해지고 무뚝뚝해져 갔다. 겨울철에 그가 즐겨 찾던 곳들 중 한 곳은 마지오레 호 쪽으로 돌출한, 초록의 병목 같은 땅이었다. 그곳에서 그는 방해받지 않고 사색에 잠기고 꿈을 꿀 수 있었다. 어느 날, 누군가가 좁다란 반도 위에 행인이 쉬어가도록 투박한 벤치를 놓아두었다는 사실을 확인했을 때, 그는 크게 화를 냈다.

니체는 낮의 햇살 속에 산책하는 동안에 그때그때 떠오르는 생각을 간단히 적어두었다가 밤에 다시 다듬고 확장하곤 했다. 우리가 본 바와 같이, 그의 초기 책들은 일관성을 확보하려는 노력을 별도로 하지 않고 아포리즘을 모아서 그대로 출판업자에게 보내서 만든 것이었다. 어떤 때는 단 두 페이지 안에 10여 개의 주제가 다뤄지는가 하면, 이따금 서너 페이지에 달하는 작은 에세이도 있다. 니체가 이런 형식을 택한 것은 그것이 자신이 존경하는 프랑스 철학자들에 의해 이용되었고 또 그것이 고통이 따를 게 틀림없는 작업의 방식으로 적절했기 때문이다.

그는 자신의 소중한 사상들 일부가 후대까지 전해지지 못하게 될까봐 크게 불안해 했다. 말하자면, 언제나 그를 위협하고 있던 죽음이 그로부터 당당히 누려야 할 불멸성을 강탈하고 세상으로부터 경탄할 만한 그의 지혜를 강탈해 버리지 않을까 하는 불안에 시달렸던 것이다. 그래서 그는 새뮤얼 존슨(Samuel Johnson)의 생애를 쓴 보스웰(James Boswell)의 예를 따라서 자신의 입에서 별 생각 없이 나오는 표현들까지 신속히 기록할 필사자를 두려고 몇 차례 노력했다. 그의 여동생은 너무 바빴기 때문에 그 일을 맡을 수 없었으며, 니체와 함께 있을 때마다 그녀의 시간은 유명한 인물의 뒤를 쫓아다니는 사람들로부터 오빠를 지키고, 식사를 챙기고, 오빠가 편지에 답장을 쓰도록 하고, 그의 옷을 손질하고, 머리를 깎게 하는 일로 채워졌다.

최종적으로, 폴 레와 또 다른 친구인 프로일라인 폰 마이센부크(Fräulein von Meysenbug)가 젊은 러시아 여인 루 살로메(Lou Salomé)를 그에게 소개했다. 니체의 일에 엄청난 관심을 고백했던 루 살로메는 그를 도와주겠다고 약속했다. 그러나 이 계약은 금방 재앙으로 끝났다. 이유는 니체가 스무 살인 이 소녀와 사랑에 빠져 그녀가 달아나자 그녀를 찾아 유럽의 절반을 돌아다녔기 때문이다. 대단히 우스꽝스런 상황을 한 가지 더 더한다면, 폴 레도 그녀에게 사랑에 빠져 두 친구는 적이 되었으며, 둘 사이에 결투가 벌어졌다는 이야기도 전해온다. 그러나 살로메는 레에게 갔으며, 그녀는 그의 도움을 받아 훗날 니체에 관한 책을 썼다. 푀르스터-니체는 그 책을 보고 콧방귀를 뀌었지만, 그녀가 살로메를 대단히 심하게 질투했으며, 불친절한 말과 행동으로 그런 사실을 끊임없이 증명했다는 사실을 잊지 말아야 한다. 결국, 살로메는 안드레아스 (Friedrich Carl Andreas) 교수와 결혼해서 괴팅겐에 정착했다.

1881년 초에 니체는 『여명』(The Dawn of Day)을 발표했다. 그 책의 집필은 1880년에 베네치아에서 시작되어 마리엔바트, 마조레 호, 제노바에서 계속되었다. 넓은 의미에서 보면, 그 책은 『인간적인, 나무나 인간적인』의 연장이었다. 결혼식에서부터 기독교까지, 또 교육에서부터 독일 애국심까지 무한히 다양한 주제들을 다뤘다. 모든 주제에 근본적인 진리를 검증하는 테스트가 적용되었다. 니체는 모든 것을 향해 질문을 던졌다. 그것이 존경할 만하거나 합법적인가, 라는 질문이 아니라, 근본적으로 진리인가, 라는 질문이었다. 이 초기의 작품들은 기껏 노트북에 지나지 않았다. 니체는 새로운 철학 체계가 이해되거나 가능해지기 위해서는 먼저 땅을 갈아엎는 작업이 선행되어야 한다는 것을, 사람들이 높고 신성한 것들을 의심하는 것에 점점 더 익숙해져야 한다는 것을 확인했다. 『인간적인, 너무나 인간적인』과 『여명』에서, 니체는 이를 위한 준비 작업을 벌였다.

이어서 나온 책 『즐거운 학문』(The Joyful Science)은 이 과제를 계속 이어갔다. 초판은 4부로 되어 있었으며 1882년에 출간되었다. 1887년에 다섯 번째 부분이 보태졌다. 니체는 이제 땅을 가는 일을 마무리했으며, 자신의 경작물을 보여줄 준비가 되어 있었다. 그는 실질적인 예를 통해서, 도덕관념들은 취약하다는 점을, 십계명도 논쟁의 대상이 될 수 있다는 점을 보여주었다. 더 나아가, 니체는 옳고 그름을 말해주는 현재의 다양한 개념들의 절대적 진리를 파괴하는 역사적 증거를 제시했으며, 다수의 도덕관념의 뿌리를 찾아 깊은 원천까지 파고들어갔다.

지금까지 그의 작업은 전적으로 파괴적이었으며, 그는 세상의 구조를 재건하는 계획에 대해서는 거의 아무런 암시를 하지 않았다. 그가 직접 말하듯이, 니체는 1878년부터 1882년까지 4년 동안 그 다음 작업을 벌일 방법을 준비하면서 보냈다.

그는 이렇게 말한다.

"나는 가장 깊은 곳까지 내려가서 바닥을 훑었다. 나는 수천 년 동안 철학자들이 안전한 토대로 여기며 건물을 쌓아 올렸던 바로 그 낡은 신앙 속을 파고들며 캐물었다. 그러자 낡은 구조가 내 주위로 무너져 내렸다. 나는 우리의 도덕 속에 들어 있는 낡은 신앙의 토대를 훼손시켰다."

이 작업이 마무리되었을 때, 니체는 존재의 목적과 목표에 대한 생각을 제시할 준비가 되어 있었다. 그는 낡은 도덕은 한가운데가 썩은 사과와 비슷하다는 점을, 그러니까 겸손이라는 기독교 이상이 인류를 약하고 비참하게 만든다는 점을 보여주었다. 또 그는 창조주(예를 들면, 가족과 교회, 국가 같은 것들)의 명령에 따른 직접적 결과로 미신적인 숭배를 받게 된 많은 제도들이 단지 인간의 "너무나 인간적인" 탐욕과 소심함, 어리석음, 편함을 추구하려는 현상의 산물이라는 것을 보여주었다.

그는 진리를 찾는 탐조등을 애국심과 자비심과 자기희생 쪽으로 돌렸다. 그 결과, 그는 지금까지 현대 문명이 의문의 여지없이 선하거나 나쁜 것으로 여겨온 많은 것들이 한때 다른 가치를 지녔다는 점을 보여줄 수 있었다.

예를 들면, 고대 그리스인들은 희망을 약함의 신호로, 자비를 바보의 속성으로 여겼다. 또 유대인들은 자신들의 왕들이 통치하던 시대에 분노를 죄가 아니라 미덕으로 보았다.

일반적으로 니체는 수많은 예와 논거를 통해 선과 악의 개념은 모두 변덕스럽다는 점을, 그리고 어느 누구도 어떤 것이 옳거나 그르다는 식으로 자신 있게 말하지 못한다는 점을 보여주었다.

이제 재건 작업을 벌일 토대가 말끔하게 정리되었으며, 니체가 세운 최초의 건축물은 『차라투스트라는 이렇게 말했다』(Thus Spake Zoroaster)였다. 그가 '전부와 전무를 위한 책'(A book for all and none)이라는 부제를 붙인 이 책은 공상적이며, 반쯤 시적이고 반쯤 철학적인 서사시의 형식을 취했다. 니체는 동양의 신비주의에 빠져 있었으며, 주인공의 이름 차라투스트라를 고대 페르시아인들의 입법자(조로아스터)로부터 차용했다. 그러나 이 책의 주인공과 고대 페르시아 입법자 사이에 더 이상의 유사점은 없으며,

당연히 니체의 철학과 페르시아인들의 철학 사이에도 비슷한 점이 전혀 없다.

이 책 속의 차라투스트라는 인간들로부터 멀리 떨어져 살고 있는 현자이며, 뱀 한 마리와 독수리 한 마리 외에 어떤 종자도 없다. 책은 4개의 부분으로 나뉘어졌으며, 각 부분은 차라투스트라의 설교로 이뤄져 있다. 이 설교들은 예언자가 떠돌아다니는 동안에 다양한 청중에게 전달되며, 그가 집이라고 부르는 동굴에서 다양한 사도들과 갖는 모임에서도 설교가 행해졌다.

설교는 형식적 측면을 보면 틀림없이 동양적이고 성서 속의 음유시인들의 태도와 언어를 떠올리게 한다. 책 끝 부분에서 니체는 모든 억제를 바람에 날려 보내고 신성 모독이라는 드물게 유쾌한 놀이에서 가슴에 품고 있던 것을 맘껏 쏟아낸다. 거기엔 일종의 최후의 만찬의 패러디가 있으며, 차라투스트라의 타락하는 사도들은 품위 없으며 기괴하게도 당나귀를 숭배한다. 바그너를 비롯해 저자의 다양한 적들이 얇은 베일로 위장한 상태로 우스꽝스러운 어릿광대로 등장한다.

설교 중에 차라투스트라는 다른 어떤 것보다 니체와 더 직접적으로 연결되는 사상인 초인 사상을 표현하고 있다. 앞으로 이 사상에 대해선 세세하게 설명할 것이다. 지금 여기선 이 사상은 니체의 첫 책『비극의 탄생』에서 제시된 개념들의 자연스런 자식이라고 말하는 것으로, 그리고 그 사상이 그가 평생을 쏟은 모든 작품을 일관성 있고 조화로운 하나의 전체로 묶어준다고 말하는 것으로 충분하다. 『차라투스트라는 이렇게 말했다』의 첫 부분은 1883년에 출간되었으며, 두 번째 부분은 같은 해에 출간되었고, 세 번째 부분은 1884년에 인쇄되었다. 마지막 부분은 1885년에 저자의 친구들 사이에 은밀히 읽혔으나 전체 작품이 한 권으로 묶어진 1892년까지 대중에 소개되지 않았다. 니체의 떠돌이 삶이 보여주고 있는 바와 같이, 그 책은 엥가딘에서 잉태되어 제노바와 실스 마리아, 니스, 망통 등지에서 쓰였다고 봐도 무방하다.

『선과 악을 넘어서』(Beyond Good and Evil)는 1886년에 출간되었다. 이 책에서 니체는 도덕에 관한 비판을 정교하게 다듬고 체계화했으며, 현대 문명이 쇠퇴하고 있다고 생각하는 이유를 보여주는 임무를 떠안았다. 여기서 그는 주인 도덕과 노예 도덕에 대한 정의를 최종적으로 제시했으며, 또 기독교가 반드시 억압당하고 절망적인 상태에서 주인의 채찍질을 피하려는 종족의 사상이 되는 이유를 설명했다.

1887년에 등장한 『도덕의 계보』(The Genealogy of Morals)는 이런 주장들을 더욱 발전시켰다. 이 책에서 니체는 도덕적 개념들을 무자비하게 분석하던 초기의 태도로 부분적으로 돌아가는 모습을 보인다.

1888년에 니체는 바그너를 대단히 신랄하게 공격하는 내용을 담은 책을 『바그너의 예』(The Case of Wagner)라는 제목으로 발표했다. 이 책을 쓰게 된 동기는 바그너가 니체와 같이 쇼펜하우어의 전제들로부터 시작해 놓고는 초인으로 끝내지 않고 십자가 위의 사람으로 끝냈다는 사실이었다.

바그너의 '신들의 황혼'을 패러디한『우상의 황혼』(The Twilight of the Idols)은 1889년에 나왔다.『니체 대(對) 바그너』(Nietzsche versus Wagner)도 같은 해에 인쇄되었다. 이 책은 니체의 초기 작품들에서 발췌한 글로 이뤄졌으며, 그것을 통해서 그는 적들의 비판과 달리 바그너를 대하는 자신의 태도가 방향을 완전히 바꾼 것이 아니라는 점을 증명할 생각이었다.

한편, 건강이 급속도로 나빠지고 광기 쪽으로 점점 더 가까이 다가가고 있었음에도 불구하고, 니체는 자신의 철학을 요약하고 대작으로서 영원히 남을, 4권 분량의 훌륭한 책을 쓸 계획을 세웠다. 그의 계획에 따르면, 4권의 책은 다음과 같은 제목으로 발표될 예정이었다.

1. "적(敵)그리스도: 기독교에 대한 비판"

2. "자유 정신: 니힐리스트 운동으로서의 철학에 대한 비판"

3. "비(非)도덕주의자: 무지하고 도덕적이고 불행한 종(種)에 대한
비판"

4. "디오니소스, 영원 회귀의 철학"

이 작품은 "권력 의지: 모든 가치들에 대한 재평가 시도"라는 일반적인 제목으로 출간될 예정이었으나, 니체는 첫 번째 책인 "적그리스도" 그 이상으로 진척을 이루지 못했으며 다른 책들을 위해서

는 방대한 분량의 대략적인 노트만 남겼다. 독일이 반세기 동안 목격한 글들 중에서 아마 가장 훌륭한 글이었을 『적그리스도』(The Anti-Christ)는 1888년 9월 3일부터 9월 30일 사이에 아주 빨리 쓰였으나, 이 철학자가 글쓰기에서 영원히 손을 떼고 6년 뒤인 1895년에야 출간되었다.

그 해에, 라이프치히의 출판업자인 나우만(Carl Gustav Naumann)이 니체가 남긴 모든 글을 모아, 푀르스터 니체와 프리츠 쾨겔(Fritz Koegel) 박사와 페터 가스트, 에두아르트 폰 데어 헬렌(Eduard von der Hellen) 등의 편집 방향에 따라 총 15권으로 출간하기 시작했다. 이 전집에 니체가 "권력 의지"를 위해 쓴 노트들과 초기의 문헌학적 에세이들이 포함되었다. 이 노트들은 니체를 연구하는 사람들에겐 대단히 흥미로운 자료이다. 왜냐하면 그것들이 그의 사상들 중 일부가 몇 년 사이에 어떻게 변했는지를 보여주고 또 그의 최종적인 철학 체계의 구조를 드러내기 때문이다. 그러나 일반적인 독자는 그 노트들이 혼란스럽고 종종 이해되지 않는다는 사실을 발견할 것이다.

1888년 10월, 그러니까 정신 쇠약을 일으키기 3개월 전에 그는 『이 사람을 보라』(Ecce Homo)라는 제목으로 비판적인 자서전을 시작했는데, 이 책은 불과 3주 만에 마무리되었다. 이 책은 극단적일 만큼 솔직하며, '내가 그렇게 현명한 이유'나 '내가 대단히 우수한 책들을 쓰는 이유'나 '내가 하나의 운명인 이유' 같은 장의 제목으로 미뤄 알 수 있듯이 매우 흥미로운 책이다. 이 책에서 니체는 요리에서부터 기후까지 아주 많은 것들에 대한 개인적 의견을 피력하고 있으며, 자신의 책들 각각에 대해 세세하게 논하고 있다. 『이 사람을 보라』는 라이프치히에서 1,250부 한정판으로 처음 모습을 드러낸 이후 1908년까지 출판되지 않았다.

1889년 1월에, 토리노의 매우 초라한 주거지에서 외롭게 살고 있던 니체는 갑자기 절망적일 만큼 미쳐 있었다. 그의 친구들은 그로부터 직접 그런 소식을 들었다. 니체는 바젤의 야코프 부르크하르트(Jacob Burckhardt) 교수에게 "나는 페르디낭 드 레셉스(Ferdinand de Lesseps)[9]입니다."라고 썼다. 그리고 코지마 바그너에겐 "아리아드네, 당신을 사랑하오!"라고 쓰고, 덴마크 비평가 게오르그 브란데스(Georg Brandes)에겐 "순교자"라고 서명한 전보를 보냈다.

바젤의 옛 친구 프란츠 오버베크(Franz Overbeck)는 당장 토리노로 떠났으며, 거기서 그는 니체가 팔꿈치로 피아노를 쾅쾅 두드리며 노래를 거칠게 부르고 있는 것을 발견했다. 오버베크는 그를 바젤로 데려와서 사립 보호 시설에 입원시켰다. 거기서 그의 건강이 전반적으로 크게 나아지면서 회복에 대한 희망을 품게 만들었다. 그러나 니체는 결코 혼자 있을 만큼 충분히 나아지지 않았으며, 그래서 그와 몇 년 동안 나쁜 관계를 유지했던 그의 어머니가 그를 나움부르크로 데려갔다.

9　프랑스 외교관이자 기술자로 리스본 주재 영사와 마드리드 주재 공사를 역임했으며, 1859년부터 1869년까지 10년에 걸쳐 수에즈 운하를 완성했다.

1893년에 여동생 엘리자베트가 남편이 죽은 파라과이에서 돌아왔을 때, 그는 역까지 여동생을 마중 나갈 만큼 좋아졌다. 그리고 4년 뒤에, 어머니가 죽자, 엘리자베트는 오빠를 새로 구입한 바이마르 교외의 '은색 풍경'이라 불리는 빌라로 옮겼다. 이 빌라는 언덕들과 느릿느릿 흐르는 일름 강을 굽어보는 정원이 있었고, 장애인 소파를 위한 넓은 베란다가 있었다. 그곳에서 그는 매일 앉아서 옛 친구를 맞이하거나 침묵을 지키곤 했다. 그의 정신은 작업을 재개할 수 있을 만큼 맑게 돌아오지 않았다. 이젠 책을 읽는 것조차 힘든 일이 되었다. 그는 천천히 단어들을 더듬어 떠올려야 했으며, 자기가 쓴 책들에 관한 기억만 흐릿하게 남아 있었을 뿐이었다. 그의 주된 즐거움은 음악에 있었으며, 그를 위해 피아노를 연주해 줄 수 있는 사람이 올 때면 그는 언제나 행복했다.

이 용감한 전사의 그림에는, 그러니까 인간들과 신들과 악마들의 적이었던 존재가 어린 아이처럼 보호를 받고 조심스럽게 다뤄지는 그런 모습에는 측은한 무엇인가가 있다. 옛날의 치열했던 자만심과 용기는 어디론가 다 사라져 버렸고, 그는 양순하고 부드러운 존재가 되어 있었다. "동생, 너와 함께 있으니 참으로 행복하구나!" 그는 이렇게 말하곤 했으며, 그럴 때면 그의 손은 담요에서 빠져나와 친절하고 충성스런 엘리자베트의 손을 꼭 쥐곤 했다. 한번은 그녀가 오빠에게 바그너를 상기시켰다. 그러자 그가 "그때가 너무 좋았어!"라고 말했다. 호전적이던 옛날의 정신은 모두 사라졌다. 그는 오직 자신의 젊은 시절의 꿈과 즐거웠던 날들만을 기억하고 있었을 뿐이었다.

니체는 1900년 8월 25일 바이마르에서 세상을 떠났다. 죽음의 직접적 원인은 폐렴이었다. 그의 유골은 그의 출생지인 뢰켄의 작은 마을에 묻혔다.

5장
철학자와 인간

뵈르스터 니체는 자신의 전기에서 이렇게 말한다.

"오빠는 옹골차고 떡 벌어진 몸이었으며, 절대로 마른 사람이 아니었다. 피부색은 오히려 검고, 건강하고, 불그스레했다. 그는 매사에 깔끔하고 단정했으며, 말투도 부드러웠다. 대체로 어떤 상황에서도 차분한 경향을 보였다. 전반적으로, 그는 예민한 남자와 정반대였다. …

1888년 가을에, 오빠는 옛날을 회상하는 비망록에서 자기 자신에 대해 말했다. '나의 피는 천천히 흐른다. 처음에 나의 증세를 신경증 증상으로 진단하고 나를 오랫동안 치료한 의사는 이렇게 말했다. "아니오. 당신의 문제가 신경에 있을 수는 없어요. 나 자신이 당신보다 훨씬 더 과민하거든요."'…

오빠는 자신을 오랫동안 괴롭힌 병이 엄습하기 전이나 후나 똑같이 자연적인 치료 방법을 믿었다. 그는 아침마다 냉수욕을 하며 몸을 문질렀으며, 침실에서 가벼운 체조를 하는 것을 잊지 않았다."

언젠가 니체가 진지한 채식주의자가 되었으며, 고대의 채식주의자가 자신의 위(胃)로 석관(石棺)을 만들었다는 무서운 이야기로 친구들을 괴롭혔던 적이 있다고 그녀는 말한다. 오류를 너무나 빨리 지각하는 사람이 원숭이의 신체 장기들이 채식에 맞게 만들어졌기 때문에 인간의 장기도 당연히 그렇게 설계되어 있다는 식의 어리석은 주장에서 아무런 오류를 보지 못하는 것이 그저 놀랍기만 하다. 해부학과 생리학에 관한 기초적인 지식만 알고 있어도 그가 그 어리석음을 볼 수 있었을 테지만, 틀림없이 그는 인간 정신의 비밀들을 캐내는 기술은 불가사의할 정도로 탁월했음에도 불구하고 인간의 신체에 대해선 거의 알지 못했다.

니체는 젊은 시절에 에머슨(Ralph Waldo Emerson)을 읽었으며, 에머슨이 뿌린 씨앗들은 미국에서 소위 신(新)사고 운동으로 꽃을 활짝 피웠다. 크리스천 사이언스[10], 안마 치료, 정신적 텔레파시, 신비주의, 유사 심리학, 심령 연구 학회 등이 그런 운동의 과정에 생겨난 것들이다. 이 모든 것들은 초인의 철학자에게도 아마 그 흔적을 남겼을 것이다.

푀르스터-니체는 자신의 전기에서 오빠가 지속적으로 병을 앓

---

10 메리 베이커 에디(Mary Baker Eddy)가 1879년에 미국 매사추세츠 주 보스턴에서 창설한 기독교 계통의 신흥 종교.

고 있었음에도 불구하고 정신의 균형은 언제나 훌륭했다는 불가능한 가설을 증명해 보이려 노력하고 있다. 그녀 자신이 제시하고 있는 증거가 오히려 그녀에게 불리하게 작용하고 있다고 비판하는 것이 타당하다. 니체는 틀림없이 신경쇠약에 걸렸으며, 프랑스-프러시아 전쟁 후에 그는 온갖 종류의 끔찍한 병으로 인해 지속적으로 고통을 겪었다.

분명히 상상의 병도 있었을 것이지만, 진짜 병도 있었다. 증상에 관한 니체의 설명은 여러 모로 허버트 스펜서가 자서전에 길게 나열한 통증과 고통의 목록을 상기시킨다. 스펜서는 이상한 두통을 앓았는데, 니체도 마찬가지였다. 스펜서는 평생 동안 건강을 찾아 떠돌아다녔으며, 니체도 그랬다. 스펜서의 작업 시간은 제한적이었으며, 니체의 작업 시간도 마찬가지로 제한을 받았다. 니체는 1878년 한 해 동안 두통과 눈의 통증으로 인해 일을 하지 못한 날들이 118일이나 되었다는 이야기를 우리에게 들려주고 있다.

눈 피로의 예언자 굴드 박사(Dr Gould)는 이 위대한 철학자들이 모두 청소년기에 독서를 너무 많이 한 탓에 고통을 받는다는 식으로 말했을 것이다. 그러나 두 철학자가 아마도 두 가지 이상의 신체적 병으로 인해 고통을 받았을 확률이 더 높다. 니체의 경우에, 어리석은 사람들이 자주 저지르는 실수, 말하자면 자가 치료에 대한 선호 때문에 건강 상태가 지속적으로 더 나빠졌다. 1870년에 병원 관계자로 병역에 임할 준비를 하면서, 그는 에를랑겐의 군사 병원에서 응급조치에 관한 강의를 짧게 들은 적이 있다. 그 후로 니체는 스스로 자격을 갖춘 병리학자라고 생각하며 복용할 약의 분량도 언제나 자기 마음대로 정했다. 그가 그런 식으로 복용한 약의 양은 정말 놀랄 정도였으며, 그가 어떤 약에 대한 관심을 끊는 유일한 방법은 다른 약에 대한 관심을 새로 얻는 것뿐이었다. 그러나 클로랄이라는 최면제는 그가 애용했던 약인데, 그는 삶의 말기에 이르러 그 약을 매일, 그것도 무서울 만큼 많은 양을 먹었다.

그 사이에 그의 정신적 장애도 점점 더 뚜렷해졌다. 가끔 그는 지나칠 정도로 심하게 흥분하고 고양되었으며, 그럴 때면 그는 적들을 비난하고 자신의 천재성에 대해 떠들어댔다. 친구들이 최종적으로 그를 감금 상태에 두기로 결정했을 당시에 그의 상태가 그랬다. 또 다른 때에는 그는 우울증 증상들을, 말하자면 고립감과 친구가 없는 것 같은 외로움, 깊은 슬픔, 죽음의 예감 같은 것을 보였다. 그의 책들이 사람들 사이에 불러일으킨 적대감은 이런 감정을 더욱 예리하게 악화시킴과 동시에 그런 감정에 정당성을 부여하기도 했다. 그 적대감은 그를 오랫동안 물고 늘어졌다.

니체는 1888년에 폰 시들리츠(Von Seydlitz) 백작에게 이렇게 썼다. "동물은 병에 걸리면 슬며시 컴컴한 동굴 속으로 들어가는데, 짐승 같은 철학자도 마찬가지로 그렇게 합니다. 나는 너무나 외로우며, 인간들이 지금까지 신성하고 존경할 만한 것으로 여겨왔던 모든 것들을 상대로 힘겨운 투쟁을 벌이다보니, 이제 나 자신이 일종의 어두운 동굴이, 탐험하지 않은 채 숨겨져 있고 신비스런 그 무엇이 되어 버렸지요." 그러나 펜으로 글을 쓸 때면, 그런 분위기는 사라졌으며, 반항적인 디오니소스 같은 그는 적들을 향해 다시 포효했다. 그는 "내가 금세기의 가장 위대한 철학자가 되는 것은 불가능하지 않다. 아마 그 이상일지도 모른다. 나는 2,000번의 세기들을 연결하는 결정적이고 숙명적인 고리일 수 있다."고 말했다.

막스 노르다우는 니체가 태어나면서부터 미쳤다고 말하지만, 사실들은 그의 주장을 뒷받침하지 않는다. 그 철학자가 건전하고 건강한 동물로서 이 세상에 태어났다고 보는 것이 훨씬 더 타당하다. 그리고 젊은 시절의 과도한 공부와 훗날의 과로와 약물 과다 복용, 참전 경험, 신체 기능의 장애, 지속적인 갈등 등이 그의 지성을 훼손시키다가 결국엔 허물어버리게 되었다는 분석이 더 합당하다.

그러나 만약에 니체가 광인으로 죽었다는 엄연한 사실과 그의 광기가 급작스럽게 닥친 것이 아니라 점진적으로 진행되었다는, 똑같이 엄연한 사실을 인정한다면, 우리는 결코 그의 글을 한 사람의 사상가로 읽지 못한다. 어떤 사람의 추론은 그의 육체적 상태가 아니라 추론 자체의 독창성과 정확성에 의해 평가 받아야 한다. 만약 광란하는 미치광이가 2 곱하기 2는 4라고 말한다면, 그의 말은 비오(Piux) 10세 교황이나 정신이 건전한 다른 사람들이 2 곱하기 2는 4라고 말할 때만큼이나 진실하다. 이런 식으로 판단한다면, 니체의 철학은 정신 이상과 거리가 아주 멀다. 앞으로 니체의 철학을 하나의 실현 가능한 체계로 고려하면서 그 철학의 명백한 진리와 오류를 지적할 것이지만, 어느 곳에서도(아마 딱 한 곳을 제외하고) 그의 주장은 광인의 환상으로 무시당할 수 없다.

니체의 여동생은 삶의 실용적인 문제에서 니체가 터무니없을 만큼 비실용적이었다고 말한다. 그는 돈에는 전혀 신경을 쓰지 않았으며, 삶 대부분 동안에, 그는 돈에 신경 쓸 필요가 거의 없었다. 그의 어머니는 시골 목사의 과부치고는 부유한 편이었다. 니체가 스물다섯 살일 때, 바젤의 교수 자리가 그에게 1년에 3,000 프랑을 안겨주었다. 1860년대 말 바젤에서 3,000 프랑은 부자는 못 된다 해도 독립적으로 살 수 있을 만한 소득이었다. 니체는 독신이었고 매우 간소하게 살았다. 그가 돈을 아끼지 않은 곳은 책과 음악, 여행뿐이었다.

니체가 바젤에서 2년 동안 일한 뒤, 대학 당국은 그의 임금을 4,000 프랑으로 올렸으며, 1879년에 그가 건강 때문에 어쩔 수 없이 교수직을 그만둬야 했을 때, 대학 당국은 그에게 한 해에 3,000 프랑의 연금을 주었다. 그 외에, 그는 어느 숙모로부터 3만 마르크를 유산으로 물려받았다. 그래서 이것저것 합하면, 그는 1년에 900달러 내지 1,000달러의 소득을 누렸다. 이 만한 소득이면 허버트 스펜서가 평생 동안 완벽한 평안과 행복을 위한 보험으로 여겼던 액수이다.

니체의 열정과 오락은 언제나 음악이었다. 그의 책들을 보면 예외 없이 음악 용어와 비유적인 표현들이 많이 나온다. 그는 정말로 피아노를 잘 쳤으며, 특히 바그너의 오페라 악보들을 편곡하기를 좋아했다. 그는 라이프치히에서 집으로 보낸 편지에서 "나에게 위안을 주는 3가지는 쇼펜하우어의 철학과 슈만(Robert Schumann)

의 음악과 홀로 하는 산책이다."고 썼다. 청년기 말기에 바그너가 그를 사로잡았지만, 그의 공감대는 바흐(Johann Sebastian Bach)와 슈베르트(Franz Schubert), 멘델스존(Felix Mendelssohn)을 포함할 정도로 폭이 넓었다. 이들 중 멘델스존에 대한 존경이 사실 그가 바그너로부터 멀어질 수 있도록 도왔는데, 바그너는 멘델스존의 세계관을 형편없는 것으로 여겼다.

니체 본인의 작곡은 명백히 무겁고 학자풍이었다. 그는 화성과 대위법에 능했으나 음악적 아이디어들은 생명력이 부족했다. 그는 아주 단순한 노래에서 거칠고 무리한 조바꿈을 시도했다. 그의 신봉자를 자처하면서 『차라투스트라는 이렇게 말했다』에서 영감을 얻은 리하르트 슈트라우스(Richard Strauss)의 음악은 그를 즐겁게 해 주었을 것이다. 슈트라우스는 동시에 두 개의 음조를 쓰는 놀라운 기법을 성취했다. 그런 노력이 니체의 예리한 관심을 끌었을 것이다.

그렇지만 니체의 음악은 단순히 공부나 규칙을 바탕으로 한 창작이 아니었으며, 우리는 그가 감정 폭발이 강하게 일어날 때 작곡을 하도록 자주 고무를 받았다는 증거를 갖고 있다. 프랑스-프러시아 전쟁터로 가는 길에, 그는 기차 안에서 애국적인 노래를 하나 작곡했다. 그는 그 작품에 '안녕! 난 가야만 하노라!'라는 제목을 붙였으며, 그것을 남성들의 무반주 합창으로 편곡했다. 맥주에 취한 듯한 높은 음의 테너들과 육중한 베이스들이 포함된 독일 남성 합창단이 진기한 이 작품을 노래하는 것을 들어보는 것도 유익할 것이다. 틀림없이, 인간이 종이에 쓴 음악 중에서 그보다 더 괴상한 작품은 없을 것이다.

니체의 산문체의 이상한 매력에 대해서는 다양한 평론가들이 많은 글을 썼다. 그는 정말로 독일어의 달인이었지만, 그 통달은 타고난 것이 아니었다. 스펜서처럼, 니체는 삶의 초반부터 글쓰기에서 힘과 용이함을 확보하기 위해 부단히 노력했다. 그의 성공은 스펜서의 성공보다 훨씬 더 컸다. 삶의 말년에 가까워지면서, 예를 들어 『적그리스도』에서, 그는 거의 헉슬리에 비견할 정도의 강력하고 설득력 있는 말투를 성취했다. 그러나 그의 문체는 『평신도의 설교』(Lay Sermons)[11]를 아주 인상적으로 만든, 명료성과 확실성, 불가피성 등이 어우러진 그런 경이로운 분위기를 결코 보여주지는 못했다. 니체는 애디슨(Joseph Addison)보다 칼라일(Thomas Carlyle)에 훨씬 더 가까웠다. 어느 작가는 잡지 '아테내움'(Athenaeum)에 "그의 문체는 불꽃놀이처럼 하늘 온 곳으로 흩어지는 불꽃들의 소나기 같다."고 말한다.

니체는 언젠가 "형식에 대한 감각은 나 자신이 살루스티우스(Gaius Sallustius)[12]를 접하게 되었을 때 일깨워졌다."고 말한다. 후에 그는 프랑스의 훌륭한 문장가들, 특히 라 로슈푸코를 연구하고 그들로부터 많은 것을 배웠다. 그는 아포리즘의 대가가 되었으며,

---

11　영국의 시인이자 비평가인 새뮤얼 테일러 콜리지(Samuel Taylor Coleridge)의 작품집.

12　고대 로마의 역사가(B.C. 86-B.C. 34).

이 기법은 매우 자연스럽게 그가 이따금 독설과 비판을 기록하도록 이끌었다. 그는 자신의 반대자들을 거짓말쟁이나 사기꾼, 위조자, 느림보, 바보, 뱀, 도둑 등 온갖 거친 이름으로 불렀다. 그는 자신이 해야 할 말이 있으면 무엇이든 거창하게 꾸며 일격을 가했으며, 거기엔 또 큰 소리로 포효하거나 얼굴을 찡그리며 점잔 빼는 모습도 수반되었다.

한 비평가는 "성마르고, 팔팔하고, 생생하고, 불과 눈부신 생명력으로 넘치는 그의 문체는 이글거리는 불꽃처럼 번득이고 번쩍이며, 간혹 핀다로스(Pindaros)[13] 풍의 합창을 떠올리게 하는 열광적인, 일종의 주신(酒神) 찬가의 율동을 갖고 있다."고 말한다. 당연히, 바로 이런 방종이 그의 시가 형식이 없고 괴상하게 보이도록 만들었다. 그는 시의 운율을 경멸했으며, 미개의 상태에서 날뛰었다. 그의 운문을 읽고 있으면 누구나 그 글들이 다양한 폰트의 서체로, 12가지 색깔의 화려한 잉크로 인쇄되어야 한다는 인상을 자연스럽게 받게 된다.

니체는 결혼을 하지 않았지만, 여자를 싫어하는 사람은 절대로 아니었다. 정말이지, 그의 여동생은 그가 1876년에 제네바에서 어느 젊은 네덜란드 여인에게 정식으로 청혼했다는 이야기를 들려준다. 그리고 6년 뒤에 루 살로메와 멜로드라마 같은 사랑에 빠진다. 그의 생애 초반과 후반에 다른 여자들도 있었다. 험담꾼들은 니체가 말년에 미친 상태에서 코지마 바그너에게 "아리아드네, 당신

13 B.C. 5세기를 산 고대 그리스의 합창시 작자.

을 사랑하오!"라는 편지를 썼다는 사실을 근거로, 그가 코지마에게 연정을 품었다고 비난하기를 서슴지 않는다. 그러나 그의 의향은 별로 진지하지 않았다. 심지어 그가 로마에서부터 라이프치히까지 루 살로메를 쫓아다니다가 그녀를 놓고 여동생과 싸움을 벌이고 가엾은 레를 총으로 위협했을 때에도, 그가 여자 앞에서 머뭇거렸다고 믿어도 좋은 이유가 있다. 한마디로 말해, 그가 제안한 것은 결혼이 아니라 자유로운 결합이었다.

나머지에 관해서라면, 그는 다소 무리한 불장난을 벗어나지 않았다. 떠돌이 생활 내내, 그는 광천수 마시는 방과 호텔 휴게실의 미인들로부터 사랑을 많이 받았다. 이유는 그가 신비스럽고 낭만적인 사람으로 보이기도 했을 뿐만 아니라 그의 철학이 특히 그의 철학에 대해 아무것도 모르는 사람들로부터 불경스럽고 점잖지 못한 것으로 여겨졌기 때문이다. 그러나 그가 선별한 건전한 숭배자들은 안정적으로 결혼생활을 하는 사람이거나 끔찍할 만큼 촌스러운 사람이었다. 니체는 1887년에 "내가 결혼을 하는 것은 그야말로 어리석은 짓일 것"이라고 혼잣말을 했다.

니체가 친절한 마음을 완전히 결여하게 된 것이 아내가 없었던 탓일 것이라고 보는 감상적인 비평가들이 있다. 아름답고 현명하고 착한 여인이 니체가 우울한 공상에 빠지지 않도록 구해 주었을 것이라고 그런 비평가들은 말한다. 어쩌면 니체가 아내의 웃음 속에서 더욱 성숙하고 부드러워졌을 수도 있고, 아이들이 그를 세련되게 만들었을 수도 있다. 이 이론의 결함은 철학자들이 결혼의 축복이 느껴지는 그런 장면 속에서 번창하는 것처럼 보이지 않는다는 사실에 있다.

고차원적인 사고는 하숙집 식사와 문간방을 전제하는 것 같다. 황량한 뒤쪽 계단에서 외로이 청어를 씹어 먹고 있는 스피노자(Baruch Spinoza)는 우리를 고통스럽게 만드는 그림이지만, 그 그림이 철학자에겐 오히려 적절해 보인다는 점도 부정하기 어렵다.

결혼한 스피노자를 상상해 보라. 대학에 다니는 아들이 둘 있고, 다른 한 아들은 가족의 렌즈 사업을 관리하고, 딸은 혼수 준비로 바쁘고, 아내는 불만이 점점 더 많아지고 살이 찌고 있다. 정말이지, 이런 장면은 한마디로 터무니없고 있을 수 없는 일이다. 우리는 철학자들에 대해 외로운 존재가 아니라 홀로 있는 존재로 생각해야 한다. 결혼한 쇼펜하우어나 결혼한 칸트나 결혼한 니체는 상상이 되지 않는다.

결혼이 니체의 여성관을 다소 바꿔놓았을 수도 있었을 것이라는 생각은 전혀 맞지 않는 것은 아니지만, 그 변화가 니체의 정확도를 더욱 높이는 방향으로 이뤄졌을 것이라는 보장은 절대로 불가능하다. 그가 전혀 뜻밖에도 노예 같은 공처가가 되었을 수도 있고 가정을 폭력적으로 다스리는 폭군이 되었을 수도 있다. 독신으로서 니체는 비교적 부유했지만, 아내와 자식들이 있었다면 1년에 1,000달러 정도 되는 그의 소득은 태생이 좋은 거지를 의미했을 것이다.

그의 여동생은 자신만의 소득과 일이 있었다. 그녀는 오빠가 자기를 필요로 할 때면 언제나 그의 곁에 있었지만, 그가 오직 일에만 매달리고 있을 때면 그녀는 조심스럽게 사라졌다. 아내라는 존재가 매일 끊임없이 그의 앞에 있었다면, 아내가 그를 그지없이 짜증나게 만들거나 그를 순응하며 나태하게 구는 사람으로 만들었을 수도 있다. 존재 자체가 어느 한 여자의 영향을 받고 있는 남자는 불가피하게 그 여자의 여성적인 관점을 어느 정도 얻게 되고, 따라서 자신의 확실한 비전을 잃게 된다는 점을 니체는 여러 차례 강조했다. 정말로, 철학자에게 이상적인 상태는 여러 여자들에 의해 고통이 경감되고 있는 독신이다. 철학자는 여자들을 연구해야 하지만, 철학자는 언제든 자유롭게 노트를 덮고 밖으로 나가서 열린 마음으로 노트에 적은 내용을 곱씹을 수 있어야 한다.

인생의 종말에 가까워짐에 따라, 점점 깊어가던 병이 니체를 무력하게 만들었을 때, 헌신적인 여동생은 흐릿한 그의 세계에서 아내와 어머니의 자리를 대신했다. 그녀는 오빠를 위해 집을 마련했으며, 그의 옆에 남아 그를 지켰다. 그들은 몇 시간 동안 이야기를 나누곤 했다. 그럴 때면 니체는 등에 방석을 받쳐야 했다. 옛날의 불그스레한 건강한 혈색은 죽음의 흰색으로 변했고, 나이아가라 같은 콧수염은 창백한 피부를 배경으로 더욱 두드러져 보였다.

그들은 나움부르크에 대해서, 오랜 옛날의 날들에 대해 이야기했으며, 초인의 불같던 예언자는 이제 '프리츠 오빠'가 되어 있었다. 우리는 위대한 인간은 위대하기도 하고 인간적이기도 하다는 점을 곧잘 잊는다. 또 철학자가 평생 인류의 운명에 대해 생각하면서 보내는 시간이 내일 비가 올 것인지 여부나, 스테이크의 맛이나 길의

먼지, 붐비는 철도 객차, 가스 회사들의 약탈 등에 대해 생각하는 시간보다 더 적다는 사실도 우리는 곧잘 망각한다.

니체의 여동생은 그를 스스럼없이 볼 수 있었던 유일한 사람이었다. 아마 아내의 눈길이나 다르지 않았을 것이다. 오빠에 대한 여동생의 애정은 완벽했으며, 그녀가 그에게 미친 영향력 또한 완벽했다. 사랑과 이해, 믿음과 친절은 여자들을 환상적인 천사로 만드는 요소들이다. 차분하고 신뢰할 만한 엘리자베트는 그런 요소들을 두루 갖추고 있었다. 정말로, 니체가 질풍노도 같은 나날을 보내는 동안에 오빠에게 마음의 평화와 안락을 찾아주려고 애쓸 때, 그리고 니체가 세상을 떠난 뒤에 그의 미덕을 칭송할 때 보인 그 열성에는 숭고한, 아니 거의 성스럽기까지 한 무엇인가가 있었다.

II
철학자 니체

1장
디오니소스 대(對) 아폴론

앞의 어느 장에서, 그리스 비극에 관한 니체의 이론을 대략적으로 소개한 바 있다. 거기서 니체의 이론이 쇼펜하우어 철학의 기초 자료에 의존하고 있다는 점도 암시했다. 이젠 니체의 이론을 조금 더 가까이 들여다보면서 그 기원을 추적하고 발달 과정을 세부적으로 검토할 계획이다. 그 자체만을 놓고 보면, 이 이론은 문학 비평의 기술에서 한 걸음 더 앞으로 나아가는 단계로서만 흥미롭지만, 니체의 종국적 탐구에 미친 영향이라는 측면에서 보면, 그것은 현대 사상의 전체 흐름에 상당한 영향을 끼쳤다.

쇼펜하우어는 우리가 인간의 삶이라고 부르는 온갖 복잡한 현상들 속에서 일어나는 모든 일의 바닥에는 생존 의지가 작용하고 있다는 사상을 주요 원칙으로 제시했다. 그는 또 지능은 겉보기에 문명의 왕처럼 보일지라도 결국엔 이 생존 의지의 부차적인 표현에 지나지 않는다는 사상도 주요 원칙으로 제시했다.

그야말로 전적으로 인위적인 상황에서는 이성이 독립적으로 작용할 수 있는 것처럼 보이지만(예를 들면, 수학에서 추상적인 문제를 풀려고 노력하는 경우가 이에 해당된다), 우리가 인간으로서 맺는 관계들에서 비롯되는 모든 것들에서, 종족과 자기 보존이라는 오래된 본능이 쉽게 확인된다. 우리의 행위는 음식을 먹거나 편히 쉬거나 후손을 낳는 욕망과 명백히 직접적으로 연결되지 않는 경우를 제외하고는 모두가 어떤 식으로든 동료들보다 탁월해 보이려는 욕망에 바탕을 두고 있다. 그리고 남들보다 탁월하려는 욕망을 가장 낮은 수준으로 환원하면, 그것은 단지 생존을 위한 투쟁에서, 말하자면 먹고 후손을 낳는 일에서 평균적인 사람보다 유리한 입장에 서려는 욕망에 지나지 않는다. "행복은 권력이 증대된다는 감정이다. 다시 말하면, 저항이 극복되고 있다고 느끼는 감정이 행복인 것이다."[14]

비록 니체가 곧 쇼펜하우어의 근본적인 사상들을 수정하려고 시도했을지라도, 니체는 쇼펜하우어의 사상들이 깊은 진리라는 확신을 품은 가운데 바젤로 갔다. 그 수정은 바로 쇼펜하우어의 "생의 의지"를 "권력 의지"로 바꾼 것이었다.

니체는 살지 않는 것은 생의 의지를 행사할 수 없다고 주장했다. 어떤 사물이 이미 존재하고 있는데, 그것이 어떻게 존재를 추구할

---

14 '적 그리스도' 중에서.

수 있는가? 니체는 이런 주장을 여러 차례 강조했지만, 그 주장이 공허하다는 사실은 약간의 조사만으로도 분명해진다.

그는 사실 쇼펜하우어의 문구를 터무니없을 만큼 심하게 오해하는 것으로 출발했다. 그 염세주의 철학자가 "생의 의지"라고 했을 때, 그것은 분명히 삶을 시작하려는 의지가 아니고 삶을 지속하려는 의지를 뜻했다. 여기서 그 단어들을 일상적인 의미로 받아들인다면, 삶을 지속하려는 의지는 모든 측면에서 니체의 권력 의지와 분명히 동일하다. 그러므로 니체의 수정은 오래된 어떤 사상을 표현하기 위해 새로운 문구를 다듬어낸 것에 지나지 않았다.

두 철학자의 단일성과 두 가지 문구의 동일성은 니체의 담론에 의해 수도 없이 증명되고 있다. 쇼펜하우어처럼, 니체도 인간의 모든 생각은 살아 있는 인간이 살아남기 위해 무의식적으로 펼치는 노력의 직접적 산물이라고 믿었다. 쇼펜하우어처럼, 니체도 인간의 내면에서 추상적인 생각들은 구체적인 생각들로부터 생겨나고, 또 구체적인 생각들은 경험들로부터 생겨난다고 믿었다. 여기서 말하는 경험은 인간이 살아남기 위해 존재의 조건을 충족시키면서 무한히 노력한 끝에 나타난 결과들을 질서정연하게 정돈한 기억에 불과하다. 쇼펜하우어처럼, 니체도 형법과 시(詩), 요리법, 민족의 종교는 이처럼 무의식적으로 저항이 가장 적은 노선을 더듬어 찾는 과정을 표현한 것이라고 믿었다.

문헌학자로서, 니체의 관심은 너무나 자연스럽게 고대 그리스와 로마의 문학에 고정되었으며, 따라서 쇼펜하우어의 원칙들을 대상으로 한 첫 번째 검증이 그 분야에서 이뤄진 것도 자연스럽다. 이 일이 있기 전에 어느 때엔가, 니체는 능률적이고 활발한 민족인 고대 그리스인들이 푸르고 햇살 강한 땅에 살면서 음울한 비극에 그렇게 재미있어 한 이유가 무엇인지 의문을 품었다(니체보다 앞선 시대에도 여러 사람이 이런 질문을 던졌다).

어떤 사람은 그리스인이 유쾌한 오후를 보내기 시작하면서 경박하고 쾌활한 오락을 찾았을 것이라고 상상할 수 있다. 그러나 그리스인은 그런 것 대신에 종종 테스피스(Thespis)와 아이스킬로스(Aeschylus), 프리니키오스(Phrynichus)나 프라티노스(Pratinus)의 연극을 보기를 더 선호했다. 이 작가들의 연극에서 영웅들은 운명과 절망적인 전투를 벌이다가 비참하고 불행하게 죽어갔다.

니체는 그리스인들이 이처럼 비극을 좋아한 이유가 그 작품들이 자신들이 현실 속에서 보는 삶의 조건들을 충실하게 그린 것처럼 보였고, 또 연극이 그들에게 인간을 합리적으로 정확히 그린 그림처럼 보였기 때문이라고 결론을 내렸다. 신들은 세상이라는 현실의 무대 위에 오를 드라마를 명령했고, 극작가는 극장이라는 가짜 무대 위에 오를 드라마를 명령했다. 가짜 무대의 드라마는 진짜 무대의 드라마를 정확히 모방하고 재현하는 정도에 비례해서 신뢰성과 현실성을 확보했다.

니체는 사실주의의 이런 특징이 모든 무대 연극의 핵심이라고 보았다. 니체는 "극작가는 이 세상에 태초부터 존재했던 어떤 극작가와 조화를 이루는 한에서만 자신의 기술을 진정으로 발휘할 수 있다."고 말했다. 그는 또 "인간은 스스로를 기준이라고 단정한다. …
종족은 본래 그렇게 묵인하는 외에 달리 방법이 없다."[15] 바꿔 말하
면, 인간은 자신의 운명에 아무런 영향을 미치지 않는 것에는 전혀
관심을 두지 않는다. 인간 자신이 자신의 주인공인 것이다.

따라서 고대 그리스인들은 비극이 자신들의 삶을 축소판으로 보
여준다고 여겼기 때문에 비극을 좋아했다. 무대 위를 활보하며 신
들에게 도전했던 막강한 전사들에게서, 그리스인들은 저마다 자기
자신을 보았다. 무대 위에서 벌어지는 충돌에서, 그리스인은 인간
의 영원한 본질처럼 보이는 중대한 충돌의 복사판을 보았다.

그러나 그리스인들이 삶을 하나의 갈등으로 본 이유는 무엇인
가? 이 질문에 대한 대답을 찾으면서, 니체는 그리스 문명의 발달
과 그리스 민족의 사상의 발달을 연구했다. 그리스 민족의 사상들
은, 다른 모든 민족들의 사상과 마찬가지로, 그 민족의 신들에게로
돌려지는 자질과 미덕, 의견 등에서 시각화되고 구체화되었다. 따
라서 니체는 그리스인들이 만들어낸 신들, 특히 그리스인들의 전
반적인 삶의 계획을 지배했던 두 명의 신들의 본질을 탐구하는 작
업에 착수했다. 당연히 니체는 그리스 예술의 본질을 파고들게 되
어 있었다. 모두가 알고 있는 바와 같이, 예술이란 것이 그 민족이
스스로를 보는 견해 또는 의견에 지나지 않기 때문이다. 다시 말하
면, 그 민족이 보는 것들을 표현하고, 그 민족이 스스로를 관찰하면
서 끌어낸 결론을 표현하는 것이 예술이라는 뜻이다. 여기서 말하

15 '우상의 황혼' 중에서.

는 두 신이 바로 아폴론과 디오니소스였다.

고대 그리스인들에 따르면, 아폴론은 음악과 시, 웅변의 발명가이며, 그런 존재로서 아폴론은 모든 예술의 신이 되었다. 아폴론이 힘을 발휘하는 동안에, 그리스인들은 예술가들의 민족이 되어 온갖 세련미와 문화를 획득했다. 그러나 아폴론이 그리스인들에게 가르친 예술은 기본적으로 명상적이고 주관적이었다. 그 예술은 사물을 현재의 모습 그대로 묘사하는 것이 아니라 과거의 모습으로 묘사했다. 따라서 예술은 단순한 기록이 되었고, 그런 것으로서 그리스 예술은 가장 중요한 특징으로 평온을 보여주었다. 예술이 조각이나 건축, 회화, 서사시 중 어떤 것으로 표현되든, 평온의 요소 또는 평온으로 해석되는 행동의 요소가 가장 중요했다.

달리는 남자를 그린 그림은 남자의 활력과 행위를 제아무리 생생하게 암시하고 있을지라도 그 자체로는 생명이 없고 움직임이 없는 하나의 사물일 뿐이다. 건축은 곡선들이 움직임을 암시하고 직선들이 에너지로 바뀔 수 있는 힘을 암시할지라도 그 자체로는 어디까지나 움직일 수 없는 사물일 뿐이다. 시는 서사시의 형식을 취하고 있어서 단순히 과거 행위들을 기록한 것에 지나지 않는 한 본질은 세금 목록만큼이나 생명이 없다.

아폴론이 예술의 신으로 지배하는 동안에, 그리스인들은 예술을 단순히 움직이지 않는 하나의 화석이나 기록으로 바꿔놓았다. 기록은 인간의 삶 자체를 적은 것이든 아니면 인생의 부침이 불러일으키는 감정을 적은 것이든 방관자의 입장에서 본 것일 뿐이었다.

예술을 보는 이런 인식은 그리스인들의 전체 문명에 반영되었다. 그리스인들은 행동을 하는 행위자가 되기보다 노래를 부르는 가수가 되었고 형이상학적인 직물을 짜는 직공(織工)이 되었다. 그리스인들 사이에선 한 송이의 꽃을 조각할 줄 아는 사람이 한 송이의 꽃을 키울 줄 아는 사람보다 더 많은 존경을 받았다. 요약하면, 그리스인들이 쇠퇴하며 생기를 잃기 시작했다고 할 수 있다. 위대한 인간과 위대한 사상은 갈수록 줄어들었다. 그리스인들은 하향의 길을 미끄러지고 있었다.

그들에게 필요했던 것은 당연히 야만스럽고 원시적인 민족과의 접촉에 따른 충격이었다. 아직도 일상의 빵을 구하기 위해 싸우느라 명상에 빠지거나 과거를 돌아보거나 살이 찔 시간적 여유를 전혀 갖지 못하는 어떤 민족으로부터 훌륭한 붉은 피를 받을 필요가 있었다는 뜻이다. 붉은 피의 주입이 제때 이뤄졌지만, 그 피가 (훗날 고트족이 북쪽에서 급습하면서 로마에서 벌어졌던 것처럼) 외부로부터 온 것이 아니라 내부에서 왔다. 말하자면, 야만족의 실제 침입은 전혀 일어나지 않고 단순히 보다 단순하고 원시적인 사상으로 자동적으로 되돌아가는 현상이 나타났다는 뜻이다. 이 사상들이 잠자고 있던 그리스인들의 에너지에 바람을 불어 넣어 불을 피우고, 그렇게 함으로써 그리스인들이 자신의 구원을 성취할 수 있도록 했다. 이 충동은 새로운 신, 즉 디오니소스에 대한 갑작스런 열광으로 나타났다.

디오니소스는 거칠고 떠들썩한 동료였으며, 차분하고 명상적인 아폴론과 정반대였다. 오늘날 우리는 디오니소스를 단순히 포도주의 신으로 기억하고 있지만, 그의 시대에 디오니소스는 술을 마시며 떠들썩하게 잔치를 벌이는 것을 상징했을 뿐만 아니라 예술 체계를 포함한 문명 전체를 상징했다.

아폴론은 명상적인 삶을 대표했고, 디오니소스는 격렬한 삶을 대표했다. 아폴론은 인간의 존재가 정지되어 생명력이 없는 어떤 매체로 박제된 그런 형태의 예술을, 말하자면 조각이나 건축, 그림이나 서사시를 선호했다. 디오니소스는 실제로 존재하고 있는 삶의 신이었으며, 그래서 그는 과거의 존재의 단순한 기록이나 반성이 아니라 현재의 존재 자체를 간단히 포착하는 형태의 예술을, 말하자면 춤이나 노래, 음악, 드라마를 의미했다.

새로운 신과 그 추종자들의 야만스런 침공이 그리스 문화의 전반에 깊은 변화를 일으켰다는 사실이 확인될 것이다. 그리스인들은 서사시를 쓰거나 법을 칭송하거나 철학적인 문제를 놓고 시시콜콜 따지거나 죽은 대리석을 잘라내는 일에 시간을 쏟지 않고 이미 만들어져 결정된 모든 것들에 의문을 제기하고, 소란스럽고 호화로운 주신제(酒神祭)에 빠졌다. 주신제가 열릴 때면, 수천 명의 처녀들이 춤을 추고, 수백 명의 시인들이 사랑과 전쟁의 노래를 불렀으며, 음악가들은 환희의 무아경을 끌어내는 일을 놓고 요리사나 포도주 생산자들과 경쟁을 벌였다. 그 결과, 그리스인들이 역사와 도덕과 인간의 삶을 보는 관점 자체가 변하게 되었다. 한때 고상한 사색과 우아한 평온을 추구하던 그리스인들이 폭력적인 행위와 강력한 감정을 추구하는 민족이 되었다. 그들은 자신이 발견한 그대로의 형태로 존재를 칭송하는 글을 쓰는 데 헌신하지 않고 삶을 향상시키고 현재와 미래의 인간 행동의 범위를 확장하고 실현 가능한 행복의 한계를 넓히는 과업에 헌신하기 시작했다.

그러나 머지않아 반작용이 일어났고, 아폴론이 다시 승리를 거두었다. 아폴론은 한동안 불안정하고 불확실한 모습으로 지배했으며, 이어 다시 진자의 추는 반대편으로 이동했다. 따라서 그리스인들은 이 신에서 저 신으로 옮겨갔다. 아폴론이 상승세를 타는 동안에, 그리스인들은 사색적이고 상상력이 풍부했으며, 그런 그들에게 사람은 역사학자가 될 때 최고의 높이에 오른 것처럼 보였다.

그러나 디오니소스가 그리스인들이 가장 사랑하는 신이 되었을 때, 그들은 삶의 즐거움으로 가슴 벅차 했으며, 그런 그들에게 사람은 역사학자가 아니라 역사를 만드는 사람이 최고의 경지에 오른 것처럼 보였다. 또 예술가가 아니라 예술 작품이 더 중요했다. 결국, 그리스인들은 안전한 가운데 쪽 길로 향했고, 두 신이 표현하는 사상들을 놓고 차분하게 저울질하기 시작했다. 그 결과, 그들은 어느 쪽으로든 무조건적으로 헌신하는 것은 좋지 않다는 결론에 이르렀다. 그들은 인간이 최고의 행복에 이르기 위해서는 양쪽으로 똑같이 돌진하는 것이 필요하다고 결론을 내렸다.

이 세상에는 활력에 출구를 열어주고 삶에 목표를 부여하기 위해서 디오니소스 추종자들도 필요하고, 또 삶의 기념물들을 건설하고 삶의 가르침들을 읽어내기 위해서 아폴론 추종자들도 필요했다. 그리스인들은 진정한 문명이 둘 사이의 끊임없는 갈등을, 말하자면 몽상가와 행동가 사이, 신전을 짓는 예술가들과 그 신전들을 불태우는 군인들 사이, 법률과 관습을 현재대로 영원히 지켜 갈 것을 주장하는 성직자들이나 경찰들과 법률과 관습을 바꿔야 한다고 주장하는 범죄자들과 개혁가들과 정복자들 사이의 갈등을 의미한다는 것을 발견했다.

이 가르침을 배웠을 때, 그리스인들은 문화와 문명의 높은 곳까지 오르기 시작했다. 그 높이는 과거에 그들이 절대로 닿을 수 없었던 곳이었다. 그들은 아폴론과 디오니소스 사이의 균형을 유지할 수 있었던 동안에 전진을 계속할 수 있었다. 그러나 때때로 이 신 또는 저 신이 힘을 더 많이 키웠으며, 그럴 때면 전진이 중단되었다. 아폴론이 우위에 설 때, 그리스는 지나치게 명상적이고 평온했다. 또 디오니소스가 승자가 되었을 때, 그리스는 야생적이고 생각이 짧고 타인들의 욕망에 신경을 쓰지 않았으며, 따라서 다소 야만성을 보였다.

이 같은 변동이 오랫동안 계속되었지만, 최종 승자는 아폴론이었다. 이제 그리스는 생존을 위한 영원한 투쟁에서 단순히 방관자에 지나지 않게 되었다. 그리스 최고의 명예는 모든 삶을 삼단논법으로 바꿔놓으려 노력했던 소크라테스에게 돌아갔다. 그리스가 사랑한 아들들은 수사학자와 웅변가, 철학적 거미집을 치는 사람들이었다. 그리스는 사상을 행동보다 위에 놓았다. 그러다 결국엔, 역사를 아는 모든 학생들이 알고 있듯이, 한때 세계를 지배했던 그리스는 노쇠하고 쇠퇴했으며, 디오니소스 추종자들이 밖에서 침공하여 그 나라를 무너뜨렸다. 이로써 그리스는 무질서와 대량 학살 속에 사라졌다. 그러나 이 이야기는 우리와 아무 관계가 없다.

니체는 그리스에서 문화가 최고 수준을 자랑하는 동안에, 그러니까 아폴론과 디오니소스가 서로 대결하면서 적절히 균형을 이루던 때에 비극이 가장 인기 있었다는 사실에 주목했다. 두 신 사이에 이런 이상적인 균형이 이뤄진 것은 의식적인 충동이 아니라 무의식적인 충동의 결과라고 니체는 결론을 내렸다. 말하자면, 그리스인들은 의회를 소집해서 세금 문제를 다루듯이 일을 놓고 논의한 것이 아니라 자신들의 민족적 본능에 충실한 방향으로 행동했다는 뜻이다. 이 본능, 즉 삶의 의지 또는 권력 욕망은 그리스인들로 하여금 그 의지나 욕망을 한동안 말이나 생각으로 명확하게 담아내려 노력할 필요도 없이, 황금 분할을 잘 지키고 있을 때 자신들이 가장 행복하고 가장 안전하고 가장 활발하고 민족적 생존을 가장 잘 지킬 수 있다는 것을 그냥 느끼도록 만들었다. 그리스인들은 그런 것을 놓고 깊이 추론하지 않았다. 그들은 단순히 그것을 느꼈을 뿐이다.

그러나 쇼펜하우어가 보여주고 있듯이, 오랫동안 실행한 본능은 경험을 의미하며, 경험에 관한 기억은 최종적으로 우리가 지성 또는 이성이라 부르는 것으로 굳어진다. 따라서 황금 분할이 자기 민족에게 가장 이롭게 작용한다는 그리스인들의 무의식적 감정은 최종적으로 어떤 사상의 형태를 띠게 되었다. 말하자면, 인간의 삶은 두 개의 힘 또는 충동 사이의 끝없는 갈등이라는 사상이 그리스인들에게 자리 잡게 된 것이다. 그리스인들이 본 바와 같이, 이 충동들은 파괴하고 초를 태우고 생명을 "소진"시키려는 디오니소스의 충동과, 생명을 간직하려는 아폴론의 충동이다.

이런 관점에서 삶을 본다면, 그리스인들이 무대에서도 그와 똑같은 관점에서 삶을 보여주려고 노력한 것은 너무나 당연했다. 그래서 그리스인들의 비극은 불가피하게 어떤 치명적인 갈등에 바탕을 두게 되었다. 그 갈등은 대개 인간 영웅과 신들 사이의 갈등이었다. 한마디로 요약하면, 그리스인들은 무대의 연극들을 통해 자신들이 보았거나 발견한 삶을 설명했다고 할 수 있다. 이유는 시대와 장소를 불문하고 모든 인간들과 마찬가지로, 그리스인들도 아래쪽의 땅 위나 위쪽의 광대한 허공에 있는 그 어떤 것보다도 자신이 발견한 삶에 더 많은 관심을 쏟았기 때문이다.

그리스 비극과 그리스인들의 삶에 관한 이론을 이런 식으로 다듬은 다음에, 니체는 당장 그 이론이 현재의 사상을 과거의 중요한 사상을 설명하는 것만큼 쉽게 설명할 수 있는지를 확인하기 위해 그것을 현대 문명에 적용시켰다. 그는 그 이론이 그대로 적용된다는 사실을 발견했다. 인간들이 여전히 서로 일치하고 도덕을 높이려는 아폴론의 충동과 착취하고 탐구하려는 디오니소스의 충동으로 찢어져 있는 것이 확인되었던 것이다. 그는 모든 인류가 두 가지 계급으로, 말하자면 영원성을 상징하는 아폴론 계급과 변화를 상징하는 디오니소스 계급으로 분류될 수 있다는 것을 발견했다. 불변하는 어떤 원칙을 엄격히 준수하며 사는 것은 아폴론 계급의 목표이고, 최대한 호의적인 조건에서 사는 것, 그러니까 변화하는 상황에 스스로를 적응시키면서 인위적인 영원한 규칙들의 함정을 피하는 것은 디오니소스 계급의 목표였다.

니체는 이상적인 인간 사회는 두 부류의 인간들이 똑같이 균형을 맞추며 사는 사회일 것이라고 믿었다. 무기력하고 종교적이고 도덕적인, 큰 규모의 노예 계급이 경계심 있고 비도덕적이고 인습을 타파하는, 소규모의 주인 계급보다 밑에 서는 그런 사회가 이상적인 사회라는 판단이었다. 니체는 이 주인 계급, 즉 유능한 귀족이 노예 계급을 길들여진 짐승 같은 족속으로, 또 이용하고 착취할 하인들의 신분으로 여겨야 한다고 믿었다.

유럽의 귀족은 유럽의 노동자들을 그런 식으로 다루려 들었지만 니체에게는 귀족 자체가 진정한 능력을 갖추지 못한 탓에 처절하게 실패한 것으로 보였다. 유럽의 귀족은 멋진 기회주의를 실천함으로써 변화하는 상황에 스스로 적응하지 않고 여전히 형식주의와 영속성을 상징하고 있었다. 유럽 귀족의 물신은 땅의 소유권이었으며, 이 물신에 대한 숭배가 너무나 깊었기 때문에 유럽 귀족의 생존력은 계속 떨어져 급기야 절망적인 기생충이 되다시피 했다. 유럽 귀족의 전반적인 색깔과 상황은 기본적으로 아폴론이었다.

그래서 니체는 디오니소스의 복음을, 그러니까 능력을 갖춘 새로운 귀족이 명예를 조상으로부터 물려받은 옛 귀족을 대체해야 한다는 복음을 전파했다. 그는 인류가 앞으로 나아갈 수 있다는 희망을 품을 수 있는 유일한 길은 그것뿐이라고 믿었다. 그는 세상엔 법과 도덕의 결함으로부터 자유로운 계급이, 적응력이 대단히 뛰어나고 비도덕적인 계급이, 그러니까 맨 꼭대기에 서서 모든 인간들의 평등을 성취하지 않고 초인의 탄생을 성취할 계급이 필요하다고 믿었다.

2장

도덕의 기원

앞의 장을 주의 깊게 읽은 사람들은 니체가 지금까지 주장한 내용은 단순히 우리가 어떤 심각한 모순을 직시하도록 하는 결과밖에 낳지 않았다는 의견을 제시할 수 있을 것 같다. 이 책에서 지금까지 우리는 인간의 모든 충동은 단순히 늘 변화하는 존재의 조건에 부응함으로써 생명을 보존하려 하는 중요한 본능의 표현에 지나지 않는다고 믿으라는 요구를 받아 왔다. 또 다른 모든 사상들과 마찬가지로 틀림없이 생명 보존 본능의 한 결과임에 틀림없을 아폴론적 사상이 적응력을 파괴하고, 따라서 그 사상은 삶을 더욱 위험하고 힘들게 만들고 진보를 불가능하게 만드는 경향이 있다고 믿으라는 요구도 받아 왔다.

여기서 우리는 어떤 모순에 봉착하고 있다. 생의 의지가 생명이 아니라 죽음을 성취하고 있다는 점이다. 이 모순을 어떻게 설명해야 하는가? 예를 들어, 기독교 도덕의 바탕에 깔려 있는 아폴론적인 사상이 그 기원을 생의 의지에 두고 있음에도 불구하고 자유로운 진보를 좌절시키는 경향을 분명히 갖고 있다는 사실에 대해 우리는 어떻게 설명해야 하는가? 또 이런 기독교 도덕에 바탕을 두고 있는 교회가 언제나 건강과 지적 자유, 자기 방어, 그리고 능률의 근본적인 모든 요소들의 강력한 적이었고 앞으로도 그럴 것이라는 사실에 대해 어떻게 설명해야 하는가?

이에 대해 니체는 어떤 사상은 틀림없이 중요한 생의 본능의 효과나 표현이긴 하지만 결코 그 본능과 동일하지는 않다는 식으로 대답한다. 중요한 생의 본능은 조건에 따라 매우 다른 행위로 표현되며, 그 본능은 당연히 기회주의적이고 변화무상하다.

이와 반대로, 사상은 변화하지 않은 채, 심지어 그 사상의 진리가 거짓으로 바뀐 뒤에도 살아남는 경향이 있다. 말하자면, 진정하고 건강한 본능에서 비롯된 어떤 사상은 존재의 조건이 변화한 결과 그 본능 자체가 사라지고 그와 정반대인 어떤 본능이 생겨난 뒤에도 한참 동안 살아남을 수 있다. 이런 식으로 살아남은 사상을 우리는 도덕이라고 부른다. 이 도덕이 작용함에 따라, 인간 종족은 오래전에 죽었거나 잊힌 세대들의 사상에 굴레처럼 얽매어 있다.

한 예로, 현대의 기독교인들은 도덕적으로 우리의 선조들인 고대 유대인들의 아폴론적인 도덕을 여전히 따르고 있다. 고대 유대인들의 사상이 오늘날 우리가 직면하고 있는 조건과 아주 다른 조건에서 생겨난 것임에도 불구하고 말이다. 따라서 생의 본능의 표현들이 인위적이고 부자연스런 영원성을 획득함으로써 본능 자체에 등을 돌리고 본능의 유익한 목표를 패배시키고 있다. 이런 식으로 우리의 모순은 설명된다.

다소 복잡한 이 추론을 조금 더 명료하게 보여주려면, 때로는 비틀기도 하고 때로는 에두르면서 도덕적 기준의 기원을 집요하게 파고드는 니체를 따라가 볼 필요가 있다.

도덕적 기준의 기원에 접근하면서, 니체는 권위와 존경에 관한 배려를 철저히 벗어던지려고 노력했다. 이것은 외과 의사가 힘들고 고통스런 수술을 집도하면서 동정과 감정을 벗어던지려고 노력하는 것과 다를 바가 없다.

이런 접근법을 택하면서, 니체는 도덕규범이란 것이 특정한 어느 민족이 자신들의 행복에 가장 이로운 조건에서 살려는 본능적인 욕구에서 비롯된 관습과 법들과 사상들의 체계에 불과하다는 것을 발견했다. 이집트인들의 도덕과 고트족의 도덕은 서로 다른 문제라는 것을 그는 확인했다. 두 도덕이 서로 다른 이유는 이집트인들의 환경, 즉 이집트인들이 살던 땅의 기후와 식량 사정, 주변 민족들의 특성 등이 고트족의 환경과 다르다는 사실에 있다.

각 민족의 도덕은 요컨대 그 민족의 본능에 관한 합의였으며, 각 민족은 그런 도덕을 만들고 그것이 유익하다는 사실을 확인하자마자 거기에 힘과 영원성을 불어넣으려고 노력했다. 이런 노력은 그 도덕을 신들의 입을 빌려 전하는 것으로 성취되었다. 그렇게 함으로써, 한때 본능의 단순한 표현에 불과했던 것이 신성한 입법자의 명령이 되었다. 또 그렇게 함으로써, 한때 절박한, 그래서 언제나 일시적인 존재의 조건을 직면하려는 시도에 불과했던 것이 영원히 복종해야 하는 규범이 되었다. 존재의 조건이 얼마나 많이 변했는가 하는 문제는 거의 중요하지 않았다.

그런 까닭에, 도덕 체계의 중요한 특징은 그 자체를 전혀 변하지 않은 상태로 영속시키고 거기에 의문을 제기하거나 부정하는 사람들을 모두 파괴하려 드는 경향이라고 니체는 결론을 내렸다.

니체는 주어진 어느 민족의 구성원 거의 모두가, 심지어 그 규범들을 위반한 사람들의 절대 다수까지도 외적 영향을 받아 그 규범들이 완전히 옳다고 믿거나, 적어도 그런 것으로 믿는다고 고백하도록 할 수 있다는 것을 확인했다. 또 그 규범들이 마치 세상이 생겨날 때 우주의 지배자나 그 뒤의 어느 시점에 그 지배자의 아들이나 구세주나 대변자가 만든 것처럼 보이도록 함으로써 그것들을 강화하고 뒷받침하는 것이 모든 종교들의 중요한 기능이란 것도 확인했다.

니체는 이렇게 말했다.

"도덕은 비판적인 손길이 자신을 건드리는 것을 막기 위해 온갖 끔찍한 수단을 동원하는 데서 그치지 않는다. 도덕은 놀랍도록 비상한 기술을 자랑하는 일종의 마법까지 동원하면서 자체의 안전을 더욱 강화하고 있다. 말하자면, 도덕은 사람들을 황홀경에 빠뜨리는 방법까지 알고 있다. 도덕은 감정에 호소한다. 그래서 도덕의 곁

눈길은 이성과 의지를 마비시킨다. … 이 땅 위에 대화와 설득이 존재한 이래로, 도덕은 유혹의 여왕이 되었다."[16]

니체는 또 이렇게 덧붙였다.

"지속적으로 가치들을 검증하고 선택하고 비판하는 일을 막기 위해 이중의 장벽이 세워졌다. 한편에 계시가 있고, 다른 한편에 숭배와 전통이 있다. 법의 권위는 두 가지 가정에 바탕을 두고 있다. 하나는 신이 법을 주었다는 가정이고, 다른 하나는 과거의 현자들이 그 법에 복종했다는 가정이다."[17]

니체는 이런 식으로 도덕규범에 보편적으로 복종하려 드는 경향, 즉 도덕적 규칙들이 불변의 진리라는, 비이성적이고 감정적인 믿음이 인간 종족에 저주로 작용하고 있으며, 인간 종족이 쇠퇴하며 비효율적이고 불행하게 된 주요 원인이라고 결론을 내렸다.

이어서 니체는 본격적으로 도전에 나섰다. 어딜 가나 존재하는 신이 그런 규범을 정하는 것과 관계있다는 점을 부정하고, 그 규범들은 영원히 진리이기는커녕 일반적으로 세월이 흐르면 허위가 된다는 점을 입증해보이려 노력한 것이다. 중요한 생의 본능이 일부 개인 또는 어느 민족을 주어진 존재의 조건에 적응시키려 노력하면서 생겨나게 된 것이 도덕규범이다. 그런데 도덕규범은 이 조건이 언제나 변화하고 있다는 사실을, 그리고 어느 한 시기에 어느 민족에게 이로웠던 것이 다른 시기에 다른 민족에게 종종 해로웠다

16 '여명' 중에서.
17 '적그리스도' 중에서.

는 사실을 고려하지 않았다.

이런 식으로 모든 도덕을 단순히 생존을 위한 편의의 표현들로 환원시키는 작업을 벌이던 시기를 니체는 "터널을 뚫는 시기"라고 불렀다. 그가 "터널을 정확히 뚫는" 방법을 보여주기 위해, 예를 들어, 모든 문명화된 나라의 규범에서 발견되는 도덕관념을 한 가지 조사하도록 하자. 그것은 인간의 생명을 죽이는 행위에는 본질적으로 또 근본적으로 잘못된 무엇인가가 있다는 인식이다.

살인은 5,000년 전에도 오늘날과 마찬가지로 중대한 범죄라고 믿을 만한 훌륭한 이유가 있다. 또 살인은 문명의 여명기에도 인간에게 가해질 수 있는 폭력 행위 중에서 가장 악랄한 것으로 꼽혔다고 믿을 이유도 있다. 그런데 그 이유가 무엇인가? 간단히, 이웃 사람의 목숨을 빼앗은 사람은 이웃의 나머지 사람들의 삶을 위험하고 불안하게 만들기 때문이다. 그 사람은 살인을 다시 저지를 확률이 높았으며, 따라서 이웃 지역 전체의 평화와 안전이 깨어진 것이 분명했다.

지금 평균적인 인간은 다른 어떤 것보다도 평화와 안전을 갈망하는 것이 분명하다. 왜냐하면 평균적인 인간이 자신을 위해서 식량과 주거지를 확보하고 아이들의 아버지가 됨으로써 생의 의지를 충족시킬 수 있는 때는 평화와 안전이 보장될 때뿐이기 때문이다. 평균적인 인간은 생존을 위해 싸움을 벌일 준비가 적절히 되어 있지 않다. 살면서 자식을 낳아 기르는 간단한 일이 그의 에너지를 전부 소진시킨다. 미국의 사회 개혁가 호러스 그릴리(Horace

Greeley)가 말했듯이, "세상은 하나의 세상으로서 겨우 생계를 이어간다".

따라서 문명이 시작할 바로 그 시점에, 다른 인간을 죽이는 인간은 평범한 사람이 존재하기 위해서 추구해야 하는 조건, 즉 평화와 질서와 태평과 안전에 적이라는 인식이 생겨나게 되었다. 이 같은 인식에서, 살인을 저지르는 것은 부도덕하다는 원칙이 생겨났고, 인류가 인간을 닮은 신들을 발명할 만큼 상상력이 풍부해지자마자, 이 원칙은 신의 입을 통해 나오게 되었으며, 따라서 거기에 신의 지혜라는 힘과 권위가 실리게 되었다. 그런 식으로 현재의 도덕 관념들 대다수가 생겨나게 되었다고 니체는 말했다. 처음에 그 관념들은 단순히 존재 자체를 힘들게 만들고 생의 의지에 반하는 행위들에 대한 항의를 반영한 것에 지나지 않았다.

공동체가 개인의 권리보다 앞서는 권리를 갖는다는 행동 원칙을 낳은, 살인에 대한 항의 같은 익숙한 항의들은 대체로 개인으로서 강한 자에 맞서서 자신을 보호하는 것이 어렵다는 사실을 깨달은 약자들에게서 나왔다. 아마 강한 사람 1명은 생존 투쟁에서 약한 사람 10명에게 한 사람의 상대 그 이상이었을 것이며, 그래서 약한 자들은 불리한 입장에 처했다. 그러나 약한 자들에게 지극히 다행하게도, 그들은 서로 힘을 합함으로써 이 문제를 극복할 수 있었다. 이유는 그런 사람들이 언제나 수적으로 압도적 다수를 이루었으며, 따라서 그들이 힘을 모으면 강한 자들의 밀집 군대보다 훨씬 더 강했기 때문이다.

그리하여 약한 자들이 자신들을 보호하기 위해 마련한 규칙들을 강요하는 것이 점진적으로 가능하게 되었다. 그런데 이 규칙들은 언제나 강한 자들의 소망에, 따라서 강한 자들의 최고 이익에 불리하게 작용했다. 종교 체계를 다듬는 시대가 시작되었을 때, 이 규칙들은 신들이 정한 것으로 여겨지게 되었으며, 또 다시 약한 자들이 승리를 거두었다. 그리하여 인간 세계의 초기 종족들 사이에 약한 자들이 개인적 투쟁이 아니라 일반적인 법과 신의 칙령을 통해서 강한 자들의 약탈로부터 농작물과 아내를 보호하려던 욕망이 우리 현대인에게까지 기독교의 계명이라는 이름으로 내려오게 되었다. "도둑질하지 마라. … 이웃의 집을 탐내지 마라. … 이웃의 아내나 이웃의 남자 종이나 여자 종, 소나 나귀 등 이웃이 가진 것은 무엇이든 탐내지 마라."

　인간이 만든 도덕 규칙들을 신들의 입을 통해 나온 것처럼 속이는 계략, 그러니까 역사 속의 모든 국가가 실행한 계략이 모든 도덕 관념의 권위와 힘을 엄청나게 키웠다는 점을 니체는 보여주고 있다. 이 같은 현상은 오늘날에도 생각하는 사람들 사이에 십계명의 범주에 포함되는 죄를 실제로나 해석상으로나 무시무시한 두려움으로 보는 사람들이 있다는 사실로도 확인되고 있다. 그 공포는 단순히 인간이 정한 죄에 대해 느낀다고 하기엔 터무니없을 만큼 크다. 따라서 도둑질은 어딜 가나 불명예스런 것으로 여겨지지만, 선거에서 속이는 행위는 국가에 대단히 위험한 일임에도 불구하고 일반적으로 여론에 의해 열정의 정상적인 결과로 용서를 받으며,

일부 지역에서는 명예롭고 숭고한 행위는 아니더라도 용기의 증거로까지 여겨진다.

니체는 인간들이 스스로 도덕적 규범을 구축할 권리를 갖는다는 점을 부정하지 않는다. 또 인간들이 각자의 관점에서 그 규범에 신의 계명과 같은 권위와 힘을 부여하는 것도 정당하다는 점을 부정하지 않는다. 그러나 그는 이런 과정이 장기적으로 문제를 야기하게 되어 있다는 점을 지적한다. 이유는 신의 계명들이 고정되어 있고 불변하며, 그 민족의 본능과 욕구만큼 빠르게 변하지 않기 때문이다.

예를 들어, 의회의 모든 법률들이 신의 의지에 의한 것으로 선언되고, 따라서 그 법률들을 폐기하거나 수정하는 것이 불가능해진다고 가정해 보라. 세상은 오늘날처럼 쉽게 법률보다 앞서 나아갈 것이 확실하지만, 그 법률들이 무오류라는 인식이 그것들을 폐기하거나 수정하려 드는 무신론자 개혁가들의 모든 노력을 마비시키고 차단시킬 것도 분명하다. 그 결과, 영국 국민과 미국 국민은 겉모습만 봐도 너무나 자주 비논리적이고 부조리한 규칙들에 복종하면서 살지 않을 수 없게 될 것이다.

똑같은 일이 도덕의 개념들에도 일어난다. 도덕의 개념들은 처음에 단순히 편의를 위한 조치로 고안되었으나, 이어서 그 개념들에 권위를 부여하기 위해 신의 지지를 받는 절차가 진행되었다. 그러다가 세월이 흐름에 따라 그 민족이 그 개념들을 더 이상 필요로 하지 않게 되었음에도 불구하고 그 도덕 개념들은 여전히 힘을 발휘한다. 적어도 옛날의 신들이 숭배되고 있는 한, 그 힘은 여전하다. 그리하여 인간이 만든 법들이 신성하게 되고, 인간을 초월하는 것이 된다. 도덕 자체가 비도덕이 되는 것이다. 또 사회가 좋은 것과 나쁜 것을 구분하는 기준이 되어 준 옛날의 본능은 점점 뒤죽박죽 불확실하게 되고, 도덕의 근본적인 목적, 즉 제대로 작동할 삶의 계획을 만든다는 목적은 실패하고 말 것이다.

그러므로 지금도 여전히 유익한 법들과 수명을 다한 법들을 구분하는 것은 거의 불가능하며, 그런 구분을 시도하는 사람은 이단자나 아나키스트라는 비난을 듣고, 운에 따라 화형에 처해지거나 단순히 인간 종족에서 제명당하게 된다.

니체는 현재 존재하고 있는 모든 도덕관념들은 인간의 두 부류, 즉 주인과 노예에 따라 두 개의 계급으로 나뉘질 수 있다는 것을 발견했다. 모든 인간은 주인이거나 노예이며, 이 말은 모든 민족에게도 그대로 적용된다. 각 민족은 다른 민족을 지배하든가 아니면 다른 민족의 지배를 받고 있다. 한 사람의 인간이나 민족에 대해 완전히 고립되어 있는 것으로 생각하는 것은 불가능하며, 설령 그것이 가능하다 할지라도 공동체는 반드시 지배하는 사람들과 복종하는 사람들로 구분될 것이 분명하다. 주인들은 강하고 자기 하고 싶은 대로 할 수 있으며, 노예들은 약하고 주인을 속이거나 아첨하거나 집단적으로 협박함으로써 권리를 획득해야 한다.

앞에서 본 바와 같이, 모든 도덕규범이 단순히 어떤 인간 집단이 자신들의 안락과 보호를 위해서 마련한 규칙들을 모아놓은 것에 지나지 않기 때문에, 주인 계급의 도덕은 주인 계급의 권위와 왕권을 보존하는 것을 최고의 목표를 잡고 있을 것이 분명하다. 반면에 노예 계급의 도덕은 고된 일을 최대한 견딜 만한 상태로 만들고 자신들이 주인과 동등하거나 더 높은 위치에 오를 수 있다는 희망을 품게 하는 것들을 칭송하고 숭고하게 만들려고 노력할 것이다.

기독교가 도래하기 전에 유럽에 존재했던 문명은 주인 도덕에 바탕을 둔 문화였으며, 그래서 우리는 그 시대의 신학자들과 도덕주의자들이 강하고 재주 있는 사람들의 이익에 도움을 주는 행동만을 높이 평가한다는 사실을 확인한다. 그 시대의 이상적인 인간은 참을성 있게 십자가를 짊어지고 초라하게 당하는 사람이 아니라, 자신의 권리를 알고 그것을 과감히 지키려 했던, 민첩하고 거만하고 전투적인 존재였다. 그래서 많은 고대 언어에서 "선하다"는 단어와 "귀족적이다"는 단어가 동의어인 것으로 확인된다. 한 인간이 귀족이 되는 데 유익한 것이면 무엇이든, 예를 들어, 잔꾀와 부(富), 육체적 힘, 피해에 대해 분개하고 처벌하려 드는 열성 등은 고결하고, 칭송할 만하고, 도덕적인 것으로 여겨진 반면에, 인간을 일반 대중의 수준으로 떨어뜨리는 경향이 있는 것이면 무엇이든, 예를 들어, 겸손과 야망의 결여, 소박한 욕망, 지나친 관용, 용서의 정신 등은 부도덕하고 잘못된 것으로 여겨졌다.

니체는 이렇게 말한다.

"이 주인 민족들 사이에, 대조 개념인 '선과 악'은 실질적으로 '고귀한 것과 경멸스런 것'과 동일한 것으로 통했다. 경멸당하는 사람들은 겁이 많고, 소심하고, 사소하고, 자신을 비하하고, 학대당하고, 아첨하고, 무엇보다 거짓말을 일삼았다. 보통 사람들은 기만적이라는 것이 모든 진정한 귀족들의 근본적인 믿음이다. 고대 그리스의 귀족들은 스스로를 '우리 진정한 존재들'이라고 불렀다.

도덕적 가치를 지닌 명칭들은 처음에 개별 인간들에게 적용되었지 추상적으로 행위나 사상에 적용되지 않은 것이 분명하다. 주인 유형의 인간은 자신을 가치를 판단하는 유능한 심판관으로 여긴다. 그런 인간은 인정(認定)을 추구하지 않는다. 자신의 감정들이 품행을 결정한다. 그는 '나에게 해로운 것은 그 자체로 해로운 것'이라고 추론한다. 이런 유형의 인간은 자신 안에서 확인하는 자질이면 무엇이든 영광스럽게 여긴다. 그의 도덕은 자부심이다. 그는 풍요감과 권력, 팽팽한 긴장이 수반되는 행복감을 느끼고 있다. 그는 아마 불운한 사람들을 도울 것이지만, 동정심에서 돕지는 않는다. 불운한 사람을 돕고 싶다는 충동이 일어난다면, 그것은 대단히 풍부한 권력에서, 제 역할을 하려는 갈망에서 나온다. 그는 자신의 권력을 명예롭게 생각하며, 그 권력을 지키는 방법을 알고 있다. 그는 스스로에게 기쁜 마음으로 엄격하며, 엄하고 격렬한 모든 것을 존경한다. 스칸디나비아의 어느 무용담은 '보탄이 나의 가슴에 철(鐵)심장을 심었어.'라고 말한다. 자부심 강한 바이킹의 정신을 나타내는 표현으로 이보다 더 나은 것이 있을까. …

주인 계급의 도덕은 오늘날의 취향에는 짜증스럽게 여겨진다. 이유는 주인 계급에 속하는 사람은 오직 자신의 동료들에게만 의무를 질뿐이고, 낮은 계층의 모든 사람들과 외국인들에게는 자기 하고 싶은 대로 해도 된다는 근본적인 원칙 때문이다. … 주인 계급의 사람은 장기간의 감사와 보복 능력을 갖추고 있지만, 그런 감사와 보복은 오직 동료들 사이에서만 일어난다. 그는 또 보복할 수단도 아주 많이 갖고 있으며, 우정을 나누는 능력도 탁월하며, 적들을 둘 필요성을 강하게 느낀다. 그러면 그의 시기(猜忌)와 성급함과 오만을 배출시킬 출구가 생길 것이고, 그런 식으로 그 열정들을 해소시킴으로써 그는 친구들에게 친절할 수 있을 것이다."[18]

이런 고대의 주인 도덕을 기준으로 한다면, 나폴레옹 보나파르트(Napoleon Bonaparte)는 신으로, 그리스도는 사회의 적으로 여겨졌을 것이다. 주인 도덕은 정말로 자기 자신을 확신하고 경쟁자들과 타협하거나 다른 사람들로부터 선의나 용서를 구할 필요성이 전혀 없는 사람들의 윤리 체계이다. 주인 도덕에 비춰보면, 자비와 자선 같은 것은 유해하고 부도덕해 보였다. 왜냐하면 그런 것들이 더욱 강해지는 것이 본연의 임무인 강한 자들로부터 강한 자들에게 봉사하는 것이 본연의 임무인 약한 자들에게로 권력을 이양시키기 때문이다.

한마디로 말해, 주인 도덕은 지배하고 강한 것이 즐거운 일이라는 것을 경험을 통해 알게 된 사람들의 도덕이었다. 그런 사람들은 귀족은 부러움을 사게 되어 있고 노예는 경멸을 당하게 되어 있다는 것을 잘 알았다. 그래서 그들은 사람을 고귀하게 하는 데 도움을

18 '선과 악을 넘어서' 중에서

주는 모든 것은 선하고, 사람을 노예가 되게 하는 모든 것은 악하다고 믿게 되었다. 고귀함이라는 개념과 선이라는 개념은 같은 단어로 표현되었으며, 앞으로 확인하게 되겠지만, 현재의 도덕 체계가 고대의 주인 종족의 도덕 체계와 엄청나게 다름에도 불구하고, 이 언어적 동일성은 오늘날 영어에 그대로 남아 있다.

강하고 건강한 민족들의 주인 도덕의 정반대편에 약한 민족들의 노예 도덕이 있었다. 그리스도가 탄생하기 4세기 내지 5세기 전의 유대인들은 약한 민족에 속했다. 주변 민족들과 비교하면, 유대인들은 약하고 속수무책이었다. 유대인들이 고대 그리스인들이나 로마인들을 공격하는 것은 논외였으며, 그들이 자신의 법률이나 관습, 종교를 다른 쪽의 이웃들에게 강요하는 것도 마찬가지로 불가능했다.

당시에 유대인들은 정말로 저항 불가능한 적들의 무리에 포위된 군대의 처지나 다름없었다. 그런 군대의 장군은 강력한 자기 보존 본능을 갖고 있기 때문에 포위를 뚫으려 시도하지 않는다. 대신에 그 장군은 최선의 타협을 이루려고 노력하며, 만약에 적의 지도자가 항복한 그와 그의 병력을 포로로 만들겠다고 고집한다면, 그는 감금 생활을 최대한 견딜 만한 것으로 만들 양보를 끌어내려고 노력할 것이다. 강한 자의 목적은 자신의 희생자로부터 최대한 많은 것을 받아내는 것이고, 약한 자의 목적은 정복자로부터 최대한 많은 것을 구해내는 것이다.

약한 민족들이 민족의 통일성을 최대한 지키려는 이런 갈망의 결과가 바로 니체가 노예 도덕이라고 부르는 그것이다. 노예 도덕의 가장 중요한 목적은 사람들을 좌절시키는 것이고, 가능하다면 주변의 위협적인 적들의 분노나 질투, 탐욕을 자극할 행동이나 특징을 지워버리는 것이다. 거기선 복수와 자긍심과 야망은 악으로 비난 받는다. 겸손과 용서, 만족과 체념은 미덕으로 높이 평가받는다. 도덕적인 인간은 동료 인간들을 상대로 승리를 거두겠다는 욕망을 모두 상실한 인간, 말하자면 자비의 인간이고 자선의 인간이고 자신을 희생시키는 인간이다

니체는 이렇게 말한다.

"피해를 입고도 보복하지 못하는 무능은 '선함'으로 꾸며지고, 겁이 많아 나타나는 비열함은 '겸손'이 되고, 미워하는 사람들에게 종속되는 것은 '복종'이 되고, 이런 무능과 비열함과 종속을 원하고 명령하는 자는 신이라 불린다. 약한 자들의 무해함과 소심함(실로 엄청나다), 망설임, 기회주의와 기다림. 이런 온갖 것들은 멋진 이름을 얻는다. 복수에 나서지 못하는 무능은 복수를 하지 않으려는 의도로 해석되고 일종의 미덕인 용서로 통한다.

불평불만이 많고 날조자인 약한 자들은 비참하지만, 그들은 자신들의 비참이 신의 선택에 따른 것이라고 말하며 심지어 그것을 신이 그들에게만 내린 탁월성이라고 부른다. 그들은 사랑을 가장 많이 받는 개들이 가장 많이 두들겨 맞는다고 말한다. 그들의 비참함은 하나의 시련이고, 준비이고, 훈련이다. 그러니까 언젠가 행복으로 보상을 받을 그 무엇이라는 뜻이다. 그들은 그것을 축복이라고

부른다."[19]

　이 노예 도덕의 법들에 따르면, 부도덕한 사람은 권력과 탁월과 부를 추구하는 사람, 즉 백만장자와 약탈자, 전사, 계획자들이다. 주인 도덕이 당연한 것으로 여겼던, 정복을 통한 재산 획득은 범죄가 되고 절도라 불린다. 다른 사람들의 욕망을 고려하지 않고 타고난 충동에 따라 짝짓기를 하는 행위는 간통이 되고, 적들을 파괴하는 꽤 당연한 행위는 살인이 된다.

19　'도덕의 계보' 중에서.

3장

선과 악을 넘어서

모든 도덕규범에 영원성을 부여하는 신의 권위에도 불구하고, 이 영원성은 변화하는 존재의 조건이라는 반대에 끊임없이 직면하고 있으며, 이 반대가 성공을 거두는 예가 자주 있다. 고대 유대인들의 노예 도덕은 거의 변하지 않은 상태로 이상적인 기독교로 우리에게까지 내려왔지만, 도덕 체계가 그처럼 집요하게 이어지는 경우는 비교적 드물다.

사실, 민족들은 대체로 우리가 우리의 신을 바꾼 것보다 훨씬 더 자주 신을 바꾸며, 신의 독립성에 대한 믿음도 다른 민족들이 우리보다 약하다. 따라서 다른 민족들은 자신들의 도덕적 개념들을 끊임없이 개조하고 수정한다.

방금 언급한 바와 같이 우리의 도덕규범도 영원히 이어지려는 경향을 강하게 보이고 있음에도 불구하고, 앞에서 말한 것과 똑같은 진화의 과정을 겪고 있다. 우리가 그리는 세상의 구조는 근본적인 원칙의 측면에서 보면 2,500년 동안 그대로 이어지고 있지만, 세부적으로 들어가면 그 구조도 끊임없이 변화하는 상태에 있다.

우리는 여전히 우리 자신을 기독교인이라고 부르고 있지만, 우리는 경전에서 발견되지 않는 도덕 개념을 많이 발달시키는 한편으로 경전에서 엄연히 발견되고 있는 도덕 개념들을 가끔 부정하기도 했다. 곧 확인하게 되겠지만, 정말로, 우리의 선조들이 진복팔단(眞福八端)[20]에 공개적으로 의문을 제기하지 않고 그것들을 우회할 수단을 고안하지 않았더라면, 아마 그것이 수 세기 전에 우리를 이 지구 위에서 쓸어버렸을지도 모를 일이다. 우리의 전진은 도덕규범의 결과가 아니라 그 도덕규범이 불가피하게 야기하는 마름병을 피하는 데 성공한 결과였다.

사실 모든 도덕은 편의주의의 영향을 받으며 수정된다. 도덕의 기본적인 원칙들이 신성한 것으로 여겨지고 다소 건드려지지 않은 상태로 남을 때조차도 편의주의에 의한 수정은 이뤄지기 마련이다. 어느 한 시대에 죄였던 것이 그 다음 시대에는 미덕이 된다. 조로아스터교를 믿었던 고대 페르시아인들은 살인과 자살을 어떤 상황에서도 범죄로 여겼다. 이슬람을 믿는 현대의 페르시아인들은 잔인한 행위와 무모함이 미덕이라고 생각한다. 나라를 개인보다 더 중요하게 여겼던 옛날의 일본인들은 나라의 적들의 창을 향해

20　기독교에서 모든 사람들이 누릴 수 있는 8개(혹은 9개)의 정신적 축복을 뜻한다.

기쁜 마음으로 몸을 던졌다. 풋내기 개인주의자인 현대의 일본인들은 선박을 니켈강으로 덮고, 육지에서는 흙과 돌로 만든 요새 뒤에서 싸운다.

마찬가지로, 기독교에서 생겨난 도덕관념들, 심지어 원래의 중요한 교리들 일부까지도 끊임없이 변화하고 수정되고 있다. 그 교리들의 바닥에 깔려 있는 자기희생이라는 근본적인 사상은 계속되고 있음에도 불구하고 말이다. 앤드류 화이트 박사의 기념비적인 논문 '기독교 세계에서 벌어진 과학과 신학의 전쟁에 대해'(On the Warfare of Science with Theology in Christendom)를 읽어 보면, 그런 과정을 뒷받침하는 증거 자료가 1만 개는 된다. 중세에 범죄였던 것이 지금은 꽤 존경받을 만한 행위로 통한다. 오늘날 가톨릭 국가인 스페인에서 파문과 추방으로 처벌받을 수 있는 행위들은 자유사상이 지배적인 영국에서는 그 당사자를 꽤 존경할 만한 인물로 만들기에 충분하다. 교회가 한때 왕보다 위에 섰던 프랑스에서, 오늘날 교회는 아주 사소한 사교 클럽에 없는 권리들을 모두 박탈당한 상태이다. 독일에서 국가의 수반을 조롱하는 것은 형사 범죄에 해당하지만, 미국에서 그런 행위는 많은 사람들에게 독립과 애국심의 증거로 여겨진다. 미국의 일부 주에서 십계명 중 제 7조를 어떤 형태로든 어기는 것은 중죄로 다스려지지만, 메릴랜드 주에서는 그 위반은 형태에 따라 단순히 경범죄가 되거나 전혀 범죄가 되지 않는다.

차라투스트라는 이렇게 말한다.

"많은 땅을 돌면서 많은 민족들을 본 결과, 나는 많은 민족들이 좋은 것과 나쁜 것으로 여기는 것들을 발견할 수 있었다. … 그런데 이 민족에게 좋은 것으로 여겨지는 많은 것들이 다른 민족에게는 업신여김과 경멸의 대상이 되고 있었다. 이곳에서 나쁜 것으로 여겨지는 많은 것들이 다른 곳에서는 대단히 명예롭게 칭송을 듣고 있었다. … 축복들의 목록이 모든 사람들이 보도록 내걸려 있다. 보라! 그것은 그들의 업적을 나열한 목록이니. 그들의 권력 의지를 알리는 목소리가 아닌가! … 그들의 이웃들에게는 실망스럽고 시기심을 느끼게 하지만, 그들이 지배하고 정복하고 압도하도록 돕는 모든 것은 그들에 의해 모든 것의 기준이자 최고로 여겨지고 있다. … 진정으로 말하건대, 인간들은 자신이 좋은 것과 나쁜 것으로 여기는 것을 스스로 만들어냈다. 진정으로 말하건대, 인간들은 그 자체로 좋거나 나쁜 것을 발견하지 않았다. 그 목록은 인간들에게 절대로 천상의 목소리로 오지 않았다. … 가치가 생기게 된 것은 오직 가치 평가를 통해서였다."

구체적인 것에서 일반적인 것으로 나아가면서 반복의 위험을 무릅쓴다면, 니체가 지적했듯이, 모든 도덕은 편의주의의 표현에 지나지 않는 것이 분명하다. 어떤 것이 그릇된 것으로 불리는 유일한 이유는 분명한 어떤 집단의 사람들이 자신들의 경력의 어느 특별한 단계에서 그것이 그들에게 해롭게 작용한다는 것을 발견했기 때문이다. 그들이 신의 선언에서 그것을 비난해야 할 근거를 발견했다는 사실은 아무런 의미를 지니지 않는다. 이유는 민족의 신은 한동안 그들의 사상을 반영하고 있는 것 그 이상은 절대로 아니기 때문이다.

오토 플라이더러(Otto Pfleiderer) 교수가 보여주었듯이, 예수 그리스도는 육체적으로만 아니라 정신적으로, 영적으로도 그 시대의 산물이었다. 그보다 앞서 유대교의 신학이 전혀 없었더라면, 예수 그리스도는 메시아로 인정을 받지 못했을 것이며, 당연히 그가 표현한 원칙들은 사람들에게 전혀 아무런 의미가 없는 소리로 들렸을 것이다.

그러므로 십계명은 최종적으로 의회의 법률보다 조금도 더 불멸하지도 않고 수정 불가능한 것도 아닌 것이 확실하다. 십계명이 더 오래 이어져 온 것은 사실이고 십계명은 앞으로도 오랫동안 효력을 발휘할 것이지만, 그 영원성은 오직 상대적일 뿐이다. 근본적으로, 십계명은 어떤 중요한 게임의 규칙처럼 편의를 표현한 것에 지나지 않는다. 미래의 어느 날 이 지구 위에 십계명을 보고 해롭고, 불합리하고, 완전히 부도덕하다고 보는 그런 종족이 나타날 것이라는 점은 쉽게 이해된다. "정말로, 우리가 성경보다 『소크라테스에 대한 회상』(Memorabilia of Socrates)[21]을 더 선호하는 때가 올지도 모른다."[22]

이 점을 인정한다면, 우리는 절대적 의미에서 말하는 도덕은 진리와 아무런 관계가 없다는 당연한 추론을 인정해야 한다. 또 그런

---

21 고대 그리스의 역사가 크세노폰이 쓴 소크라테스에 대한 회상록.
22 '인간적인, 너무나 인간적인' 중에서.

도덕은 사실 진리의 정반대라는 추론도 받아들여야 한다.

절대적 진리는 반드시 영원한 진리를 암시한다. 여자와 남자는 같지 않다는 진술은 최초의 남자와 여자가 이 땅 위를 처음 걸었던 그 날도 진리였고 이 세상에 남자들과 여자들이 존재하는 한 마찬가지로 진리일 것이다. 그런 진술은 우리가 절대적 진리에 대해 품고 있는 이상에 매우 근접할 것이다.

그러나 겸손이 미덕이라는 이론은 절대적 진리가 아니다. 이유는 그것이 고대 유대에서는 틀림없이 진리였지만, 고대 그리스에서는 진리가 아니었으며, 현대 유럽과 미국에서도 적어도 논란의 여지를 안고 있기 때문이다. 가톨릭교회는 교리에 영원성을 불어넣으려는 노력을 전개한 결과 엄청난 성공을 거두었음에도 불구하고 우리에게 법들은 모두 결국에는 자기모순에 빠지게 되어 있다는 증거를 무수히 많이 보여주었다. 교황들은 지구가 평평하다고 고집할 때에도 무오류의 존재였고 지구가 둥글다는 점을 인정했을 때에도 무오류의 존재였다. 그렇기 때문에 우리는 너무나 명백한 모순을 보지 않을 수 없다. 그러므로 우리는 도덕 자체가 진리의 적이며 수학적 확률 이론을 바탕으로 해도 도덕은 거의 언제나 진리가 아니라는 것을 하나의 원칙으로 제시할 수 있다.

그런데 사람이 도덕적 규칙과 규정에 대해 걱정해야 하는 이유는 도대체 무엇인가? 사람이 자기 민족의 우주관과 정반대일 만큼 다른 우주관을 가진 민족의 법을 준수해야 하는 이유는 무엇인가? 또 사람이 자신의 상식이 모순 덩어리라고 판단하고 있는 규정에 복종해야 하는 이유는 무엇이며, 그가 자신의 전체 삶을 과거의 망각된 어느 민족의 일시적 필요를 위해 발명된 이상에 맞춰 살아야 하는 이유는 무엇인가? 이런 질문들을 니체는 스스로에게 던졌다. 그의 결론은 고착된 모든 도덕규범을 완전히 폐기하고 또 동시에 모든 신과 메시아, 예언자, 성인, 교황, 주교, 신부와 지배자들도 부정해야 한다는 것이었다.

어떤 사람이 해야 할 적절한 일은 낮은 일에서부터 시작해서 보다 높은 일로 옮겨가면서 자신의 도덕을 스스로 다듬어나가는 것이라고 니체는 결정했다. 그 사람은 옛날의 선악 개념들을 폐기하고 그것을 인간의 관점에서 좋거나 나쁘다고 평가한 것으로 대체해야 한다. 한마디로 말해, 그 사람은 죽은 어느 민족이 자신의 전진을 쉽고 편하게 만들기 위해 발명한 다음에 자신들이 창조한 신을 통해 권위를 부여한 그런 도덕을 완전히 버려야 한다. 동시에 그는 그 도덕이 있던 자리에, 자신을 이롭게 하는 것들과 자신을 해치는 것들을 구분하는 능력을 바탕으로 구축한 개인적인 도덕을 놓아야 한다. 그는 (자신의 도덕을 더욱 분명하게 지키기 위해서) 어떤 행위에 대해, 그것이 자신의 행복, 그러니까 자신의 생의 의지 또는 생의 욕망에 미치는 효과와 그의 뒤를 이을 후손들의 행복에 미치는 효과만을 바탕으로 평가해야 한다. 죄와 미덕에 관한 모든 생각은 그의 정신에서 완전히 지워져야 한다. 그는 모든 것을 개인의 편의라는 저울 위에 올려놓고 무게를 달아야 한다.

생존 투쟁에서 예리한 칼을 그런 식으로 솔직하게 휘두르는 행위는 유대인들이 우리에게 남긴 노예 도덕을 기준으로 하면 눈살을 찌푸리게 만든다. 우리는 유일하게 진정한 행복은 주제넘게 나서지 않고 삼가는 태도에 있다고 배웠다. 또 다른 사람의 약점이나 불운을 이용하는 것은 나쁜 짓이라고 배웠다.

그러나 니체는 이 같은 가르침에 반대하면서 모든 삶은 우리가 아무리 이상화할지라도 본질적으로 착취에 불과하다는 부정할 수 없는 대답을 제시한다. 이 사람의 이익은 필히 다른 사람의 상실이다. 황제는 과식으로 죽을 수 있고, 농민은 굶주림으로 죽을 수 있다. 물방울 속의 세균들과 정글의 사자들 사이뿐만 아니라 인간들 사이에서도, 역사 깊은 이 생존 투쟁은 언제나 전개되고 있다. 생존 투쟁은 아마 꽤 깔끔하게 벌어질 것이지만, 그럼에도 불구하고 투쟁 자체는 야만적이고 무자비하며, 거기선 모든 당사자들이 자신의 이익만을 생각한다.

니체는 이렇게 말한다.

"생명은 근본적으로 환경에 적응하지 못하는 약한 자들을 착취하고 괴롭히고 정복하는 과정이다. 생명의 목표는 자신의 형태들을 강요하고 자신은 강요당하지 않는 가운데 제대로 기능하는 것이다. 심지어 서로 상대하면서 참고 견디는 개인들을 거느리고 있는 조직(예를 들면, 건강한 귀족 사회)조차도 사라지지 않고 살아남으려면 다른 모든 조직에게 적대적으로 행동해야 한다. 조직은 전진하고, 장점을 획득하고, 상승을 성취하려고 노력해야 한다. 조직이 그렇게 해야 하는 것은 조직이 부도덕해서가 아니라 살아 있기 때문이며, 모든 생명은 권력 의지이다."[23]

이를 바탕으로, 니체는 위대한 생존 투쟁의 단순한 양상들에 악이라는 낙인을 찍는 것은 터무니없는 짓이라고 주장한다.

니체는 이렇게 말한다.

"침해와 침범, 착취 또는 섬멸 같은 행위는 그 자체로 그릇된 것일 수 없다. 이유는 생명이란 것이 근본적으로 부상을 입히고, 침범하고, 착취하고, 섬멸시키는 가운데 작동하며, 이런 성격을 제외한 상태에서 생명의 작용을 상상하는 것은 불가능하기 때문이다. 정말로, 가장 높은 생물학적 관점에서 본다면, 소위 타인들의 권리를 인정하는 조건은 하나의 예외적인 조건으로, 말하자면 집단의 보다 강력한 생명 의지를 충족시키기 위해 개인의 권력 본능을 일시적으로 제한하는 조건으로 받아들여져야 한다. 따라서 권력의 작은 단위들은 권력의 큰 단위들을 창조하기 위해 희생된다. 타인들의 권리를 일반 대중이라는 단위를 위한 타협이 아니라 타인들에게 고유한 권리로 여기는 것은 생명 자체에 불리한 어떤 원칙을 선언하는 것이나 마찬가지다."[24]

니체는 개인의 권리들을 두 부류로 나눌 수 있다고 주장한다. 개인이 동료 인간들의 반대에도 불구하고 행사할 수 있는 권리와, 동료 인간들의 자비와 허락이 있어야만 행사할 수 있게 되는 권리가 있다는 것이다. 두 번째 부류에 속하는 권리들은 다시 두 집단으로,

23 '선과 악을 넘어서' 중에서.
24 '도덕의 계보' 중에서.

126

그러니까 두려움과 장래에 대한 걱정 때문에 허용된 권리와 선물로 허용된 권리로 나눠질 수 있다.

그렇다면 두려움과 장래에 대한 걱정이 어떤 식으로 작용하기에 한 인간이 다른 인간들에게 권리를 양보하게 되는 걸까? 두 가지 길이 쉽게 떠오른다. 먼저, 양도인이 양수인과 전투를 벌여야 할 위험을 두려워하는 까닭에 그냥 싸우지 않고 양수인에게 원하는 것을 줄 수 있다. 둘째, 양도인이 양수인을 제압할 능력을 확신하고 있으면서도 그 투쟁에서 양쪽의 힘을 약화시키는 어떤 요소를 확인하는 까닭에 투쟁을 삼갈 수 있다. 양쪽이 갈등을 빚는 경우에 제3의 어떤 적대적인 권력에 효과적으로 맞서는 능력이 떨어질 것이기 때문에 그런 양보가 가능해진다.

이젠 수여와 양보에 의해 얻게 되는 권리들을 보도록 하자. 니체는 "이런 경우에, 어떤 사람 또는 민족은 다른 사람 또는 민족에게 일부를 떼어줘도 좋을 만큼 충분한, 아니 충분한 그 이상의 권력을 갖고 있다."고 말한다. 왕은 신하 하나를 어느 속주의 총독으로 임명하고, 그렇게 함으로써 신하에게 왕권이나 다름없는 권력을 주고, 다른 신하를 왕실 연회에서 술을 따르는 고위 관리로 만들어 그에게 왕의 잔을 다룰 권리를 영원히 부여한다.

양수인의 권력이 본인의 무능력 때문에 줄어들면, 양도인은 그에게 권력을 다시 복원시켜 주든가 아니면 그로부터 권력을 아예 빼앗아 버린다. 이와 반대로, 양수인의 권력이 커지면, 양도인은 깜짝 놀라서 보통 그 권력을 약화시키거나 잠식하려 들 것이다. 양수인의 권력이 꽤 오랜 기간 일정 수준을 지키게 될 때, 그의 권리는 "기득권"이 되고, 그는 그 권리가 자신에게 본래부터 있었던 것이라고, 그것이 신들이 내린 선물이라서 동료 인간들의 의지나 처분을 초월한다고 믿기 시작한다.

니체가 지적하듯이, 바로 앞의 예는 비교적 드물게 일어난다. 그보다는 양도인이 권력을 잃기 시작하면서 양수인과 갈등을 빚게 되는 경우가 더 잦으며, 그러다가 지위가 서로 뒤바뀌게 되는 사례도 적지 않다. 니체는 "민족의 권리들은 쇠퇴와 재생을 지속적으로 거듭함으로써 이 같은 사실을 증명해 보이고 있다."고 말한다.

니체는 이 모든 것을 깨닫는 것이 인간 종족에게 터무니없을 만큼 해로운 망상들을 버리게 함으로써 아주 유익하게 작용할 것이라고 믿었다.

니체의 주장은 이렇다. 인간 종족이 우물쭈물하는 어떤 신이 만들어 놓은 규칙을 갖고 생존 투쟁을 실내 게임 같은 것으로 바꿔놓으려 드는 한, 또 인간 종족이 도덕관념과 포부, 희망을 아버지 아담의 마음 속에 있는 창조주가 심어놓은 생각들로 여기는 한, 또 인간 종족이 사물들을 비현실적인 이름으로 부르면서 종국적 진리에 닿으려는 모든 노력을 경멸하기를 계속하는 한, 인간 종족의 진전은 단속적이고 느리게 마련이라는 것이다. 고대 현자들의 서적들을 불태운 것도 도덕이었고, 황금시대의 자유로운 탐구를 중단시키고 그것을 신앙의 시대의 우둔함으로 대체한 것도 도덕이었다. 인간 종족이 연금술과 이단자 화형, 요술, 성직 제도에 시간을 낭비하게 함으로써 인간으로부터 1,000년을 강탈한 것은 고착된 도덕 규범과 고착된 신학이었다.

니체는 자신을 비도덕주의자라고 불렀다. 그는 모든 진보는 진리에 달려 있다고 믿었고, 또 인간들이 자신의 손으로 직접 만든, 불필요하고 무분별한 법들의 그물망에 갇혀 지내는 한 진리가 지배하지 못한다고 믿었다. 그는 이상적인 비도덕주의자를 "고귀한 금발의 야수"로, 그러니까 "미덕"과 "죄의식"에 대해 아무것도 모르고 오직 "좋은 것"과 "나쁜 것"만을 알고 있는 그런 존재로 묘사하기를 좋아했다.

비도덕주의자는 십계명과 지옥에 대한 공포를 무기로 사람을 이끌려고 드는 어떤 신 대신에, 자신의 본능과 지성을 갖고 있다. 그는 교회가 미덕이라고 부르거나 도덕규범이 요구한다고 해서 주어진 일을 하는 것이 아니라, 자신과 자신의 후손에게 이롭게 작용한다는 것을 알기 때문에 그 일을 한다. 교회가 죄라고 부르고 법이 범죄라고 비난한다는 이유로 어떤 일을 하지 않는 것이 아니라, 그 행위 자체 또는 행위의 결과가 그 사람 본인이나 후손에게 해롭다고 확신할 때에만 그것을 피할 것이다.

그런 사람이 오늘날의 세상에 살게 된다면, 그는 아마 겉보기엔 동료 시민들 중에서 가장 경건하고 덕 있는 사람을 닮았을 것이지만, 그의 삶은 동료들의 삶에 비해 진리를 더 많이 보이고 위선이나 빈말, 가식을 훨씬 덜 보일 것이 틀림없다. 그는 땅의 법칙에 복종할 것이다. 유일한 이유는 그가 땅의 법칙이 끼칠 불이익을 두려워하기 때문이며, 다른 이유는 전혀 없다. 그는 이웃들과 자기 자신을 속이면서 자신이 자연의 법칙에서 신성한 무엇인가를 본 것처럼 꾸미려 들지 않을 것이다.

그는 자신에게 옳은 것과 그른 것의 차이를 가르쳐줄 신도 전혀 필요로 하지 않을 것이고, 신의 가르침을 상기시켜줄 성직자도 전혀 필요로 하지 않을 것이다. 그는 삶의 비애와 아픔을 삶의 갈등에 따른 불가피한 결과로 볼 것이다. 그는 삶의 비애와 아픔에서 까다롭고 무분별한 신이 자신이나 자신의 조상이 지은 죄에 대해 분노를 표현하는 것을 읽으려는 노력을 전혀 하지 않을 것이다. 그의 마음은 죄의식이나 지옥 같은 생각으로부터 완전히 자유로울 것이며, 따라서 그는 주변의 다수보다 훨씬 더 행복할 것이다.

전반적으로 보면, 그는 공동체 안에서 진리가 두드러지게 하는 쪽으로 영향력을 행사할 것이고, 그런 사람으로서 그는 인간들이 할 수 있는 범위 안에서 가장 숭고하고 장엄한 일에 몰두할 것이다. 말하자면, 미신과 무분별한 믿음을, 그 미신과 믿음이 불러일으킨 공포와 두려움, 의심, 사기, 불공정과 고통까지 함께 묶어서 타파하는 일에 전념할 것이라는 뜻이다.

허버트 스펜서는 법의 숫자가 최소한으로 줄어든 정부를 이상적인 정부로 여기는데, 그런 사람은 이상적인 정부 하에서, 교리에 따라 개비처럼 집착하면서 성직자에게 휘둘리는 일반 대중에 비해 훨씬 더 큰 번영을 누릴 것이다. 능력과 관습의 평준화에 주력하는 공산주의 사회가 종식된 나라에서, 그리고 주인 계급의 각 개인이 삶을 좋고 나쁨에 관한 자신의 판단에 최대한 충실하게 사는 것이 허용되는 나라에서, 그런 사람은 본능이 더 건강하고 더 확실할 것이기 때문에 무리 중에서 단연 눈에 두드러질 것이다. 한마디로 요약하면, 이상적인 무정부 상태가 정신적으로 가장 현명하고 또 육체적으로 가장 강한 사람들의 성공을 보장할 것이고, 그러면 그 민족은 빨리 진보를 이룰 것이다.

현재 세계에 유행처럼 번지고 있는 공산주의와 사회주의 형태의 정부들은 그런 완전한 경지에 반대할 것이 분명하다. 모두가 알고 있는 바와 같이, 문명은 백만장자들보다 구호 대상자들을 더 많이 낳고, 잔도브(Eugen Sandow)[25] 같은 사람보다 장애가 있는 사람들을 더 많이 낳는다. 문명이 낳은 가장 현저한 산물인 교회와 왕이 모든 진보에 완강히 반대하며 버티고 있다. 우물 안에서 빠져나오려고 안간힘을 쓰며 올라오다가 다시 미끄러지고 마는 우화 속의 개구리처럼, 문명은 앞으로 나아가는가 싶으면 금방 뒤로 미끄러진다.

그리고 이런 이유들 때문에 니체는 꽤 더럽혀진 아나키스트라는 단어의 진정한 의미에서 말하는 그런 아나키스트였다. 그보다 앞서 허버트 스펜서와 아르투르 쇼펜하우어가 아나키스트였던 것처럼 말이다.

---

25 프러시아의 보디 빌더로 본명은 프리드리히 빌헬름 뮐러(1867-1925)였다.

4장

초인

틀림없이, 앞의 여러 장들에서 니체의 논거를 따랐던 독자는 니체의 추론의 고리에 어떤 빈틈이 보인다는 생각을 품었을 것이다. 지금까지 우리는 니체가 쇼펜하우어의 철학에 비춰가면서 고대 그리스의 예술을 조사하는 것에서부터 시작해서, 이 조사가 그를 도덕에 관한 검토로 이끌고, 그가 권력 의지의 순간적인 표현들에서 도덕의 기원을 드러내 보인 다음에 사람이 기성의 모든 도덕관념을 부정하고 그 대신에 자신과 자식들 또는 그 자식들의 후손들의 행복에 이로운 행위를 하는 것을 나름의 원칙으로 채택하는 것이 최선의 길이라는 결론을 내리기까지 그 긴 과정을 보았다. 그러나 거기에 어떤 빈틈이 남아 있는데, 그것은 이런 질문으로 표현될 수 있다. 한 사람의 인간이 어떻게 자신의 행복과 자기 뒤에 올 종족의 행복을 규정하고 결정할 수 있는가?

디오니소스적인 경향이 강한 우리의 비도덕주의자는 정말로 여기서 매우 심각한 문제에 봉착하고 있으며, 니체도 그 문제의 심각성을 잘 이해하고 있었다. 만약에 우리가 행복의 이상(理想)과 진보의 목적을 명확히 마음에 품고 있지 않다면, 여기서 영광의 성가를 부르고 신도들을 해산시키는 것이 차라리 더 나을 것이다.

기독교는 그런 이상과 목표를 갖고 있다. 그 이상은 이 세상 속에서 예수 그리스도처럼 사는 삶이고, 목표는 내세에서 여호와의 보살핌을 특별히 받는 어떤 장소이다. 화려하게 꾸민 형태의 기독교라고 할 수 있는 이슬람교는 이와 똑같은 종류의 그림들을 그리고 있다. 불교는 세속적인 욕망들의 속박으로부터 자유로운 가운데 지복의 공(空)의 세계를 영원히 누리는 어떤 종족을 매력적인 미끼로 내걸고 있다. 다른 동양의 신앙들도 똑같은 방향을 지향하고 있으며, 쇼펜하우어는 자신의 철학에서 인간은 자기 보존 본능을 극복할 때에만, 말하자면 생의 욕망을 품기를 그만둘 때에만 완벽한 행복에 이르게 될 것이라는 가르침을 제시했다. 쉽게 믿는 신앙심과 놀랄 만한 부정(否定)의 괴상한 자식인 크리스천 사이언스도 죽음의 고통으로부터 완전히 자유로운 인간의 삶과 영원한 천상의 악대 속의 하프의 이중적인 이상을 우리에게 제시한다.

니체는 이런 것들 대신에 무엇을 제시해야 했는가? 그의 비도덕주의자는 무슨 기준으로 세상에서 좋은 것 또는 이로운 것과 나쁜 것 또는 해로운 것을 구분해야 하는가? 그리고 니체가 자신의 비도덕주의자를 위해서 마음에 품고 있던 목적은 무엇이었는가?

첫 번째 질문에 대한 대답은 니체가 "좋은 것"과 "나쁜 것"이라는 표현에 대해 내린 정의에서 발견될 것이다. 그의 정의에 따르면, "권력 감각이나 권력 의지, 권력 자체를 높여주는 모든 것"이 "좋은 것"이고, "약함에서 비롯되는 모든 것"이 "나쁜 것"이다. 행복은 "권력이 증대된다는 감정이고, 저항이 극복되고 있다는 감정"이라고 그는 주장했다.

니체는 이렇게 말했다.

"나는 만족을 강조하는 것이 아니라 더욱 큰 권력을 강조한다. 또 평화가 아니라 전쟁을 강조하고, 미덕이 아니라 능력을 강조한다. 약한 자와 결함 있는 자는 실패해야 한다. 그것이 디오니소스적인 자비의 첫 번째 원칙이다. 그리고 우리는 그들이 실패하도록 도와줘야 한다."[26]

더 간단히 말하면, 니체는 분별 있고 지적인 이기주의의 복음을, 절대적이고 완전한 개인주의의 복음을 제시하고 있다.

차라투스트라는 이렇게 노래했다.

"사람은 자기 자신을 뜨겁게 사랑하는 방법을 배워야 한다. 또 허풍 떨며 돌아다닐 것이 아니라 자기 자신과 함께하는 삶이 견딜 만하다는 것을 배워야 한다. 허풍 떨며 돌아다니는 모습은 익숙하다. 그것은 이웃을 사랑하는 행위라고 불리고 있다."

니체의 이상은 프롤레타리아 계급을 단순히 끌려다니고 예속되

26   '적그리스도' 중에서.

고 착취당하게 되어 있는, 짐 싣는 동물들의 집합 정도로 보는 귀족 사회였다. 니체는 "선하고 건강한 귀족 사회는 선한 양심을 바탕으로, 귀족 사회를 위해 노예와 연장이 되어야 하는 다수 개인들의 희생을 묵인해야 한다. 이 다수 개인들은 혼자 힘으로 존재할 권리를 전혀 갖지 못한다. 그들이 살아가는 유일한 구실은 일종의 비계(飛階) 같은 것으로, 말하자면 보다 우수한 종족의 인간들이 올라설 발판 같은 것으로 이용되는 데에 있다."고 말했다.

선과 악에 관한 영원한 규칙들과 형제애 같은 개념들을 모두 부정하면서, 니체는 귀족적인 개인주의자는 자신의 효율성과 성공, 통달, 권력 등을 증대시킬 수 있는 모든 기회를 추구해야 한다고 주장했다. 그리고 그가 인간이라는 이름을 아무런 조건 없이 붙일 수 있는 유일한 사람들은 바로 귀족이었다. 그런 귀족적인 개인주의자를 해치거나 그의 효율성을 떨어뜨리는 것은 무엇이든 나쁜 것이었다. 또 그런 귀족적인 개인주의자의 효율성을 높이는 경향이 있는 것은 무엇이든 다른 사람들에게 어떤 피해를 안기든 상관없이 좋은 것이었다.

자연 선택의 법칙에 절대적으로 순응해야 한다. 적자(適者)는 살아남고 상황에 제대로 적응하지 못하는 자는 사라진다는 그 불변의 자연의 법칙 말이다. 모든 성장은 꼭대기에서 일어나야 한다. 강한 자들은 더 강해져야 하며, 그렇게 되기 위해서 그들은 약한 자들을 끌어올리는 헛된 과제에 힘을 낭비하면 안 된다.

이 대목에서, 독자는 우리가 이 장을 시작하면서 접했던 그 질문을 떠올리게 될 것이다. 디오니소스적인 개인주의자는 주어진 어떤 행위가 자신을 이롭게 하는지 해롭게 하는지 어떻게 알 수 있는가? 당연히, 이에 대한 대답은 모든 건강한 사람의 내면에서 본능이 매우 신뢰할 만한 안내자 역할을 하고, 또 본능이 실패하거나 망설일 때 실험이 그 문제를 해결한다는 명백한 사실에 있다.

일반적으로, 그 어떤 것도 권력의 감정, 그러니까 능률과 능력과 통달의 감각보다 더 확실할 수 없다. 모든 인간은 지속적으로, 또 무의식적으로 이웃들을 기준으로 자기 자신을 측정하고 있기 때문에 자신이 이웃들보다 탁월한 점들에 대해 잘 알게 된다.

두 사람이 주식 시장에서 서로 격돌하도록 해 보라. 그러면 한 사람이 다른 사람보다 더 부자이거나 더 재치 있거나 더 교묘하다는 사실이 금방 드러난다. 두 사람이 버스를 잡으러 달리도록 해 보라. 그러면 한 사람이 다른 한 사람보다 더 빨리 달린다는 사실이 금방 확인된다. 두 사람이 사랑과 전쟁, 음주나 고결함 등에서 서로 경쟁자가 되도록 해 보라. 그러면 둘 중 어느 한 쪽이 상대방을 물리쳤다는 것을 분명히 느끼게 되어 있다. 그런 경쟁은 다양성과 숫자에서 무한하며, 사실 모든 삶은 그런 경쟁들로 이뤄져 있다.

그러므로 모든 사람이 자신의 권력을 잘 알고 있으며, 권력이 다른 사람을 상대로 성공적으로 행사되었을 때 누구나 그 같은 사실을 자각하는 것은 너무나 당연한 일이다. 바로 그런 권력 행사에 행복이 있다고 니체는 주장한다. 그래서 행복을 위한 그의 처방은 권력 의지를 무한히 따르라는 것이다.

도덕규범이 겸손을 요구하고 있음에도 불구하고, 거론할 가치가 있는 모든 인간들은 자신을 자신의 권력 의지에 맡긴다는 사실이 너무나 분명하기 때문에, 그 같은 사실에 대해선 언급할 필요조차 없다. 어떤 사람이 아프리카의 야생을 탐험하도록 하고, 다른 한 사람이 엄청난 부를 축적하도록 만들고, 또 다른 사람이 철학 책을 쓰도록 만들고, 또 다른 사람이 복싱 링 안에서 고통과 장애의 위험을 떠안도록 만드는 것은 바로 능률과 탁월을 성취하고 보여주려는 욕망이다. 인간들이 영광을 위해서 목숨을 걸도록 하는 것도 이 욕망이다. 그런 원초적이고 보편적인 경쟁의식이 없는 경우에 세상은 정지하고 종족은 죽고 말 것이라는 것을 우리 모두는 진정으로 알고 있다.

니체는 그 같은 사실이 공개적으로 인정 받기를 원한 것뿐이다. 니체는 모든 사람이 자기 자신에게 피해를 입혀가면서 다른 사람들의 갈망을 만족시키려는 노력을 헛되이 하면서 위선을 떨 것이 아니라, 부끄러워하지 않고 자신의 갈망을 추구할 것을 요구하고 있다.

한쪽의 우월감이 상대방에게 열등감을 불러일으키는 것은 너무나 분명하다. 바꿔 말하면, 모든 인간은 자신과 경쟁자가 함께 가진 재능에 대해 3가지 방법 중 하나로 본다. 자신이 우월하다고 알거나, 자신이 열등하다고 알거나, 우월한지 열등한지 분명히 알지 못할 수 있는 것이다.

첫 번째, 즉 자신이 우월하다고 아는 경우라면, 그 사람이 할 일은 그 같은 자극에 적극적으로 반응하면서 우월성을 더욱 키우는 것이라고, 다시 말해 자신과 경쟁자 사이의 격차를 더욱 넓히는 것이라고 니체는 말한다. 두 번째 경우라면, 그 사람이 할 일은 격차를 더욱 좁히도록 노력하는 것이다. 다시 말하면, 자신을 위로 끌어 올리거나, 둘이 동일해지거나 예전의 불균형이 뒤집어질 때까지 경쟁자를 끌어내리게 된다는 뜻이다. 세 번째 경우라면, 경쟁에 뛰어들면서 자신의 모든 것을 주사위에 맡기는 것이 그 사람의 의무다.

차라투스트라는 "나는 당신에게 평화를 권하지 않고 승리를 권하노라!"고 말한다. 만약 승리가 아니라면, 패배와 죽음, 소멸이 되도록 하라. 그러나 어떤 경우라도 공정한 싸움이 되도록 하라. 이런 투쟁 또는 시험이 지속적으로 일어나지 않는다면, 절대로 진전이 있을 수 없다. "작은 것이 더 위대한 것에 굴복하듯이, 더 위대한 것은 권력 의지에 굴복하며 그 문제에 목숨을 걸어야 한다. 위험을 무릅쓰고 도전하는 것이 가장 위대한 자들의 임무이다." 한마디로, 권력은 결코 끝이 없으며 늘 생성되고 있다는 뜻이다.

쉬운 언어로 말한다면, 이 모든 말은 실질적으로 무엇을 뜻하는가? 간단히 말해, 니체는 사람들을 향해 자기보다 열등한 자들의 이론적인 이익을 위해 자신을 희생시키라고 가르치는 모든 윤리적 사상에 맞서 십자군 운동을 강력히 벌이자고 외치고 있다. 니체는 평등을 추구하는 경향이 있는 문화는 반드시 강한 자들을 상대로 강탈을 벌임으로써 그들을 쇠약하게 만드는 경향이 있는 문화라고 말한다. 이유는 강한 자들이 자신들의 축적을 줄이지 않고는 약한 자들에게 자신들의 힘을 줄 수 없기 때문이다.

강한 자와 약한 자의 간극을 넓히려는 노력이 끊임없이 전개되어야 한다. 또 강점을 찾으려는 노력이 끊임없이 전개되어야 한다. 강한 자는 자신이 더욱 강해지려는 욕망에 굴복하는 것을 수치스런 짓으로 보는 인식을 버려야 한다. 옛날의 노예 도덕을 버리고, 도덕적 가치들에 대한 재평가가 이뤄져야 한다. 권력 의지는 바로 그 의지에 오명의 낙인을 찍음으로써 모든 지각 있는 생명체의 가장 막강한 본능을 혐오스런 것으로 만들어 버리는 윤리 체계의 속박으로부터 자유롭게 풀려나야 한다.

평등을 믿는 사람은 오직 패배자뿐이라고 그는 말한다. 모든 인간을 생명 없는 낮은 수준으로 끌어 내리려 드는 사람들은 오직 굽실거릴 줄만 아는 무능한 무리들뿐이다. 이유는 그런 평준화를 통해서 득을 볼 사람들이 바로 그들뿐이기 때문이다.

차라투스트라는 우레 같은 소리로 이렇게 외친다. "군중은 시장에서 '보다 높은 인간 같은 것은 절대로 없어!'라고 말한다. '우리는 모두 동등해. 인간은 인간일 뿐이야. 신 앞에서 우리는 모두 동등해!' 신 앞에서, 정말로 그렇다! 그러나 신은 죽었다고 내가 말하지 않았는가!"

바꿔 말하면, 우리가 알고 있는 형제애라는 개념은 고대 유대인들의 군중 도덕의 일부이며, 당시에 유대인들은 절망적인 상태에서 그런 개념을 구상해낸 뒤에 그것을 그들의 신이 제시한 것처럼 꾸몄다.

우리는 고대 유대인의 도덕을 그들의 신과 함께 물려받았으며, 그래서 우리는 자신으로부터 고대 유대인들의 관점을 떼어내는 것이 대단히 어렵다는 사실을 발견하고 있다.

니체는 유대인의 신을 완전히 부정했으며, 그는 당대의 지적인 사람들 중 절대 다수가 자신의 마음과 비슷할 것이라고 믿었다. 니체가 그런 식으로 추측한 것이 크게 틀리지 않았다는 점은 모든 사람에게 분명하게 다가온다. 정말로, 지금은 세계에서 구약 성경에 묘사된 신이 실제로 존재했다고 믿는 광인을 발견하는 것은 거의 불가능하게 되었다. 모든 신학은 지금 이 신의 존재에 대해 둘러대려 들고 있다. 그러므로 우리의 상식과 충돌을 빚는 일신교 사상에 거짓으로 동의하는 것은 쓸데없는 짓이며, 그 사상에 근거한 윤리 체계의 불가침성을 고수하는 것은 우스꽝스러울 뿐이라고 니체는 주장한다.

여기서 이런 반론이 제기될 수도 있을 것 같다. 고대 유대의 신은 죽었을지라도, 형제애 사상은 여전히 살아 있으며, 형제애는 사실 인간의 본성에 고유한 사상이며, 한때 형제애를 강화하고 강요하다가 부정당했던 초자연력에 전혀 아무런 빚을 지고 있지 않는 사상이라고 말이다. 바꿔 말하면, 자기희생과 상호 도움의 충동은 그 자체로 하나의 본능이라는 주장이 제기될 수 있다는 뜻이다.

이에 대한 대답은 형제애가 결코 그런 것이 아니라는 매우 분명한 사실에 있다. 정말로, 인간의 근본적인 이기심보다 더 분명한 것은 없다. 강한 사람은 창피를 당하거나 피해를 입지 않는 가운데 도덕규범을 부정하거나 피할 수 있다면 언제든 약한 사람들을 착취하려 든다. 부유한 사람은 생필품의 가격을 높여서 더욱 부유해지고, 가난한 사람은 더욱 가난해진다. 황제는 민주주의에 강하게 반대한다. 정치 지도자는 자신의 이익을 위해서 국민의 의지에 반하는 행동을 한다. 발명가는 자신의 발명품을 특허 등록하며, 따라서 보통 사람들에 비해 그의 상대적 우월성은 더욱 높아진다. 성직자는 보다 큰 교구를 찾아 작은 교구를 떠난다. 이유는 큰 교구가 월급을 더 많이 주거나 "더 폭넓은 기회를 제공하기" 때문이다. 즉, 그 성직자에게 "영혼을 구제할" 더 좋은 기회를 주고, 그리하여 능력에 대한 확신을 더욱 높여주기 때문이다. 자선가는 베푸는 행위가 자신의 미덕과 권력을 모든 사람들에게 시각적으로 분명하게 보여줄 수 있기 때문에 수백만 달러를 내놓는다. 모든 노예는 할 수만 있었다면 주인이 되었을 것이다.

그런데 왜 그 점을 부정하는가? 모든 사람들이 본능이 촉구하고 있는 것을 하고 있는데, 왜 그것을 범죄라고 부르는가? 모든 사람이 할 수만 있다면 반드시 하게 되어 있는 것을 왜 죄라고 부르는가? 자신의 돈을 기부하거나 술로 스스로를 해치거나 기회를 외면하는 사람을 우리는 광인이나 바보라고 부른다. 그런데 그런 사람이 우리의 노예 도덕에서 신성하고 이상적인 인물로 통하는 사람과, 그러니까 허약하고 쓸모없고 적응력이 떨어지는 자들이 세상을 쉽게 살도록 하기 위해서 엉뚱하게도 자기 자신을 고문하고, 자신의 신체를 무시하고, 자신의 정신을 굶주리게 하고, 자기 자신을 기생충으로 전락시키는 그런 신성한 사람과 어떤 점에서 다른가? 이런 것이 바로 디오니소스의 철학이 주장하는 바이다. 이 철학은 존재에 관한 실제적 사실들을 옹호하고 있다. 그 사실들이 옳지 않거나 사악한가 하는 문제는 전혀 중요하지 않다.

약한 자들을 위로 끌어올리는 것은 결국 이롭지 않고 쓸모없는 일이라는 것은 조금만 생각해 봐도 금방 분명해진다. 크게 보면 자선은 반드시 실패이다. 이따금 빈민이나 주정뱅이를 유익하고 생산적인 시민으로 바꿔 놓는 것이 가능하지만, 그런 결과는 매우 드물게 나타난다. 정말로, 자비가 단순히 환경에 적응하지 못하는 사람을, 말하자면 자연의 흐름 속에서 곧 죽어 사라짐으로써 이 땅에서 더 이상 거치적거리지 않을 사람을 마냥 살게 하면서 자신들보다 우수한 존재들에게 폐가 되고 짐이 될 기생충으로 바꿔 놓는다는 사실보다 더 분명한 것도 없다.

"개조된" 주정뱅이는 언제나 술잔을 다시 들게 마련이다. 모든 의사들이 알고 있듯이, 알코올 중독은 기본적으로 선천성 광기처럼 치료가 불가능하다. 빈곤도 마찬가지이다. 빈곤한 사람에게 먹을 것과 마실 것을 줌으로써 그를 도울 수는 있지만, 그렇게 한다고 해서 그 사람이 유능한 사람으로 바뀌지는 않는다. 우리는 그 사람으로부터 그를 빈곤자로 만든 그 부적응성을 제거하지 못한다.

물론, 다른 모든 규칙과 마찬가지로 여기도 예외가 있지만, 주의 깊은 사람이라면 그 규칙 자체의 타당성에 대해서는 의문을 제기하지 않을 것이다. 정말로, 자비의 원칙을 가장 큰 소리로 설교하는 사람들은 그 규칙에 대해 의문을 품지 않는다. 그들은 환경에 제대로 적응하지 못해 힘들어 하는 사람들을 돕는 것이 인간 종족에게 이롭다는 주장이 터무니없다는 사실을 잘 알고 있으며, 따라서 그들은 자비가 신이 명령한 것이라고, 또 자비를 행하려는 충동은 품위 있는 사람의 내면에 내재한다는 식의 주장을 편다.

니체는 이런 주장을 단호히 부정한다. 자비는 인간이 만들어낸 개념일 뿐이며 신들과는 아무런 관계가 없다고 니체는 말한다. 자비의 유일한 효과는 강한 자들에게 피해를 입히며 쓸모없는 인간들을 보존하는 것이다. 도움을 받은 사람은 무리를 이루면서 자신에게 도움을 준 사람들에게 진 빚을 갚겠다는 희망을 절대로 품지 않는다. 따라서 자비가 인간 종족에게 안기는 결과는 쇠퇴이다.

이제 두 번째 질문에 대해 논할 차례이다. 니체가 비도덕주의자를 위해 마음에 품었던 목표는 무엇이었는가? 모든 도덕을 뒤집어놓음으로써 생길 최종적 결과는 무엇이었는가? 그는 인간 종족이 마침내 신이 될 때까지 진보할 것이라고, 그리하여 인간 종족이 지금 큰 강의 흐름을 통제하듯이 태양과 별을 통제하게 될 것이라고 믿었는가? 아니면 그는 그 모든 것의 끝이 소멸이라고 믿었는가?

낡은 도덕을 무모하게 깨부수는 내용을 담은 니체의 초기 책들이 출간된 뒤에, 유럽 전역에서 수많은 비평가들이 이런 질문들을 던졌다. 니체는 다시 짓지는 않고 파괴하기만 하는 미친 인습 타파주의자라는 조롱을 들었다. 그는 몽상가나 미치광이로 불렸으며, 그는 그런 질문에 대한 대답을 전혀 갖고 있지 않은 것으로 믿어졌다.

그래서 그의 철학은 이맛돌이 빠진 아치형 문처럼 버티지 못하고 결국 땅으로 허물어져 내릴 것으로 믿어졌다. 그러는 상황에서 그가 1883년 4월에 『차라투스트라는 이렇게 말했다』를 발표했는데, 거기에 그에 대한 대답이 분명하게 들어 있었다.

차라투스트라는 이렇게 외친다.

"나는 그대에게 초인을 가르치노라! 인간은 넘어서야 할 그 무엇이다. 인간에게 원숭이는 무엇인가? 하나의 농담거리나 수치다. 초인에게는 인간이 바로 그런 존재다. 하나의 농담거리나 수치인 것이다. … 인간은 원숭이와 초인을 연결하는 다리이다. … 초인은 이 땅의 마지막 꽃이고 종국적 표현이다. 나는 그대에게 땅에 충실하라고, … 그대의 희망과 보상을 찾아 별 그 너머를 보지 말라고 간청한다. 그대는 그대 자신을 이 땅에 바쳐야 한다. 그러면 이 땅은 언젠가 초인을 낳게 될 것이다."

여기서 우리는 탁월한 실리주의자와 경험주의자, 일원론자의 말을 듣고 있다. 또 이 말에서 초인이 어떤 의미인지, 흐릿하게 그 윤곽을 잡을 수 있다.

초인은 권력 의지를 방해하거나 누르는 모든 망상을 벗어던질 것이다. 초인은 육체적으로도 완벽하고 정신적으로도 완벽할 것이다. 초인은 알 가치가 있는 것은 모두 알 것이며, 어떤 적 앞에서도 자신을 방어할 힘과 기술과 교활함을 갖추고 있을 것이다. 승리에 대한 예상이 그의 권력 의지를 키워줄 것이기 때문에, 초인은 투쟁에서 희열을 느낄 것이며, 그런 투쟁 능력의 강화는 고통에 대한 민감성을 떨어뜨릴 것이다.

자신의 능력을 알게 된 초인은 스스로 행복해 할 것이며, 천국이나 지옥에 대한 망상을 전혀 품지 않은 상태에서 만족할 것이다. 그는 삶을 유쾌한 무엇인가로, 그러니까 즐겁게 미소를 지으며 직면할 수 있는 그 무엇으로 볼 것이다. 초인은 삶의 쾌락과 고통에 똑같이 "예스"라고 대답할 것이다. 삶 자체에 부도덕한 것이 있다는 인식을, 다시 말해 육신은 가증스럽고 생명은 불행이라는 인식을 떨쳐버리고, 초인은 실제 존재의 조건에 더 잘 적응할 것이다. 그는 냉소적이고, 무정하고, 삶의 조건에 적응이 최고로 잘 되어 있을 것이다. 그는 신들과 법들에 대한 두려움으로부터 놓여날 것이다. 인간이 원숭이가 사자와 탁 트인 공간에 대해 품고 있는 두려움으로부터 자유롭게 풀려났듯이 말이다.

요약하면, 초인의 가설은 이렇다. 초인은 자신이 동의하지 않은 상태에서 이 세상에 던져졌고, 따라서 초인은 세상 속에서 살 수 있어야 한다. 그는 세상의 어느 누구에게도 빚을 지지 않았으며, 무덤 그 너머에 있는 존재에 대해서는 아무것도 모른다. 따라서 초인의 내면에 있는, 유일하게 실수를 모르는 건강한 본능인 생에 대한 갈망, 즉 권력을 얻으려는 갈망을 충족시키는 것이 초인의 노력이 될 것이다. 그러기 위해서 초인은 자신을 약화시키거나 파괴할 영향력들을 직면하며 극복할 수 있어야 한다.

차라투스트라는 이렇게 경고한다.

"나의 형제들이여, 그대 자신들을 꼿꼿이 세우고, 그 꼿꼿함을 지속적으로 이어가는 방법을 배우라! 바다는 폭풍이 거세며, 많은 사람들이 그런 바다에서 그대들의 도움으로 떠 있으려 들고 있다. 바다는 폭풍이 거센데, 모두가 배 밖으로 떨어져 있다. 그러나 힘을 내서 그대 자신을 구하라, 그대 늙은 선원들이여! … 그대의 조국은 무엇인가? 그대의 자손들이 살 곳이 아닌가? … 그래서 후손들에 대한 그대의 사랑은 '이웃을 무시하라! 인간은 능가해야 할 그 무엇이니까!'라고 말한다. 그대의 이웃을 버리고 그대 자신을 능가하라. 그대가 갖지 못하는 것을, 다른 사람이 그대에게 주도록 하지 마라. … 명령하지 못하는 자는 복종하도록 하라!"

이 부분에서 초인 사상이 선명하게 드러난다. 초인은 생존 투쟁에서 절대로 자비를 요구하지 않으며 베풀지도 않는다. 초인은 위쪽으로 나아가는 것이 지각 있는 존재들의 운명이라고 믿으며, 그는 자신의 종족이 위쪽으로 나아가도록 하기 위해서라면 자기 자신을 기꺼이 희생시키려 든다. 그러나 초인의 희생은 그의 이웃, 그러니까 자신의 존재를 위해서 밖에서 도움을 기대해야 하는 사람들을 이롭게 하는 것이 아니라, 아직 태어나지 않은 세대들을 이롭게 해야 한다.

여기서 이런 것들을 마음에 새겨야 한다. 초인은 본능과 열정을 명백히 구분할 것이고, 열정의 소용돌이에 휩싸이는, 우리가 사랑이라고 부르는 그 까다로운 것과 생식 본능을 혼동하지 않을 것이고, 단순한 본능을 전쟁과 혼동하지 않을 것이고, 온갖 부조리와 망상이 작용하는 애국심과 귀소 본능을 혼동하지 않을 것이라는 점을 말이다. 한마디로 말해, 초인은 소유하는 방법뿐만 아니라 포기하는 방법을 알 것이지만, 그의 포기는 신앙이나 자비의 결과가 아니라 편의의 결과일 것이다.

차라투스트라는 이렇게 말한다.

"그대의 능력을 벗어난 것에 대해선 어떤 것에도 욕심을 내지 마라. 그대 자신에게 그대의 성취 밖에 있는 것을 요구하지 않도록 하라. … 높은 곳에 있는 것일수록, 성공 확률은 더 떨어지느니라. 힘을 내도록 하라! 무엇이 중요한가! 그대 자신을 비웃는 것을 배우라! … 그대가 실패했다고 생각하는가? 그대의 실패로 인해 미래가 이익을 보지 않는가?"

니체가 즐겨 말하듯이, 초인은 목숨을 걸고 주사위를 던져야 한다. 초인은 자기 뒤에 올 세대들의 이익 외에는 다른 목표를 전혀 마음에 두지 않고 있음에 틀림없다. 그는 망상뿐만 아니라 자신의 동료들과도 전투를 벌일 의지를 가져야 한다. 그래야만 그의 뒤에 올 후손들이 그 적들로 인해 피해를 입지 않을 테니까. 초인은 극히 비도덕적이어야 하고 양심의 가책을 느끼지 말아야 한다. 초인의 복음은 영원한 도전의 복음이어야 한다.

니체가 하늘을 찌를 듯한 이 거만한 초인의 그림을 명확하게 제시할 수 없었다는 사실이 관찰될 것이다. 우리가 초인의 철학을 파악할 수 있는 곳은 오직 차라투스트라가 인간과 초인을 잇는 일종의 다리인 "보다 높은 인간"에 대해 늘어놓는 설교뿐이다.

어느 글에서 니체는 초인을 매머드 시대에 유럽을 돌아다녔던

"위대한 금발의 야수들"과 비교하는 것 같은 인상을 주었으며, 이 같은 사실을 근거로 많은 해설자들은 니체가 단순히 오늘날 우리가 인간적이라고 부르는 그런 고차원적인 특성을 전혀 갖지 않은, 두 개의 다리를 가진 짐승을 염두에 두고 있었다는 결론을 끌어냈다. 그러나 사실 니체는 그런 생각을 전혀 품지 않았다.

다른 대목에서 니체는 비유적으로 낙타와 사자, 어린 아이를 내세워 그 종족의 3가지 변신에 대해 말하면서 초인 사상을 쉽게 제시한다. 여기선 짐을 지는 절망적인 짐승인 낙타가 인간이다. 그러나 낙타는 고독한 사막으로 들어가면서 짐을 벗어던지고 한 마리 사자가 된다. 말하자면, 도덕이라 불리는, 길을 방해하고 있는 무겁고 인위적인 짐을 벗어던지고, 생의 본능, 즉 니체가 강조한 권력의지가 굴레에서 자유롭게 풀려난다는 뜻이다. 사자는 "보다 높은 인간", 말하자면 인간과 초인 사이의 중간 단계에 있는 인간이다. 초인은 낙타로 나타나지도 않고 사자로 나타나지도 않으며 자그마한 아이로 나타난다. 초인은 어린 아이의 평화를 알고 있다. 초인은 어린 아이의 평온을 보여준다. 자궁 속의 아기처럼, 초인은 환경에 이상적으로 적응되어 있다.

차라투스트라는 인간을 "무거운 짐을 싣기 위해 무릎을 굽히고 앉은 낙타"와 비슷한 존재로 보고 있다. 인간의 짐은 무엇인가? 하나는 "자기 자신을 모욕하는" 것이고, 다른 하나는 "우리를 경멸하는 자들을 사랑하는" 것이다. 사막에서 첫 번째 변신이 일어난다. 낙타가 타인들로부터 늘 듣던 "넌, 해야 해!"라는 소리가 "내가 할 거야!"라고 말하는 사자의 의지로 바뀐다. 그러면 사자의 임무는 무엇인가? "자기 자신을 위해서 새로운 것을 창조할 자유를 창조하는 것"이다. 사자 다음에 아이가 온다. 아이는 "순수이고, 망각이고, 새로운 출발이고, 놀이이고, 저절로 돌아가는 바퀴이고, 원동력이고, 성스러운 단언"이다. 여기서 초인 사상은 신비주의적인 시의 언어로 제시되고 있지만, 그 의미는 사라지지 않고 있다. 물론, 나도 그 의미를 고스란히 전해 받고 있다.

위대한 정신적 진보는 반드시 육체적 능률에 좌우된다는 점을, 니체는 쇼펜하우어 이상으로 인식하고 있었다. 여기서 말하는 정신적 진보는 삶의 조건들을 다루는 능력이 커지는 것을 의미한다. 병든 육체에 탁월한 정신이 깃드는 예외적인 경우도 있지만, 그런 경우가 원칙이 아닌 것은 분명하다. 평균적인 사람이 하나의 손만을 갖고 있고 수명이 겨우 20년밖에 되지 않는 어떤 나라가 있다면, 그 나라는 현대 유럽의 가장 허약한 국가와도 대결할 수 있다는 희망을 품지 못한다.

그렇다면 종족을 향상시키는 첫 단계는 육체의 향상이 되어야 한다는 것이 너무나 명백하다. 예수 그리스도는 병든 사람을 치료하는 행위를 통해 이런 필요성을 표현했으며, 모든 현대 과학의 중요한 목표는 삶을 보다 견딜 만한 것으로 만드는 것이다.

인간이 노동력을 아끼기 위해서 지금까지 발명한 모든 기계는 육체적 손상을 아끼는 것 외에 다른 목표는 없다. 모든 종교는 인간을 지옥의 무시무시한 공포와, 생존의 힘든 문제들을 스스로 해결하는 데 따르는 긴장으로부터 구원하는 것을 목표로 잡고 있다. 우리가 알고 있는 모든 정부 정책은 그 바탕을 보면 인간들을 부상과 죽음으로부터 보호하려는 장치에 지나지 않는다.

따라서 니체의 진보 프로그램은 얼핏 보면 다른 프로그램과 그다지 다르지 않다는 사실이 확인된다. 니체는 우리가 다른 것을 성취할 수 있기 전에 먼저 인간이라는 기계부터 돌봐야 한다는 원칙을 제시했다. 앞에서 본 바와 같이, 지능은 생의 의지의 한 징후에 불과하다. 그러므로 이 생의 의지를 자유롭게 행사하는 데 장애가 되는 것들을 제거하는 것이면 무엇이든 지능을 촉진시키고 증대시킨다. 병에 의해 능력이 훼손된 적이 없는 종족은 돈벌이에서부터 그리스어 동사의 활용에 이르기까지 온갖 지적 추구에 다른 어떤 종족보다 적응이 더 잘 되어 있을 것이다. 니체는 단지 이런 명백한 사실을 익숙하지 않은 형식으로 말하고 있을 뿐이다.

니체의 초인은 자신의 생의 의지 또는 권력 의지에 완벽한 자유를 부여한다. 그 결과, 이 본능이 땅 위의 삶의 조건을 가장 정확하게 만족시키는 개인들은 살아남을 것이며, 이 본능은 자연의 법칙에 따라 그들의 후손에서 더욱더 정확해질 것이다. 말하자면, 미래의 세대들 중에, 이 본능이 내면에서 긍정적인 혜택을 안길 행동을 더 많이 할 것을 지시하는 한편으로 손상을 입힐 행동을 금지하는 그런 개인들이 등장할 것이라는 뜻이다. 손상은 두개골이 깨지는 형태뿐만 아니라 욕구가 충족되지 않는 형태로도 나타날 것이 틀림없다.

그러므로 본능이 완벽의 경지에 이른 인간, 즉 초인은 오늘날 인류를 괴롭히고 있는 것들, 말하자면 소모적인 열정뿐만 아니라 소모적인 자기부정 같은 것들을 무의식적으로 피하게 될 것이다. 초인은 자신에게 유리하게 작용할 것 같으면 무엇이든 할 것이고, 자신에게 피해를 입힐 것 같으면 무엇이든 피할 것이다. 그는 의심스러울 때에도 과감히 나서면서 패배든 승리든 똑같이 차분한 맘으로 받아들일 것이다. 간단히 말해, 그의 태도는 두려워하지 않고 삶을 있는 그대로 직시하는 그런 존재의 태도이다. 말하자면, 싸우는 방법과 참고 견디는 방법을 아는 사람, 또 사물들을 보면서 그것들이 어떤 식이어야 한다는 식으로 생각하지 않고 실제 모습 그대로 받아들이며 달을 따기를 원하든가 자신의 머리를 돌 벽에 박으면서 괜히 에너지를 낭비하지 않는 그런 사람의 태도인 것이다. "오, 형제들이여, 나는 그대들의 머리 위로 새로운 서판을 들어올리노라. 강건해지거라!"[27]

니체가 인간 종족 앞에 제시한 목표는 그런 것이었다. 니체보다 앞서 다른 철학자들도 같은 것을 시도했다. 쇼펜하우어는 생의 욕망을 버리는 데서 행복을 발견하는 종족에 관한 사상을 제시했다. 콩트(Auguste Comte)는 모든 구성원들이 모두의 행복을 추구하는 그런 종족을 상상했다. 모든 나라의 인도주의자들은 모든 인간 본능들을 초월한, 그러니까 모든 살아 있는 것들의 근본적이고 영구한 본능인, 정복하고 살아남으려는 욕망을 초월한 성숙한 존재들

27   '차라투스트라는 이렇게 말했다' 3부 중에서.

이 사는 유토피아를 그렸다. 니체는 이런 모든 완벽한 이상들을 근본적으로 불가능한 개념으로 치부했다. 인간은 흙에서 생겨났고 세속적이며, 인간의 천국과 지옥은 인간 자신의 허풍의 산물이었다. 인간은 오직 천국과 지옥에 대한 꿈을 더 이상 꾸지 않게 되고 초월적인 도덕의 무시무시한 부담을 벗어던지고 난 후에야, 자신이 빠져 허우적거리고 있는 그 절망에서 벗어나기를 바랄 수 있을 뿐이다.

5장

영원 회귀

초인에서, 니체는 모든 인간 노력이 추구할, 상상 가능하고 실현 가능한 목표를 세상에 보여주었다. 그럼에도 여전히 어떤 문제가 남는데, 그것은 이것이다. 초인은 언제 마침내 이 땅에 나타날 것이며, 그런 다음에는 무슨 일이 벌어지는가? 또 다른 초인이 따르고 그 다음에는 그 초인을 능가하는 초초인(超超人)이 나타날 것인가? 우주의 창조주가 누구 또는 무엇이 되었든, 최종적으로 인간은 우주의 창조주와 동일한 존재가 될 것인가? 아니면 초인에서 다시 인간으로, 그 다음에 사람과 비슷한 원숭이로, 더 하등한 동물로, 무성 세포로, 최종적으로 불활성 물질, 가스, 에테르와 빈 공간으로 돌아가는 긴 쇠퇴의 시기가 따를 것인가?

니체는 이런 문제들에 대한 대답으로, 우주가 규칙적인 주기로 움직이고 또 이 땅과 모든 별들에서 지금 일어나고 있는 모든 것은 영원히 되풀이될 것이라는 이론을 제시한다. 달리 말하면, 그는 '우주의 해(年)' 같은 것을 꿈꾸었다. 원소들에서 생겨난 인간은 초인을 넘어서 무한히 올라간 다음에 결국엔 재앙이나 느린 쇠퇴를 통해 다시 원소들로 돌아갈 것이고, 그러면 거기서 전체 과정이 다시 시작될 것이다.

이 같은 개념은 니체가 독창적으로 제시한 것이 아니라는 점을 인정해야 한다. 그가 그 개념에 대해 설명하려 들지 않았더라면, 그것이 오히려 그의 철학과 지적인 사상가로서의 그의 평판에 더 나았을 것이다. 역사에 관한 초기의 에세이에서, 그는 그 사상에 대해 처음 언급했으며, 거기서 그는 그 사상의 발명자로 피타고라스학파 사람들을 꼽았다.

하늘의 모든 천체들이 정해진 어떤 상대적인 위치로 돌아갈 때마다, 우주의 전체 역사가 다시 시작한다는 것이 피타고라스학파의 믿음이었다. 그 사상이 니체를 매혹시켰던 것 같다. 니체가 실재하는 것을 숭배했음에도 불구하고 그의 내면에 신비주의적인 특성이 남아 있었으며, 그는 훗날의 책들에서 그 사상에 대해 종종 언급했다. 그 사상의 순수한 공포, 다시 말해 세상의 모든 고통이 영원히 다시 반복되고 인간들은 거듭해서 무한히 죽어야 하며 중단되는 장소나 종국적 목표가 전혀 없다는 인식이 불러일으키는 공포가 니체의 상상력에 호소력을 강하게 발휘했다.

안드레아스 살로메는 니체가 "그 사상에 대해 말할 때면 언제나 목소리를 낮추었으며 가장 깊은 곳의 감정이 건드려지고 있다는 사실을 보여주는 신호들이 뚜렷이 나타났다."는 이야기를 들려주고 있다. 한때 니체는 원자 이론에 그 사상을 뒷받침할 증거가 있다고 생각했으며, 그가 자연 과학을 공부하러 빈으로 가길 원했던 것도 이 사상을 조사하려는 소망에 따른 것이었다고 볼 수 있다. 최종적으로 그는 우리에게 알려진 과학적 사실들에서는 그런 믿음을 뒷받침할 근거가 전혀 없다고 확신하게 되었다. 그 후로 그를 전율하게 만들었던 공포가 그에게서 사라진 것으로 전해지고 있다.

그때부터 니체가 영원 회귀라는 원칙을 증명된 과학적 사실이라는 불편한 현실을 고려하지 않고 단순히 철학적 견해로 다루는 것이 가능했으며, 그 후로 그는 영원 회귀에 대해 생각하면서 많은 시간을 보냈다. 『차라투스트라는 이렇게 말했다』에서, 그는 그 원칙을 자신의 예언자 주인공의 뇌에 주입시키면서 그것이 어떻게 그 주인공을 거의 미치광이 상태로 몰아붙이는지를 보여주고 있다.

차라투스트라는 생각에 잠겨 이렇게 말한다.

"난 이 태양과, 이 지구와, 이 독수리와, 이 뱀과 함께 돌아올 거야. 새로운 삶이나 보다 나은 삶을 위해서가 아니라, 내가 지금 영위하고 있는 것과 똑같은 삶으로 돌아올 거야. 난 모든 사물의 영원 회귀에 대해 한 번 더 가르치기 위해서 가장 큰 것과 가장 작은 것에서 똑같은 옛날의 삶으로 돌아올 거야."

최종적으로, 니체는 이 같은 공상적인 사상을 자신의 초인을 강화하는 장치로 바꿔놓았다. 초인은 자신의 분투 전부가 헛될 것이라는 점을, 그리고 미래의 순환 속에서 그가 그 분투를 거듭해서 다시 겪어야 할 것이라는 점을 깨달은 자이다. 그럼에도 초인은 초인 간적으로 모든 감정으로부터, 모든 쾌락과 고통에 관한 생각으로 부터 자유로운 경지에 이르렀다. 그래서 미래의 그런 전망이 그를 위축시키지 못한다. 미래의 공포에도 불구하고, 그는 두려움 없이 미래를 직면한다. 그런 공포는 삶의 일부이며, 따라서 그것은 좋은 것이다. 초인은 존재하고 있는 모든 것에, 심지어 거듭 다시 살아야 하는 무시무시한 필연에도 동의하는 것을 배웠다. 한마디로, 초인 은 끝없이 이어지는 삶을 두려워하지 않는다. 왜냐하면 그에게 삶 은 단순히 인간적이기만 한 사람이 삶에서 보는 모든 공포를 상실 한 상태이기 때문이다.

니체는 "불가피한 것을 견뎌낼 뿐만 아니라 그것을 외면하지도 않도록 하라. 더 나아가, 그것을 사랑하도록 하라!"고 말한다.

버논 리(Vernon Lee)[28]가 지적했듯이, 이 사상은 스토아 철학의 근본적인 가르침과 거의 구분이 되지 않는다. 버논 리는 또 이 사상 은 크리스천 사이언스의 바탕을 이루고 있는, 고통에 대한 부정과 매우 유사하다고 말하지만, 이 말은 맞지 않다. 왜냐하면 고통을 그 냥 부정하는 것과 고통을 인정하고 직시하며 극복하려는 의지 사 이에는 엄청난 차이가 있기 때문이다.

그러나 그 개념은 위장한 상태로 수많은 철학에 등장하고 있으 며, 괴테도 그런 유행을 좇으며 "사람은 없는 대로 살아야 한다."는

---

28   영국 작가 바이올렛 패깃(Violet Paget)의 필명.

표현에 그런 사상을 담았다.

영원 회귀라는 사상은 익살꾼과 관련 있는 유명한 일화까지 낳았다. 이 익살꾼은 식당에 가서 음식을 배불리 먹고난 뒤에 식당 주인에게 "당신과 나는 100만 년 뒤에 다시 여기에 있게 될 거요. 그러니 그때 밥값을 내겠소."라고 말했다. 그러자 머리 회전이 대단히 빨랐던 식당 주인이 이렇게 받아쳤다. "좋소만, 먼저 당신이 여기를 마지막으로 찾았던 100만 년 전에 먹은 비프스테이크 값부터 갚도록 하시오."

존재와 관련해서 알려진 사실들은 영원 회귀를 뒷받침하지 못하고 또 그 문제를 놓고 유익한 방향으로 토론하는 것이 기본적으로 불가능하다는 니체의 결론에도 불구하고, 영원 회귀라는 원칙은 터무니없는 것이 절대로 아니다. 현대 천문학이 하나의 가설로 제시한 천체의 순환, 즉 기체에서 용해된 액체로, 액체에서 고체로, 고체에서 어떤 재앙에 의해 다시 기체로 변화하는 과정은 쉽게 이해된다. 또 생명체들이 거주할 수 없었던 상태를 거쳐 거주 가능한 상태로 변한 지구가 언젠가 다시 거주 불가능한 상태가 되고, 그렇게 됨으로써 영원히 앞뒤로 왔다 갔다 할 것이라는 것도 충분히 이해할 수 있다.

그러나 영원 회귀가 초인에 어떤 효과를 미치게 될까? 우리가 본 바와 같이, 영원 회귀의 비극은 단순히 초인을 영웅적인 존재로 만드는 데 이바지할 것이다. 초인은 우주를 거부하고 생명에 "예스"라고 말할 것이다. 죽음 그 너머에 있다는 존재에 관한 모든 생각을 무시하면서, 초인은 우주가 맨 처음 회전을 시작했을 때 지구 위의 지각 있는 존재들의 진화를 위해 정해 놓은 그 법칙과 최대한 정확히 일치하면서 살아가는 길을 추구할 것이다.

하지만 초인이 이 목표에 도달한 때를 어떻게 알 수 있는가? 초인은 어떻게 해야 자신의 지식에 관한 의문들로 인해 미치는 것을 피할 수 있을까? 니체는 이 인식론적인 문제를 놓고 생각을 많이 했으며, 시기에 따라서 그는 다양한 학파로 기울었지만, 종합적으로 보면 그의 글은 그의 명상의 열매가 철저한 경험주의로 나타났다는 점을 암시한다.

정말로, 초인은 단지 관찰과 실험의 폭이 무한히 더 넓다는 점에서만 베이컨(Francis Bacon)과 다른 경험주의자이다. 초인은 힘든 경험을 통해서 배우며, 그는 이 지식을 바탕으로 일반화한다. 철저한 실리주의자인 초인은 정신에 대해서는 육체의 한 기능이라는 것 외에 다른 것은 아무것도 모른다.

초인에게 사색은 헛되고 어리석어 보인다. 그의 관심은 언제나 코앞에 닥친 일들로 쏠리고 있다. 말하자면, 초인은 자신의 눈과 귀와 코와 손이 자신에게 어떤 사물이 진리라고 말할 때에만 그것이 진리라고 믿는다. 그리고 이 점에서 그는 오늘날 확실히 대중보다 위에 있는 모든 사람들과 하나가 될 것이다. 경험주의를 부정해 보라. 그러면 당신은 인간 지식 전체를 단번에 부정하게 될 것이다.

예를 들어, 어떤 사람이 돌에 발이 걸렸다면, 다친 발가락이 붓고 가장 심하게 아프다는 사실은 그 사람에게 절대적으로 확실한 것처럼 보인다. 그런데 만약에 우리가 그가 실제로 이런 것들을 알고 있다는 사실을 부정하면서 부은 상태와 통증은 단순히 그의 마음의 창조물일 뿐이라고 고집한다면, 우리는 우주 속에서 모든 질서와 상식으로부터 벗어나서 표류하면서 광기의 형이상학과 무분별한 모순들의 거친 바다 위를 항해하게 될 것이다.

세상에는 우리가 모르는 것들이 아주 많으며, 사물들의 본질 속에는 우리가 절대로 알 수 없는 것들이 많다. 우리는 인(燐)이 산소와 결합하는 경향을 가진 이유를 알지 못하지만, 인이 그런 경향을 갖고 있다는 사실은 알고 있다. 만약에 우리가 그것을 알고 있다는 사실을 부정하려 든다면, 우리는 우리가 지각 있는 존재라는 사실을 부정해야 하고, 따라서 생명과 우주를 단순한 환상으로 여겨야 한다. 건전한 정신을 가진 사람이라면 어느 누구도 그런 부정을 하지 못한다. 자신이 살아 있다고 느끼는 우리의 감정이 진실인 것과 똑같이, 우리에 관한 것들도 모두 진실인 것이다.

이것을 근거로, 초인도 우리와 똑같은 안내자들, 즉 본능과 감각을 가질 것이라는 점이 분명히 받아들여져야 한다. 그러나 초인의 내면에서 본능과 감각은 우리의 내면에서보다 더 정확하고 예리할 것이다. 왜냐하면 초인이 생각하는 세상의 구조의 전반적인 경향이 본능과 감각을 강화시키고 발달시킬 것이기 때문이다. 만약에 유럽의 어느 민족이라도 한 세기 동안 자기 민족의 오른쪽 팔을 훈련시켰다면, 그 민족의 후손들은 그 다음 세기에 강철처럼 단단한 오른팔을 가졌을 것이다. 마찬가지로, 초인은 나머지 모든 것을 생의 본능에 종속시킴으로써 그 본능을 매우 정확하고 효율적인 무엇인가로 진화시켰을 것이다. 한마디로 말해, 초인의 모든 관심은 가능한 한 오래 사는 쪽으로, 따라서 밖에서 육체에 해를 입히거나 안에서 에너지를 고갈시킴으로써 생명을 단축시킬 모든 것을 가능한 한 피하는 쪽으로 모아질 것이다.

그 결과, 초인은 세상이 존재하는 이유를 배우려는 모든 노력을 중단하고 세상이 어떤 식으로 존재하는지에 관한 지식을 얻는 데 헌신할 것이다. 세상이 존재하는 방식에 관한 지식을 초인은 오늘날의 우리보다 훨씬 더 쉽게 얻을 것이다. 앞에서 본 바와 같이, 우리의 감각들은 돌부리에 걸린 발가락은 붓고 통증이 느껴진다는 절대적인 지식을 우리에게 주었다. 초인의 발달한 감각들은 그에게 이 땅에 존재하는 모든 것에 관한 절대적인 지식을 줄 것이다. 초인은 결핵균이 폐의 조직을 어떤 식으로 공격하는지에 대해, 혈액이 병균과 어떤 식으로 싸우는지에 대해, 또 혈액이 반드시 승리를 거두게 하는 방향으로 혈액과 병균의 전투에 개입하는 방법에 대해 정확히 알 것이다.

한마디로 요약하면, 초인은 자신을 둘러싸고 있는 세계 안에서 벌어지고 있는, 유익한 힘들과 적대적인 힘들의 작용에 관해 정확하고 완전한 지식을 소유하게 될 것이지만, 해결 불가능한 문제들을 놓고 자신을 괴롭히지는 않을 것이다. 초인이 세상에 결핵균이 보내진 이유를 놓고 생각하며 시간을 낭비하는 일은 절대로 없을 것이다. 그의 생의 본능은 해결 불가능한 문제들을 버리는 데 성공하는 것으로도 꽤 만족할 것이다.

그렇다면 이상적인 초인은 단순히 본능이 간섭 받지 않고 작동하는 그런 인간에 불과하다. 말하자면, 사는 것이 옳은 일이라는 것을 느끼고, 또 유일하게 가치 있는 지식은 생명을 더 길게, 더 견딜 만하게 만드는 것이라는 것을 느끼는 사람이 초인인 것이다.

초인의 생명 본능이 너무나 강하기 때문에 그 본능이 작용하기만 해도 초인은 만족을 느끼고, 따라서 행복을 느끼게 된다. 초인은 무덤 그 너머의 미지의 허공에 대해서는 신경을 쓰지 않는다. 초인에게는 그가 살아 있다는 것을 알고, 살아 있는 것이 즐거운 일이라는 것을 아는 것만으로도 충분하다. 초인은 가장 숭고한 의미에서 말하는 공리주의자이며, 그는 살아 있는 존재들이 이 땅에서 성취하기를 바랄 수 있는 유일한 것은 자신을 주변의 자연의 힘들에, 말하자면 바람과 비, 언덕과 바다, 벼락과 병균 등에 완벽하게 적응시키는 것이라는 오귀스트 콩트의 주장을 철저히 믿는다.

니체는 "나는 디오니소스 추종자다!"라고 외친다. "나는 비도덕주의자다!" 이 말은 단순히 그의 이상은 삶의 공포를 두려워하지 않고 직면하며, 힘든 적들을 만나서 죽이고, 자만심과 경멸의 감정으로 땅을 내려다보고, 자신의 길을 뚫고 자신의 짐을 질 수 있는 그런 존재라는 뜻이다.

건강하고 활기찬 모든 민족의 세속적인 민속 철학에서, 우리는 이런 디오니소스적인 사상의 흔적을 발견한다. 유명한 어느 미국 정치인은 "누구든 그 사람의 눈을 똑바로 쳐다보며 꺼져버리라고 말할 수 있도록 매일매일을 열심히 살자!"고 말한다. 우리는 이런 식의 발언에서 미묘한 즐거움을 얻는다. 왜냐하면 그 말이 곧 우리의 종족이 예속과 억압에서 벗어나 개인주의 쪽으로 전진하고 있다고 선언하는 것이나 마찬가지이기 때문이다. 우리는 자유를 믿고, 관용을 믿고, 도덕적 무정부주의를 믿는다. 우리는 그 같은 인식을 투박한 형태로 다양하게 나타내고 있다.

사람이 자신의 어리석음을 격파하지 못할 때
일들이 엉망으로 꼬이고 말 것이니!

이런 식으로 우리는 그런 생각을 표현한다. 초인이 지구를 활보하게 되는 날, 그도 똑같은 말을 할 것이다.

6장
기독교

기독교에 대한 니체의 비판은 놀라울 정도로 예리하고 두려움이 없었다. 그의 기독교 비판은 아마 그가 속물적 만족이라는 웅덩이 속으로 던져넣은 그 어떤 돌보다 파장을 더 넓게 일으켰을 것이다. 그는 완전히 성숙한 모습을 보여준 첫 번째 책인 『인간적인, 너무나 인간적인』에서 공격의 포문을 열었으며, 마지막 저술인 『적그리스도』에서도 앞의 책에서와 마찬가지로 여전히 격노하는 모습을 보였다. 그의 마지막 책이 된 『적그리스도』의 마지막 장은 "나는 비난한다"로 시작하는 유명한 비판을 포함하고 있다. 그 장은 에밀 졸라(Émile Zola)가 드레퓌스 사건[29] 당시에 쓴 "나는 고발한다"라

---

[29] 19세기 후반에 프랑스를 들끓게 했던 반유대주의의 희생자가 된 무고한 알프레드 드레퓌스의 무죄 여부를 놓고 가톨릭교회와 군부를 포함한 보수 세력과 진보 세력이 충돌한 사건을 말한다. 1896년에 시작되어 1906년에 종결되었다.

는 공개 서한을 떠올리게 하지만, 그것과는 비교도 되지 않을 정도로 압도적이고 요란하고 과감하다.

그 장은 이렇게 시작한다.

"나는 기독교를 비난한다. 나는 지금까지 언어로 표현된 그 어떤 비난보다도 더 끔찍한 내용으로 기독교를 비난한다. 나에게 기독교는 상상 가능한 부패 중에서 가장 악랄한 부패이다. … 기독교가 사악한 행위로 건드리지 않고 가만 내버려 둔 것은 하나도 없다. 기독교는 모든 가치 있는 것을 무가치한 것으로 만들고, 모든 진리를 거짓말로 만들고, 솔직하고 건강하고 정직한 모든 것을 죄로 만들었다. 누구든 나에게 기독교의 인도주의적인 축복에 대해 과감히 말해 보라! 고통과 고뇌를 없애는 것은 기독교의 원칙과 정반대다. 기독교는 고통과 고뇌를 먹으며 살고 있다. 기독교는 스스로를 영구화하기 위해 고통과 고뇌를 창조했다. 기독교는 원죄라는 개념을 발명했다. 기독교는 '모든 영혼은 신 앞에서 평등하다'는 사상을 발명했다. 이 사상은 쓸모없고 비열한 인간들의 모든 원한을 감싸고 있다. … 기독교는 인간이 스스로를 유린하게 하는 기술을 만들어냈다. 말하자면, 인간이 선하고 깨끗한 본능들을 혐오하고 경멸하도록 이끌었다는 뜻이다. … 기독교의 관행은 기생(寄生)이다. 기독교는 고결이라는, 빈혈 증세를 보이는 이상을 갖고 훌륭한 붉은 피와 사랑과 생에 대한 희망을 모조리 깨부수고 있다. 기독교는 '내세'를 모든 현실의 부정으로 내세우고 있다. 십자가는 건강과 아름다움, 행복, 용기, 지성, 선의(善意) 등을 해칠, 그러니까 생명

164

자체를 해칠 음모를 꾸미려고 사람들을 집결시키는 기둥이다. …

이 영원한 비난을 나는 모든 벽에 적을 것이다. 나는 기독교를 하나의 끔찍한 저주라고, 하나의 본질적인 사악이라고 부른다. … 이 같은 사악에는 그 어떤 방편도 충분히 독할 수 없으며, 비밀스럽지도 않고, 은밀하지도 않으며, 야비하지도 않다. 나는 기독교를 인간 종족에 가해진 불멸의 수치이자 오점이라고 부른다!"[30]

니체가 자신의 주장을 마무리하는 대목에서 쏟아내는 요란스런 외침은 이 정도로 충분하다. 그의 주장 자체를 놓고 보면, 기독교에 대한 비난은 두 가지 중요한 사항으로 압축된다. 첫 번째 사항은 기독교가 기본적으로 진실하지 않고 불합리하다는 비난이고, 두 번째 사항은 기독교가 인간들을 타락시키고 있다는 이론이다.

두 가지 사항 중 첫 번째는 종교의 역사를 공부하는 학생들에게 낯설지 않다. 그것은 자신의 옷을 잡아 찢으며 "우리가 어찌 더 증인을 요구하겠는가? 그대들이 신성 모독의 말을 들었도다."[31]라고 외친 그 대제사장에 의해 처음 표현되었다. 그것은 개종자들을 사자들에게로 던진 로마인들에 의해 다시 제기되었으며, 중세라는 긴 침묵이 흐른 뒤에 볼테르(Voltaire)와 흄(David Hume), 백과전서파, 페인(Thomas Paine)에 의해 또 다시 제기되었다.

철학자들과, 다윈에서 정점을 찍은 과학자들이 형이상학자들의 초월적인 난센스로부터 이성을 영원히 구한 뒤에, 헉슬리가 무

30   '적그리스도' 중에서.
31   '마가 복음' 14장 63-64절.

서운 무기를 갖고 전면으로 나섰다. 이어 그때까지도 기독교는 역사적 진리라고 주장하던 사람들, 예를 들면 글래드스턴(William Gladstone) 같은 사람들이 완전히 쓰러졌다. 다비드 슈트라우스와 레싱(Gotthold Lessing), 아이크혼(Johann Gottfried Eichhorn), 미카엘리스(Johann David Michaelis), 바우어(Bruno Bauer), 마이어(Meyer), 리츨(Albrecht Ritschl)[32], 플라이더러 등이 그 합창에 동참했으며, 니체가 어릴 때 이미 그 전투는 실질적으로 그들의 승리로 끝난 상태였다. 1880년에 이미 합리적인 사람이라면 돼지 안에 악마들이 들어 있다는 말을 믿지 않는 상황에 이르렀으며, 육체적 부활을 부정하면서도 존경 받는 사회 안에서 지위를 지키는 것이 가능했다. 오늘날 복음의 내용을 글자 그대로 믿는 것은 교회의 반동주의자들과 교수형을 앞둔 독실한 남녀 늙은이들뿐이다.

따라서 니체는 기독교의 역사적 진실을 조사하느라 많은 시간을 보낼 필요가 없었다. 그는 헉슬리처럼 부활을 목격한 사람이 미신에 빠져 지내던 농민과 분별력 떨어지는 여자들뿐이었다는 점을 증명하려 들지 않았다. 또 그는 헉슬리처럼 그리스도가 죽기 전에 십자가에서 내려졌다는 것을 보여주려 들지도 않았다.

니체는 그런 온갖 탐구에 지대한 관심을 가졌지만, 그는 최종적으로 그들이 수많은 문제들을 풀지 않은 채 그대로 남겨 두었다는 사실을 확인했다. 풀지 않은 이 문제들을 해결하는 것이 바로 그가 스스로 떠안은 임무였다.

32 니체의 스승 리츨과는 다른 인물이다.

그만의 독특한 방법으로 터널을 뚫듯 기독교의 토대를 파고들면서, 그는 기독교가 모순과 불합리에 근거하고 있다는 점을, 기독교의 교리가 비논리적이고 기독교의 가르침은 옳은 방향으로 작동하지 않는다는 점을, 또 기독교의 중요한 원칙들은 정상적인 인간 정신이 기본적으로 상상할 수 없는 주장들을 수용한다는 것을 전제로 하고 있다는 점을 증명하려고 노력했다. 이런 식으로 터널을 뚫듯 깊이 파고드는 작업이 『인간적인, 너무나 인간적인』에서 니체의 에너지를 많이 소진시켰으며, 그는 『적그리스도』보다 앞에 나온 다른 모든 책에서도 거듭 그런 작업으로 돌아갔다. 그의 작업 방식을 가장 쉽게 전할 수 있는 방법은 몇 가지 예를 구체적으로 제시하는 것이다.

예를 들면, 기도는 기독교 숭배에서 대단히 중요한 특징이며, 기도가 전혀 수반되지 않는 형식의 숭배는 반드시 비기독교적일 것이다. 하지만 기도는 무슨 이론에 근거하는가? 이 문제를 입체적으로 조사해 본 사람은 기도가 두 가지 가정을 전제할 때에만 합리적이라는 결론에 도달할 것이다. 첫 번째 가정은 무오류인 신의 의지와 의견을 변화시키는 것이 가능하다는 것이고, 두 번째 가정은 기도하는 사람이 자신이 필요로 하는 것을 스스로 판단할 수 있다는 것이다.

지금 기독교는 주요 교리 중 하나로, 신은 전지하다고 주장하고 있으며, 또 다른 근본적인 가르침으로, 인간은 천상의 도움 없이는 절대로 자신의 문제를 해결하지 못한다고 주장하고 있다. 말하자면, 신이 어떤 특정한 인간에게 가장 바람직한 것이 무엇인지를 인간 본인보다 반드시 더 잘 알고 있다는 것이 기독교의 기본적인 주장이다. 그러므로 기독교는 기도를 하나의 원칙으로 정함으로써, 영적 교감에 포함되는 조건으로 스스로 쓸모없는 것으로 여기고 있는 행위를 하라고 신자들에게 명령하고 있다. 이 같은 모순은 인간의 지능에 이해될 수 있는 언어로는 도무지 설명이 되지 않는다고 니체는 주장한다.

또 기독교는 인간이 단순히 신의 의지의 창조물에 지나지 않는다는 입장을 보임과 동시에 각 개인은 행동에 따라 심판을 받고 처벌을 받는다고 주장하고 있다. 바꿔 말하면, 기독교는 인간의 한쪽 어깨에 자유 의지를 얹고 다른 쪽 어깨에 결정론을 얹으려고 노력하고 있으며, 기독교의 박사와 현자들은 둘 중 어느 것을 포기할 것인지를 놓고 끝없이 고민함으로써 스스로 그 모순을 인정하고 있다는 점을 보여주었다.

이 모순은 유대교의 유산이며, 이슬람도 마찬가지로 그 유산으로 힘들어 하고 있다. 예정설이나 운명론 등 다양한 이름으로 결정론을 받아들임으로써 그 문제를 제거하려 시도했던 종파들은 부조리나 독단론의 절망적인 늪에 빠져들게 되었다. 예를 들면, 장로교의 기본 원칙은 "신의 뜻에 의해, 신의 영광을 나타내기 위해서, 일부 인간들과 천사들은 영원한 생명을 누리도록 예정되어 있고, 다른 인간들과 천사들은 영원한 죽음을 맞도록 운명이 정해져 있다. … 이때 양쪽 집단의 신앙이나 선행, 인내 또는 다른 사항들에 대한 고려는 전혀 이뤄지지 않는다."는 것이다. 바꿔 말하면, 어떤 사람은 예수 그리스도의 발자국을 따르려고 대단히 열심히 노력해도 지옥에 갈 수 있고, 또 어떤 사람은 불경스럽게 죄를 아무리 많이 저질러도 천국에 갈 수 있다는 뜻이다. 그런 믿음이 모든 종교와 신앙과 도덕을 부조리하게 만드는 것이 분명하다. 그런 믿음은 또 합리적으로 판단하는 존재에게 근본적으로 터무니없는 소리로 들릴 것이 틀림없다.

니체는 본격적인 활동을 벌인 첫 번째 시기 동안에 그런 식으로 기독교 사상을 면밀히 조사하는 데 아주 많은 시간을 바쳤으며, 영국과 독일의 석학들이 전개한 역사 연구를 보완하는 노력도 많이 기울였다. 이 석학들은 기독교의 허구와 기만을 인정사정없이 조사함으로써 오늘날 고등 비평이라는 이름으로 불리는 그런 비평의 막을 연 장본인들이다.

그러나 니체의 주된 기여는 역사 비평의 영역도 아니고 교리에 대한 비판의 영역도 아니었다. 만년에 가까워지면서, 니체는 성경에 기록된 내용을 조사하는 일은 자기보다 틀림없이 준비가 더 잘되어 있을 고고학자와 역사학자들의 몫으로 넘겼고, 기독교 논리의 모순과 부조리를 드러내는 작업은 논리학자들에게로 넘겼다. 이후로 그의 작업은 그를 한 걸음 더 아래로 이끌었으며, 그는 최종적으로 그 주제의 맨 밑바닥에 닿을 수 있었다.

그 문제에 대한 신학자들의 대답은 이랬다. 설령 기적과 복음, 그리스도의 신성과 실제 인간으로서의 그리스도의 존재를 부정한다

하더라도, 기독교 자체가 기독교가 존재할 충분한 이유가 된다는 점을, 또 기독교가 세상을 보다 나은 곳으로 가꾸었다는 점을, 기독교가 인간들이 살다 죽은 뒤 보다 높은 곳으로 올라갈 수 있는 삶의 계획을 제공했다는 점을 인정해야 한다는 것이었다. 이 같은 대답은 한동안 불가지론자들을 비틀거리게 만들었으며, 헉슬리도 분명히 그것을 반박하기가 어렵다는 확신을 거의 가질 뻔 했다. 그러나 그런 식의 대답은 니체로 하여금 그 전 어느 때보다 더 확신에 찬 모습으로 원형 경기장으로 뛰어들도록 만들었을 뿐이다.

니체는 이렇게 말했다.

"좋아. 끝까지 논쟁을 벌여보자. 당신은 기독교가 세상을 더 나은 곳으로 가꾸었다고 생각한다고? 나는 기독교가 세상을 더 나쁜 곳으로 만들었다고 생각해! 당신은 기독교가 인간에게 위안을 주고 위로 끌어올리고 있다고 생각한다고? 나는 기독교가 잔인하게 인간을 쇠퇴시키고 있다고 생각해! 당신은 기독교가 인류가 지금까지 발명한 종교들 중에서 최고의 종교라고 생각한다고? 나는 기독교가 가장 위험한 종교라고 생각해!"

이런 식으로 전투의 기준을 제시한 뒤, 니체는 타타르족 전사처럼 싸우기 위해 앞으로 나아갔으며, 그가 꽤 오랫동안 반대자들의 맹공격을 거의 아무런 도움을 받지 않는 상태에서 홀로 감당하고 있었다고 말해도 무방하다. 세상은 기독교의 초자연력에 대한 믿음을 포기할 준비가 되어 있었고, 일찍이 1880년대 초부터 영국 국교회의 고위 인사들은 그 늪에서 빠져 나오기 시작했다. 그러나 경건주의자들은 여전히 기독교가 문명의 가장 아름다운 꽃으로 남아 있다고, 또 기독교가 항상 존재하는 인간의 결핍을 충족시키고 인간을 보다 훌륭한 존재로 만들었다고 주장했다.

이런 주장을 부정하는 데는 특별한 종류의 용기가 필요했다. 말하자면, 교회의 비난과 파문뿐만 아니라 소위 고상한 인간들의 거의 자동적인 반대까지 기꺼이 직면하려 드는 그런 용기 말이다. 니체는 다른 방향으로 결함이 있을지는 몰라도 확신에는 절대로 부족함이 없었다. 그래서 그는 『적그리스도』를 쓰면서 부정의 뜻을 상상하기 어려울 만큼 비타협적으로, 우레와 같은 목소리로 전했다. 중세의 어떤 주교도 그보다 더 무서운 저주를 선언하지 않았다. 그 어떤 개혁가도 법을 그보다 더 격한 웅변조로 무너뜨리지 않았다. 『적그리스도』는 니체가 쓴 책 중에서 가장 짧지만 모든 점에서 가장 강력하다. 알레그로(빠르게)로 시작하면서, 그 책은 포르테(강하게)에서 크레셴도(점점 세게)로 거침없이 나아간다. 문장들은 이탤릭체와 대시, 별표로 미로를 이루고 있다. 소리를 지르거나 팔을 휘두르지 않고는 큰 소리로 읽지 못하는 것이 바로 독일어다.

기독교는 세상이 지금까지 알았던 노예 도덕 중에서 가장 위험한 체계라고 니체는 말한다.

"기독교는 가장 높은 유형의 인간을 상대로 치명적인 전쟁을 벌였다. 기독교는 그런 인간의 근본적인 모든 본능들에 대해 금지령을 내렸다. 기독교는 이런 본능들에서 악을 제거해 버렸다. 기독교는 강하고 유능한 인간을 기독교의 전형인 쇠락한 인간으로 만들어 버렸다. 기독교는 허약하고 낮은 자들의 편에 섰으며, 생명과 행복을 보존하는 경향이 있는 본능들에 반대하는 입장에서 어떤 이상을 만들어냈다. … 기독교는 인간들에게 가장 고귀한 충동들을 죄스런 것으로, 말하자면 유혹으로 여기라고 가르쳤다."[33]

한마디로 말해, 기독교는 인간으로부터 생명체들이 생존 투쟁에서 살아남는 데 필요한 자질들을 강탈하는 경향을 보이고 있다.

앞으로 보게 되겠지만, 문명은 이런 생존 투쟁을 약화시키고 심지어 거기에 반대한다. 그럼에도, 문명은 언제, 어떤 조건에서나 진행 중이다. 예를 들면, 매년 세상에 태어나는 인간들의 3분의 1이 5세가 되기 전에 죽는다는 것을 모두가 알고 있다. 이유는 그 아이들이 어떤 방향으로든 다른 3분의 2에 비해 이 땅의 삶의 조건을 감당할 준비가 덜 되어 있다는 사실에 있다. 소아 콜레라균은 인간 종족에게 하나의 적이며, 그 균은 지구상에 생존하는 한 모든 활동을 인간 유아들을 공격해서 파괴하는 일에 집중할 것이다. 일부 아기는 콜레라에 걸려도 낫는 반면에, 일부 아기는 콜레라에 걸려 죽는다. 이것은 단지 전자의 아기들이 병균의 공격에 저항할 수 있는 능력을 갖고 태어났거나 인위적으로 그런 능력을 부여 받은 덕분에 생존할 확률이 높고, 후자의 아기들이 이런 저항력을 갖추지 않은 탓에 생존에 부적절하다고 말하는 또 다른 방법에 지나지 않는다.

지구 위의 모든 삶은 생명을 위협하는 적들과의 투쟁에 불과하다. 병균도 그런 적이고, 추위도 그런 적이며, 식량 부족도 그런 적

33　'적그리스도' 중에서.

이다. 그 외의 다른 적들을 꼽는다면, 물 부족과 자연법칙에 대한 무지, 무장한 적들, 불충분한 육체적 힘 등이 있다. 자신이 원하는 음식을 모두 구함으로써 자신의 신체를 병원균과의 전투에서 이길 수 있을 만큼 충분히 강하게 가꿀 수 있는 사람, 마실 것을 충분히 구할 수 있는 사람, 비바람을 피할 주거지를 가진 사람, 다른 인간들의 욕망에 맞서 스스로를 보호할 수단을 고안한 사람, 갈망하는 사람, 자신이 획득한 것 중 일부를 자기 자신을 위해서 지키는 사람. 이런 사람은 그런 것들을 전혀 갖추고 있지 않은 사람보다 살아갈 준비를 더 잘 갖추고 있는 것이 틀림없는 사실이다. 그는 순수하게 육체적인 의미에서 살아남기에 훨씬 더 적절하다. 이유는 그의 육체가 영양을 공급받고 보호를 받고 있기 때문이다. 또 그는 행복을 누릴 준비도 훨씬 더 잘 되어 있다. 이유는 그가 원하는 것 대부분이 충족되고 있기 때문이다.

니체는 기독교가 인간이 생존 투쟁에서 개인적 생존을 확보하기 위한 노력을 전혀 펴지 않도록 이끌고 있다고 주장한다. 진복팔단이 기독교인에게 그런 식으로 생존 투쟁에 적극적으로 나설 것이 아니라 자신의 에너지를 타인들을 돕는 일에 쏟고 자기 자신은 전혀 고려하지 말 것을 요구하고 있다고 니체는 말한다. 기독교인은 자신을 평균적인 무리들 위로 높이 끌어올림으로써 자신과 자신의 아이들의 생존 가능성을 높일 것이 아니라 평균적인 인간을 위로 끌어올려야 한다. 이젠 기독교인이 다른 누군가를 위로 끌어올릴 때마다 자신의 창고를 줄여야 한다는 것이 분명해졌다. 왜냐하면 기독교인의 창고가 그가 뭔가를 끌어낼 수 있는 유일한 원천이기 때문이다.

그러므로 겸손이라는 기독교 철학은 인간들이 생존 가능성을 자발적으로 포기하도록 만드는 경향이 있다. 그 생존 가능성이야말로 곧 그들의 능력을 의미하고, 그들의 "증대된 권력 감각"을 의미하고, 그들의 행복을 의미하는데도 말이다. 이런 자연스런 행복의 대체물로, 기독교는 신이 스스로를 희생시키는 사람을 도와 예전의 우월성을 되찾게 해 줄 것이라는 믿음에 따른 행복을 제시하고 있다.

그 같은 믿음은 현실 속에서 알려진 사실들의 뒷받침을 받지 못하고 있다. 마녀에 대한 옛날의 믿음이 알려진 사실들의 뒷받침을 받지 못하는 것과 똑같다. 그 믿음은 실제로 모든 인간 경험에 의해서 완전히 터무니없는 것으로 증명되고 있다.

니체는 이렇게 말한다.

"동물이나 인간 종(種)이나 개인이 본능을 잃고 자신에게 해로운 것을 선택하고 선호할 때, 나는 그런 동물이나 인간 종이나 개인을 두고 타락했다고 말한다. … 생명 자체는 성장과 지속, 힘들의 축적, 권력을 추구하려는 본능이다. 권력 의지가 부족한 곳에 쇠퇴가 있다."[34]

기독교는 황금률, 그러니까 신앙의 초석부터 권력 의지에 정면으로 반대하고 있다고 니체는 말한다. 동료 인간들보다 우월해지려

34 '적그리스도' 중에서.

는 노력을 자신이 동료들에게 기꺼이 허용할 수 있는 행동으로 국한시키는 사람은 우월해지려는 노력을 완전히 포기하고 있는 것이나 다름없다. 달리 표현하면, 사람은 세상의 다른 모든 사람들을 자기보다 열등한 존재로 만들지 않고는 자신의 종족보다 우수한 존재가 절대로 되지 못한다.

지금 그 사람이 기독교의 황금률을 따르고 있다면, 그것은 곧 그가 자신을 탁월하게 만들려는 노력을 완전히 포기한다는 것을 의미한다. 왜냐하면 그런 노력을 포기하지 않을 경우에 그가 다른 인간들이 점점 열등해지는 모습을 보는 고통으로 인해 늘 힘들어할 것이기 때문이다. 황금률이 그에게 이 다른 인간들의 관점을 취할 것을 요구하고 있으니 말이다.

따라서 그의 활동은 두 가지 중 하나의 한 상태로 제한될 것이다. 완벽하게 정지한 상태로 멈춰 있거나 의도적으로 자신을 열등하게 만들게 된다는 뜻이다. 첫 번째 상태는 불가능하지만, 니체는 두 번째 상태는 불가능하지 않다는 점을, 실은 그것이 기독교의 근본적인 교리가 명령하는 동정 행위를 묘사하는 또 다른 방법에 불과하다는 점을 보여주고 있다.

동정은 단순히 강한 인간이 자신의 힘 일부를 약한 자에게 포기하는 것일 뿐이라고 니체는 말한다. 강한 인간은 동정에 의해 약해지는 것이 분명하지만, 약한 인간은 대부분 아주 조금 강화되는 데서 그친다. 만약 당신이 교수형이 집행되는 현장에 갔다가 사형당한 사람에게 동정을 느낀다면, 그 신사에게 아무런 도움을 주지 못하는 상태에서 당신의 정신적 고통이 당신의 정신과 육체를 눈에 띌 정도로 약화시킬 게 틀림없다. 그것은 다른 강력한 감정들이 에너지를 소모시킴으로써 당신의 정신과 육체를 약화시키는 것과 똑같다. 그러면 당신은 약해진 그 만큼 생명을 위한 투쟁에서 불리하게 될 것이다.

이를 뒷받침할 증거가 한 시간 뒤에 실제로 나타날 수도 있다. 당신이 몸과 정신 상태가 완벽했더라면 충분히 제압할 수 있었을 강도에게 크게 당하거나 심지어 목숨까지 잃을 수도 있는 것이다. 아니면 당신이 정상적인 조건이었더라면 적수가 되었을 어떤 경제적 라이벌에게 돈을 잃을 수도 있는 것이다. 그런 때도 당신은 그런 약화를 뒷받침할 증거를 전혀 보지 못할 수 있다. 그러나 당신의 생체는 상당히 약해졌을 것이며, 어느 시점에, 아마 임종의 자리에 누운 상태에서, 그 같은 미세한 힘의 소모가 일으킨 효과가 분명히 드러날 것이다. 물론, 당신은 그 같은 사실을 절대로 알아차릴 수 없겠지만 말이다.

니체는 이렇게 말한다.

"동정은 인간의 에너지를 고양시키고 능력과 권력의 느낌을 증대시키는 열정과 정반대다. 동정은 일종의 억제제이다. 사람은 동정함으로써 힘을 잃으며, 다른 수단, 예를 들어 개인적 고통으로 인해 일어난 힘의 상실은 동정에 의해 더욱 심화된다. 고통 자체가 동정을 통해 전염성을 띠게 되며, 어떤 상황에서 동정은 생명의 완전한 상실로 이어질 수도 있다. 만약 그런 상실을 뒷받침한 증거를 보길 원한다면, 예수 그리스도의 예를 고려하도록 하라. 동료 인간들에 대한 동정이 결국 그를 십자가로 이끌지 않았는가.

다시, 동정은 발달의 법칙을, 진화의 법칙을, 적자생존의 법칙을 방해한다. 동정은 멸종할 가능성이 큰 존재를 보존한다. 동정은 체질적으로 부실한 많은 사람들이 생명을 지키도록 함으로써 생명 자체에 우울한 양상을 부여한다. … 동정은 불행을 증식시키는 요소이자 불행을 보존하는 요소이다. 동정은 쇠퇴가 깊어지게 하는 최고의 도구이다. 동정은 무(無)로, 생명의 바탕에 있는 모든 본능의 부정으로 이끈다. … 그러나 사람은 그것을 '무'라고 부르지 않고, '내세'나 '더 나은 생'이라고 부른다. … 종교와 도덕의 공상적인 영역에서 나온 이런 순진한 수사(修辭)는 거기에 숨겨진 경향이 드러나는 순간 순진함과 거리가 아주 먼 것으로 확인된다. 그 경향은 바로 생명에 적대적인 경향이다."[35]

앞의 내용은 니체가 비타협적인 생물학적 일원론자였다는 점을 분명히 보여주고 있다. 말하자면, 인간은 발달을 더 많이 이룬 덕분에 다른 모든 동물들보다 우월하게 되었지만, 어쨌든 인간도 다른 동물들처럼 하나의 동물에 불과하고, 또 인간들 사이에 벌어지는 생존 투쟁은 정글 속의 사자들이나 바다 밑 진흙 속의 단세포 동물들 사이에 벌어지는 생존 투쟁과 똑같고, 자연 선택의 법칙은 정신이든 물질이든 생기 넘치는 자연 속의 모든 것을 똑같이 지배한다는 것이 니체의 믿음이었다. 정말로, 이 학파의 현대적 일원론자들

35 '적그리스도' 중에서.

중에서 니체가 선구자 역할을 했다고 해도 과언이 아니다. 왜냐하면 그가 모든 진화론자들이 사실상 형태학적 보편성이라는 원칙에 의문을 제기하던 때에 그 원칙을 언급하며 옹호했고, 에른스트 헤켈(Ernst Haeckel)이 『일원론』(Monism)과 『우주의 수수께끼』(The Riddle of the Universe)를 쓰기 몇 년 전에 그 원칙의 진리를 꽤 증명했기 때문이다.

이 모든 것을 이해하려면, 다윈과 자연선택의 법칙에 관한 그의 첫 번째 진술로 돌아갈 필요가 있다. 다윈은 『종의 기원』(The Origin of the Species)에서 살아 있는 생명체들은 종을 불문하고 생존할 수 있는 것보다 훨씬 더 많은 개체를 매년 세상에 태어나게 한다는 사실을 증명했다. 이 개체들 중에서 존재의 조건을 충족시키는 데 가장 적합한 개체들은 계속 살아남을 것이고, 존재의 조건을 충족시키는 능력이 가장 뒤떨어진 개체들은 죽을 것이다. 그 결과, 유전의 영향에 의해서 생존자들은 적자의 비중이 더 큰 새로운 세대가 생겨나도록 한다. 이것이 더 많은 숫자가 생존하도록 할 것으로 생각되지만, 이 땅 위의 먹이와 몸을 숨길 공간이 제한적인 한 언제나 많은 수가 죽어야 한다. 그러나 그 사이에, 2분의 1 혹은 3분의 1, 아니면 어떤 비율이든 실제로 생존하는 개체들은 더욱더 적응력이 뛰어나게 된다. 그 결과, 종은 세대가 내려갈수록 삶의 변화에 적응력이 더욱 뛰어나거나, 생물학자들이 말하듯이, 환경에 더 잘 적응하는 경향을 보이게 된다.

다윈은 이 법칙이 모든 하등 동물들에게 그대로 적용된다는 사실을 증명했으며, 그는 하등 원숭이에서 사람을 닮은 원숭이로 진화한 것도 이 법칙 때문이었다는 것을, 또 이론적으로 보면 사람을 닮은 원숭이에서 사람으로 진화 가능하다는 것도 이 법칙으로 설명된다는 점을 보여주었다. 그러나 『인간의 후예』(The Descent of Man)에서 다윈은 인간이 지적인 존재가 되었을 때 자연선택의 법칙이 중지했다고 주장했다. 그 후로는 인간의 노력이 자연의 노력에 맞서며 작용했다는 것이다. 문명이 인간 종족 중에서 적응을 제대로 하지 못하는 구성원들을 죽도록 내버려두지 않고 보호하고 지키기 시작했다는 뜻이다. 그 결과, 살아 있는 모든 존재들을 더욱 튼튼하게 만드는 자연의 경향이 인간의 확신, 그러니까 단순한 튼튼함이 가장 바람직한 요소가 아니라는 확신에 밀려나면서 무시당하게 되었다.

이를 바탕으로, 다윈은 이런 식의 주장을 폈다. 만약에 인간의 두 부족이 서로 나란히 살고 있는데 그 중 하나는 환경에 제대로 적응하지 못하는 개인이 죽도록 내버려두는 반면에 다른 부족에는 "언제나 서로 위험에 대해 경고하고 서로 돕고 지켜주려는, 용감하고 동정적이고 헌신적인 개인들이 많다면", 후자의 부족이 자연의 법칙을 부정하려는 노력을 공동으로 폄에도 불구하고 가장 큰 발전을 이루게 된다는 것이다.

다윈의 신봉자들은 이 측면에서 다윈의 의견에 동의했으며, 신봉자들 중 일부는 더 나아가 문명은 그 본질을 따지면 이런 종류의 성공적인 도전에 불과하다고 단정했다. 허버트 스펜서는 그런 식의 접근에 따라 생겨난 혼란에 크게 당황했으며, 어느 비평가가 표현하고 있듯이, 스펜서 사상의 전체 경향은 "진화주의(evolutionarism)[36]가 인간의 존재에 미칠 논리적 결과를 피하거나 가리는 방법은 무엇인가, 하는 질문에 고무 받은 것처럼" 보인다.

또 다른 다윈 추종자인 존 피스크(John Fiske)는 그런 불편한 의문을 품지 않은 가운데 그 상황을 그냥 받아들였다. 그는 "인간이 진화하기 시작했을 때, 우주의 역사에서 완전히 새로운 장이 열렸다. 이제부터는 막 생기려 하고 있던 영혼의 생명이 가장 중요하게 되었으며, 육체적 생명은 영혼의 생명에 종속되게 되었다."고 말했다. 헉슬리까지도 인간은 자연선택의 법칙의 작용으로부터 예외적으로 배제되었을 것이라고 믿었다. 그는 "사회의 윤리적 진보는 우주적 과정을 모방하거나 우주적 과정에서 벗어나는 데에 달려 있는 것이 아니라, 우주적 과정과 맞서 싸우는 데에 달려 있다."고 말했다. 그는 인간이 자연에 대항하는 것을 무모한 짓으로 보았지만, 그는 인간은 그런 시도를 할 만큼 충분히 중요한 존재라고 생각함과 동시에 "그런 모험이 어느 정도 성공을 거둘 것"이라고 내다보았다. 다른 다윈 지지자들도 그의 의견에 동의했다.

최고의 철학 비평가들이 모두 지적했듯이, 그런 중대한 모순을 인정하는 철학 체계는 어떤 것이든 우주의 질서 기준을 적절히 제시할 수 없으며, 따라서 철학의 첫 번째 목표를 절대로 성취하지 못

36　찰스 다윈의 진화론과는 다른 개념이다. 유기체는 유전적으로 물려받는 점진적인 변화를 통해서 스스로를 향상시킨다는 믿음을 말한다.

한다. 우리는 그 학자들처럼 지성적인 어떤 존재가 우주를 지배한다고 믿든가, 아니면 헤켈처럼 만물은 불변하는 자연의 법칙을 따르고 있다고 믿어야 한다. 둘 다를 믿을 수는 없다.

1890년대가 시작할 즈음에, 아주 많은 사람들이 다윈의 인간 진보 사상에서 이 치명적인 결함을 눈치 채기 시작했다. 그들 중 한 사람이 1891년에 다윈의 사상이 불가피하게 끌어내게 될 결론을 지적했다. 만약에 우리가 인간이 자연선택의 법칙을 무시했다는 점을 인정한다면, 문명이 인간 종을 보존하려는 자연의 노력에 해롭게 작용하고 있었다는 점을, 따라서 결국엔 인간이 사라지고 말 것이라는 점을 인정해야 한다고 그는 주장했다.

보다 간단하게 표현한다면, 인간은 자연선택의 법칙을 자기 마음대로 무시할 수는 있어도 절대로 그것을 파괴하지는 못한다. 조만간 인간은 자신이 토끼와 벌레 같은 한 마리의 동물로 남게 되었다는 사실을, 그리고 육체가 힘과 생기를 완전히 결여한 물건 같은 것으로 쇠퇴하는 경우에 그 어떤 지능도 그런 육체를 구하지 못한다는 사실을 깨닫게 될 것이다.

니체는 이 모든 것을 일찍이 1877년에 두루 보았다. 그는 기독교로 대표되는, 오늘날 문명으로 여겨지고 있는 것이 자연선택의 법칙을 부정하고 방해하려고 노력하고 있는 것을 보았으며, 그는 그 결과가 재앙으로 나타날 것이라고 결론을 내렸다. 기독교가 강한 자들에게 힘의 일부를 약한 자들에게 넘겨줄 것을 명령했으며, 따라서 기독교가 전체 인간 종족을 약화시키는 경향을 갖고 있다는 것이 그의 결론이었다.

자기 자신을 희생시키는 것은 자연에 공개적으로 반항하는 것이며, 기독교의 다른 미덕들도 정도만 다를 뿐 모두가 자연에 반하고 있다고 그는 지적했다. 그러면서 그는 더 늦기 전에 인간은 기독교를 "상상 가능한 부패 중에서 가장 심각한 것"으로 여겨 거부해야 한다고 주장했다. 아울러 그는 자연선택의 법칙이 보편적이라는 점을, 진정한 진보를 이루는 유일한 길은 자연선택의 법칙에 순응하는 것이라는 점을 전적으로 인정할 것을 제안했다.

여기서 니체가 인간이 그렇게 오랫동안 생존해 왔다는 사실에 대해 어떻게 설명하는가, 라는 질문이 제기될 수 있다. 인간들의 과반은 여전히 육체적으로 건강하고, 인간 종은 대체로 꽤 활발하다는 사실을 니체가 어떻게 보고 있는지 궁금해지는 것이다. 니체는 이에 대해 두 가지 방법으로 대답했다.

첫째, 그는 인간 종이 옛날의 활력을 고스란히 간직하고 있다는 점을 부정했다. 그는 "현재의 유럽인들은 르네상스 시대의 유럽인들보다 훨씬 뒤처진다."고 말했다. 1880년의 평균적인 독일인이 매머드가 살던 시대에 작센의 저지(低地)를 떠돌던 "금발의 야수"만큼 강하고 건강하다는, 즉 환경에 잘 적응되어 있다는 주장은 터무니없다고 그는 지적했다. 현대 문명의 최고의 산물인 도시 거주자가 건강의 법칙을 최대한 따르면서 삶을 사는 똑똑한 농부만큼, 건강한 아이들의 아버지가 될 능력을 갖추었다고 주장하는 것도 똑같이 터무니없을 것이다.

니체의 두 번째 대답은 기독교가 하나의 행동 이론으로서 지배적임에도 불구하고 그것을 실제로 실천한 사람이 드물기 때문에 인간이 완전한 쇠퇴와 파괴를 피했다는 것이었다. 그리스도의 가르침을 엄격히 따랐던 사람을 단 한 명 발견하는 것도 거의 불가능에 가깝다고 그는 말했다. 많은 사람들이 그리스도의 가르침을 실천하고 있다고 생각했지만, 모두가 부분적으로만 따랐을 뿐이다.

　절대적인 기독교는 자기 자신을 절대적으로 무시하는 것을 의미했다. 이 같은 정신 상태에 도달한 사람은 돈이 되는 직업을 추구할 수 없을 것이고, 그래서 자신의 생명이나 자식들의 생명을 지키는 일이 거의 불가능하다는 사실을 깨달았을 것이 분명하다. 한마디로 요약하면, 오늘날 완전한 기독교인은 그리스도가 죽은 것과 똑같이 죽어갈 것이며, 그렇게 함으로써 기독교인은 자신의 운명을 통해서 기독교에 불리한 결정적인 증거를 제공할 것이라고 니체는 말했다.

　니체는 더 나아가 인간 종족의 보존에 이로운 모든 것은 기독교의 이상과 정반대라는 점을 지적했다. 그래서 기독교는 과학의 적이 되고 있다. 인간은 가만히 앉아 있고 신이 지배하도록 해야 한다는 것이 기독교의 주장인 반면에, 과학은 인간이 가혹한 운명에 맞서 전투를 벌여 그것을 극복하고 스스로 강해지도록 노력해야 한다고 주장한다. 따라서 모든 과학은 당연히 비기독교적이다. 이유는 과학의 목적과 노력이 최종적으로 인간을 에너지의 상실과 죽음에 맞서도록 무장시킴으로써 자립적인 존재로, 또 신의 비위를 맞추는 어떤 의무에도 신경을 쓰지 않는 그런 존재로 만드는 것이기 때문이다.

기독교와 진리 탐구 사이에 이 같은 반목이 존재한다는 것은 현실 속에서 거듭 드러났다. 기독교 시대가 시작된 이후로, 교회는 모든 과학의 끔찍한 적이 되었다. 이 적의(敵意)는 성직 계급의 모든 구성원들의 어떤 깨달음에서, 말하자면 인간은 아는 것이 많아질수록 자신의 노력에 더 많이 의지하게 되고 높은 곳에 도움을 청하는 예가 줄어들게 된다는 깨달음에서 비롯되었다.

신앙의 시대에 사람들은 몸이 아프면 성인들에게 기도를 올렸다. 그러나 오늘날 사람들은 의사를 부른다. 신앙의 시대에, 전투는 기도로 시작되었으며, 그럴 때면 양측이 똑같은 신에게 기도하는 괴상한 장면이 연출되었다. 오늘날 모든 건전한 사람은 가장 현명한 장군과 가장 큰 군대가 승리를 거두게 된다는 사실을 잘 알고 있다.

따라서 니체는 첫째, 기독교(자기희생을 토대로 삼고 있는 다른 윤리 체계도 마찬가지다)가 자연선택의 법칙에 반대함으로써 인간 종을 더욱 약하게 만드는 경향이 있다는 점을, 둘째, 인간들의 과반은 의식적으로든 무의식적으로든 이 같은 사실을 잘 알기 때문에 완전한 기독교인이 되려는 노력을 전혀 하지 않는다는 점을 보여주었다. 만약 기독교가 보편적인 것이 되고, 세상의 모든 인간이 일상의 모든 관계에서 그리스도의 가르침을 따랐다면, 인간 종은 한 세대 만에 사라지고 말았을 것이라는 게 니체의 주장이다. 이것이 진리이고, 아직 아무도 그 주장에 성공적으로 반박하지 못하고 있는 것이 확인되고 있기 때문에, 기독교의 가르침과 정반대의 가르침이 가능해진다. 인간 종은 자기희생 사상을 철저히 포기하고 자연선택의 법칙을 따르는 것이 가장 유익하다는 가르침 말이다.

이런 가르침이 실행될 경우에 거두게 될 결실이 바로 초인 종족이라고 니체는 말한다. 자부심 강하고 강인한 디오니소스 같은 인간들, 다시 말해 세상을 향해 "예스"라고 말하고, 이 땅 위에서 생명이 처해야 하는 조건들을 아주 적절히 직면할 수 있는 그런 인간들이 니체의 초인인 것이다.

기독교의 기원에 대해 설명하려고 노력하면서, 니체는 훨씬 덜 행복했으며, 정말로 조롱 받을 만한 모습을 보였다. 현대 유럽의 신앙은 고대 유대인들이 자신들의 주인에게 복수를 하려고 엄청난 노력을 벌인 결과라고 니체는 말했다. 유대인들은 무력하고 무능했으며, 따라서 노예 도덕을 발달시켰다. 당연히 노예로서 유대인들은 주인들을 증오했다. 그런 가운데 유대인들은 자신들이 생존하기 위해 매달리고 있던 이상들이 비겁하다는 것을 알고 있었다. 그래서 그들은 똑같은 이상을 강조하던 그리스도를 십자가에 못박았으며, 그 결과, 유대인들을 경멸하던 외부 세계가 그리스도를 순교자와 예언자로 받아들였고, 그렇게 함으로써 외부 세계는 알지도 못하는 사이에 유대인의 이상을 삼키게 되었다는 것이다. 한마디로 말하면, 유대인들은 상황이 자신들에게 강요했던 노예 도덕을 증오했으며, 그 도덕을 당의정(糖衣錠)으로 바꿔 주인에게 먹임으로써 복수를 했다는 주장이다.

이 같은 생각은 그야말로 광기에서 나온 것임에 분명하다. 유대인들이 자신의 노예 도덕의 부정적인 효과를 깨달았을 가능성은 전혀 없으며, 그들이 함께 도모해서 그런 복잡한 복수 계획을 짜는 것도 있을 수 없는 일이다. 니체의 독자는 이따금 그런 어리석은 생각을 만나게 될 것이라고 예상해야 한다. 광기를 보인 이 독일인은 보통 때엔 대단히 논리적이고 사고가 정연한 사상가였지만, 생각의 무분별한 비약에 몰입하는 독일인의 경향이 가끔 그의 내면에 나타났다.

모든 철학과 과학, 사고의 바탕에서, 매우 포괄적인 질문이 하나 발견된다. 인간은 진리와 오류를 어떻게 구분하는가? 무식한 사람은 이 문제를 매우 간단하게 해결한다. 자신이 믿고 있거나 알고 있는 모든 것이 진리라고 주장하는 것이다. 모든 아마추어 및 전문적인 신학자들, 정치인들, 그리고 그런 종류의 다른 얼간이들의 태도가 꼭 그렇다.

예를 들면, '원죄 없는 잉태'[37]를 믿는 독실한 늙은 하녀는 자신의 믿음을 그 증거로 여기면서 자신의 의견에 동의하지 않는 사람들은 모두 지옥의 고문에 시달리게 될 것이라고 주장한다. 이런 유치

---

37 성모 마리아의 경우에 예수를 잉태하는 순간부터 원죄를 면제받은 것으로 여겨진다.

한 인식의 정반대는 교육 수준이 높은 사람의 고질적인 회의(懷疑)이다. 이 사람은 10분의 9가 진리라고 믿고 있는 많은 것들이 실은 거짓이라는 점을 뒷받침하는 증거를 일상적으로 보고 있으며, 따라서 그는 자신의 믿음을 포함한 모든 것에 대해 의심하는 태도를 보이게 된다.

인간의 역사 속에서 이 수수께끼를 풀거나 피하는 방법이 시대에 따라 다양하게 제시되었다. 신앙의 시대에는 인간은 자신의 노력만으로는 진리와 오류를 부분적으로조차 구분하지 못하지만, 계몽을 위해서 언제든 무오류의 백과사전에, 즉 영감을 받은 필경사를 통해 경전에 담기게 된 신의 말씀에 기댈 수 있다는 인식이 지배적이었다. 만약 이 경전들이 어떤 명제는 진리라고 말하면, 그것은 곧 진리였다. 그러면 그것에 대해 의심을 품는 인간은 누구나 광인이나 죄인이 되었다.

이런 원칙이 오랜 세월 동안 유럽을 지배했으며, 거기에 감히 반대했던 사람들은 모두 죽음을 당할 위험에 처했다. 그러나 세월이 흐르면서 회의를 품는 사람들의 숫자가 너무나 커졌기 때문에 그들을 모두 죽이는 것이 불편하거나 불가능하게 되었다. 따라서 회의를 품었던 사람들이 최종적으로 아무런 불이익을 당하지 않고 자신의 의심을 공개적으로 밝힐 수 있게 되었다.

이 새로운 시대에, 계시를 통해 드러난 가르침이라는 고대 교회의 사상을 진정으로 훼손시킨 최초의 사람은 15세기 초를 살았던 로마 가톨릭교회의 니콜라우스 쿠자누스(Nicolaus Cusanus) 추기

경이었다. 그 시대에 그런 관직을 갖고 있었음에도 불구하고, 니콜라우스는 독립적이고 지적인 사람이었으며, 오랜 기간 사색한 그에게는 어떤 것에 대한 단순한 믿음은 그것이 진리라는 점을 뒷받침하는 증거가 절대로 될 수 없다는 것이 너무나 분명했다.

니콜라우스는 이런 식으로 결정을 내렸다. 인간은 곧잘 오류를 저질렀지만, 인간이 저지른 최악의 오류 안에 언제나 진리의 낱알이 들어 있었으며, 그렇지 않았다면 인간은 그 오류에 대해 있을 수 없는 일이라고 지적하면서 반대했을 것이라고 말이다. 따라서 그에 따르면, 인간이 할 수 있는 최선의 방법은 자신의 모든 믿음을 가볍게 여기면서 오류처럼 보이기 시작할 때마다 그것을 부정하는 것이다. 진정한 위험은 실수를 저지르는 데 있는 것이 아니라 실수가 실수로 알려진 뒤에도 그것에 강하게 집착하는 데 있다고 니콜라우스는 말했다.

니콜라우스의 시대에 살면서 그가 받은 것과 똑같은 훈련을 거친 사람이 그렇게 명료하게 추론하는 것이 거의 불가능에 가까워 보이지만, 어쨌든 그가 그런 추론을 했다는 것은 엄연한 사실이며, 현대 철학의 모든 것은 그가 놓은 토대 위에 세워졌다.

니콜라우스의 시대 이후로 다양한 인식론이 아주 많이 제시되었지만, 그 이론들은 모두 일종의 원을 그리면서 니콜라우스에게로 돌아갔다. 인식론에 나타나는 이런 변형들과 부정(否定)들의 과정과 역사를 더듬는 것도 흥미로운 작업일 것이지만, 그런 작업은 지금 우리가 하고 있는 탐구의 범위를 벗어나 있다.

니콜라우스는 전적으로 신뢰할 만한 철학 체계를 결코 세상에 제시하지 않았다. 그가 죽음을 맞을 때까지, 스콜라 철학이 그가 알고 있던 세상을 지배하고 있었으며, 그 철학은 그 후로도 거의 200년 동안 인간의 사고에 영향을 미쳤다.

헉슬리가 말하는 것처럼, 인간이 대체로 회의(懷疑)에 신성(神性)이 들어 있다는 것을 깨닫기 시작한 것은, 데카르트(René Descartes)가 1619년에 "어떤 것이든, 그것이 진리라는 것을 명쾌하게 알지 못하는 상황에서는 절대로 진리로 여기지 않을 것"이라는 그 유명한 결심을 한 때였다. 그런데 그런 데카르트조차도 철학에 여전히 영향을 끼치고 있던 초자연주의와 다양한 허튼소리로부터 완전히 자유롭지 못했다. 데카르트는 "진리임을 뒷받침할 증거가 충분하지 않은 명제들을 믿는 것은 부도덕하다"는, 인간 사고의 대헌장이라 불러도 좋을 해방 원칙을 늘 고수했지만, 동시에 그는 언제나 다른 원칙들도 고수했으며, 그 원칙들 중 많은 것이 공상적이고 어리석었다는 사실을 잊어서는 안 된다.

데카르트 이후에 등장한 철학자들은 자신들의 정신에서 옛 사상을 털어냈지만, 그것은 어디까지나 대단히 느린 과정이었으며 그들은 그 과정에 인간의 정신은 영혼의 기능이지 육체의 기능이 아니라는 고대의 망상으로 자주 되돌아갔다. 정말로, 철학자가 건전하고 토론 가능한 사상으로 시작했다가 이상주의의 구름 속으로 날아 올라가는 경우가 흔하다. 겨우 우리 시대에 와서야, 인간들은 자아라는 것이 겉으로 보기엔 독립을 누리는 것처럼 보이지만 물려받은 종족의 경험의 총합에 지나지 않는다는 것을 이해하게 되었다. 말하자면, 어떤 사람의 영혼과 양심, 정신적 태도는 조상들로부터 물려받은 것이라는 점을 이해하게 된 것이 최근의 일이라는 뜻이다. 두 개의 눈과 열 개의 발가락, 그리고 기적과 전조와 불멸 등에 대한 확고한 믿음을 조상들로부터 물려받는 것과 똑같다. 또 인간들이 모든 수수께끼를 한꺼번에 풀 천국의 열쇠를 찾길 그만두고 문제들을 한 번에 하나씩 풀려고 노력하기 시작한 것도 겨우 우리 시대에 와서야 가능해졌다.

니콜라우스로부터 아주 멀리 벗어난 이 형이상학자들은 사물들은 그 자체로는 전혀 존재하지 않는다는 학설을, 그리고 사람은 사물들에 대해 오직 그것들에 대한 인상을 바탕으로 해서만 생각할 수 있다는 학설을 발달시켰다. 예를 들면, 초록색은 하나의 망상에 불과할 수 있다. 왜냐하면 우리가 초록색에 대해 아는 것은 우리의 시신경이 어떤 조건에서 초록의 감각을 경험하고 있다는 사실뿐이기 때문이다. 이 초록의 감각이 단순히 우리의 상상력이 그리는 허구인지 아니면 실제로 물리적인 상태를 반영하고 있는지는 우리가 대답할 수 없는 문제이다. 한마디로 말해, 우리에게 진정한 인상을 주고 있는 실제적인 사물들이 우리 주위에 있는지 아니면 이런 사물들에 대한 우리의 생각이 단순히 주관적인 인상 또는 조건의 결과인지를 결정하는 것은 불가능하다.

주먹에 눈을 한방 세게 맞으면, 존재하지도 않는 불빛이 보인다는 것을, 또 신경이 비정상인 사람은 순전히 상상만으로도 자신의 몸에 다른 사람의 손길이 닿는 것도 느끼고 있지도 않은 소음도 든는다. 그렇다면, 다른 감각들도 모두 우리의 밖이 아니라 우리의 안에서 일어나는 것일 수 있다. 그런데 우리는 대상들이 우리에게 인상을 준다는 식으로 말하면서 원인과 결과를 혼동하고 있을 수도 있지 않는가?

그런 것이 인간 지식의 정확성에 대해서만 아니라 지식을 획득하는 인간의 능력 자체에 의문을 품는 형이상학자들이 주장하는 바이다. 조금만 생각해 봐도, 이 같은 태도는 이론적으로 허용 가능하지만 완전히 비실용적이라는 사실이 금방 분명해진다. 사실 그런 태도는 지적 사색에 필요한 근본적인 토대를 제공하지 않으며, 모든 문제를 계시로 돌리던 옛날의 장치와 다를 바가 별로 없다.

살아 있는 존재들의 상상 속을 제외하곤 아무것도 존재하지 않는다고 말하는 것은 곧 이 상상 자체가 존재하지 않는다고 말하는 것이나 마찬가지다. 물론, 이 말은 부조리하다. 왜냐하면 모든 인간이 자신에 대해 하나의 진정한 사물이라는 것을, 또 자신의 정신도 마찬가지로 하나의 진정한 사물이며 생각할 수 있다는 것을 절대적으로 믿고 있기 때문이다.

현대의 철학자들은 그런 식으로 복잡하게 거미집을 치는 행위 대신에, 과학자들에게 쫓기듯 그 학설로, 말하자면 우리가 어떤 사물에 대해 그것이 우리에게 안겨주는 인상들을 통하지 않고는 아무것도 알지 못하는 한, 그리고 인상들이 분명히 정상적이고 서로 조화를 이루는 한, 그 인상들은 잠정적으로 정확한 것으로 받아들여져야 한다는 학설로 돌아갔다.

바꿔 말하면, 우리의 경험과 상식에 의해 수정되는 우리의 지각이 우리에게 안내자의 역할을 맡아야 하고, 우리는 지각의 범위를 넓히고 지각의 정확성을 높일 기회를 최대한 많이 포착해야 한다. 수백 만 년 동안 우리의 지각은 지식을 꾸준히 축적해 왔다. 예를 들어, 불이 몸에 닿으면 우리가 통증이라고 부르는 인상을 야기한다는 사실을 우리는 알고 있다. 이 인상은 언제나 동일하며, 정상적인 모든 인간들의 내면에 똑같은 효과를 낳는다. 따라서 우리는 불이 통증을 야기한다는 것을 자명한 이치로 받아들인다. 이와 똑같은 방식으로, 그러니까 건전한 정신의 소유자들 사이에 보편적이라는 사실에 의해 확립되었고 또 확립될 다른 관념도 많다.

그러나 사람에 따라 다 다른 인상을 낳는 사물들도 많으며, 여기서 우리는 이 인상들 중에서 어느 것이 옳고 어느 것이 그른지를 결정해야 하는 문제에 봉착한다. 한 사람은 해가 뜨고 지는 것을 관찰하다가 그것이 지구 주위를 돌고 있는 불덩어리라고 결론을 내린다. 다른 한 사람은 똑같은 현상 앞에서 지구가 태양 주위를 돌고 있다는 결론에 도달한다. 그러면 우리는 이 사람들 중에서 어느 쪽이 적절한 결론을 내렸는지 어떻게 결정할 것인가?

사실, 그런 경우에 어느 쪽의 결론이 절대적 진리로 받아들여질 수 있는지를 결정하는 것은 불가능하다. 그렇지만 과학적이고 경험적인 방법이 우리가 오류의 비율을 더 이상 낮출 수 없는 최소 비율까지 조금씩 더 가까이 다가설 수 있도록 한다. 우리는 조사 대상이 된 현상을 다각도로 관찰하고, 거기서 얻은 인상과 우리가 더 잘 알고 있는 비슷한 현상이 낳은 인상을 서로 비교할 수 있다. 다시, 우리는 그 조사를 그런 작업에 필요한 훈련을 특별히 받은 사람들에게 넘길 수 있다. 이들은 이전의 경험을 통해 평균보다 높은 정확성을 보이는 것으로 확인된 사람들이다. 그런 과정을 거치며 긴 세월이 흐르면, 우리는 조사하고 있는 사물에 대해 어떤 의견을 다듬어낼 수 있으며, 이 의견은 우리가 품고 있는 다른 의견들을 거의 또는 전혀 해치지 않는다. 이 과정을 두루 거치고 나면, 우리는 인간들에게 허용되는 범위 안에서 절대 진리에 최대한 가까이 다가서게 된다.

이 방법은 단순히 다수결을 받아들이는 것에 대해서는 전혀 고려하지 않고 있다는 점은 언급할 필요조차 없다. 정말로, 다수결 방식의 실제적 결과는 그와 정반대이다. 왜냐하면 어떤 진리를 놓고 생각할 수 있는 능력을 지닌 것으로 여겨질 수 있는 사람들의 숫자가 아주 작기 때문이다.

예를 들어, 오늘날 기독교 세계에 사는 사람들의 10분의 9가 금요일이 불길한 날이라고 믿고 나머지 10분의 1만 하루하루는 다 똑같다는 생각을 품고 있다. 그러나 이 같은 현실에도 불구하고, 후자의 사상이 살아남을 것이고, 그 사상은 서서히 전자의 사상에 영향을 미치게 될 것이다. 우리는 후자의 사상이 모든 인간들 또는 과반수 인간들에게 받아들여지고 있기 때문(실은 이것은 사실이 아니다)에 진리인 것이 아니라, 그 사상을 고수하는 소수의 사람들이 실제적인 인상과 단순한 망상을 구분하는 능력을 가장 많이 갖추고 있기 때문에 진리라는 것을 알고 있다.

게다가, 과학적인 방법은 무분별한 신앙을 좌절시킴으로써 인간의 지식을 증대시키는 경향을 보인다. 과학자는 소위 자신이 사실이라고 부르는 것들 대부분이 오류라는 것을 알고 있으며, 그래서 그는 그 사실들의 진리에 대해 기꺼이 의문을 품으면서 더 나은 것을 찾으려고 노력한다. 소크라테스처럼, 과학자는 대담하게 "나는 나 자신이 무지하다는 것을 알고 있어."라고 말한다. 그는 사실 오류가 끊임없이 불 속에서 단련되는 경우에 결국엔 진리에 가까운 무엇인가로 다듬어진다는 것을 깨닫는다.

니콜라우스가 500년 전에 지적했듯이, 그 어떤 것도 전적으로 진리일 수 없고 또 그 어떤 것도 전적으로 거짓일 수 없다. 가장 형편없는 오류 안에 언제나 진리의 씨앗이 들어 있으며, 가장 건전한 진리 안에 언제나 오류의 잔여물이 남아 있다. 그러므로 오류는 그것이 조사의 밝은 빛으로부터 숨겨져 있을 때에만 치명적이다. 현대의 과학자와 도덕주의자의 차이가 바로 거기에 있다. 현대의 과학자는 그 어떤 것도, 심지어 자신의 원칙까지도 신성한 것으로 여기지 않지만, 도덕주의자는 사물들을 법으로 정하고 그것들에 대해 의심하는 것을 죄로 만들고 있다.

바로 그런 식으로, 말하자면 모든 사상을 끊임없이 이어지는 조사의 대상으로 삼는 방식으로, 세상은 그 명백성 때문에 절대 지식이라 불릴 수 있는 것들의 창고를 점진적으로 넓혀가고 있다. 진리

앞에 언제나 오류가 선행하며, 오늘날의 인간들, 아니 가장 건전하고 현명한 인간들이 품고 있는 사상들조차도 절대 다수가 망상일 가능성이 아주 크지만, 세월이 흐름에 따라 우리가 축적한 진리의 크기도 점점 더 커지고 있다.

니체는 이렇게 말한다.

"하나의 확신은 예외 없이 역사를 갖고 있다. 그 확신보다 앞서 형태들이 있었고, 그 확신의 잠정적인 형태들이 있었고, 그 확신의 오류 상태들이 있었다는 뜻이다. 정말로, 확신은 확신이 아닌 상태와 거의 확신인 상태를 거친 다음에야 확신이 될 수 있다. 틀림없이, 허위는 확신이 거치게 되는 미발달한 형태들 중 하나일 것이다. 간혹 사람이 바뀌기만 해도 허위가 확신으로 변하는 경우가 있다. 아들에게 확신인 것은 아버지에겐 여전히 허위였다."[38]

한마디로, 지적인 사람들은 부정(否定)과 수정, 발명의 과정을 통해서 진리에 더 가까이 다가가는 경향을 보인다. 많은 낡은 사상들이 새로운 세대에 의해 부정당하지만, 낡은 사상들 중 몇 개는 언제나 살아남는다. 현대인은 혈거인과 달리 더 이상 천둥이 분노한 신의 목소리라고 믿지 않고 번개가 그 신의 칼의 번득임이라고 믿지 않는다. 그러나 현대인은 혈거인들이 그랬듯이 나무는 물에 뜨고, 씨앗은 싹을 틔우고 식물로 자라며, 지붕은 비를 막아주고, 아이는 충분히 오랫동안 살아남으면 반드시 성인 남자나 여자로 성장한다는 사실을 알고 있다. 이런 생각들은 진리라 불릴 수 있다. 만약 그

38 '적그리스도' 중에서

런 것들을 진리가 아니라고 부정한다면, 그것은 동시에 세상이 존재한다는 것을 부정하는 것이고 우리 자신이 존재하고 있다는 것을 부정하는 것이다.

니체가 이 문제들을 논한 부분은 관점의 변화들로 인해 너무나 난해하고 복잡하기 때문에, 여기 제한적인 공간에서 그것을 이해 가능한 방향으로 요약하는 것은 거의 불가능하다. 첫 번째 중요한 책인 『인간적인, 너무나 인간적인』에서, 그는 주로 과거에 저질러진 오류들을 지적하는 작업에 매진하면서 미래를 위한 사고 체계를 명확히 제시하지 않았다. 인간들은 진보의 초기 단계에서 일시적으로 유쾌하거나 유익했던 모든 것을 절대적으로, 또 영원히 진리인 것으로 여기는 실수를 저질렀다고 그는 말했다. 바로 여기서 인간들은 성급한 일반화를 위해서 매우 낯익은 인간적 약점을 드러냈다. 또 인간들은 주어진 어느 시대와 장소의 사상들을 도덕규범으로 만들고 마치 신의 입에서 나온 것처럼 가공함으로써 그 규범에 영원성을 부여하려 드는, 똑같이 친숙한 경향을 드러냈다.

이런 경향들이 인간에게 해로웠다고 니체는 지적했다. 왜냐하면 오늘날의 인간들에게 이로운 것이 내일의 인간들에겐 치명적일 수 있기 때문이다. 따라서 어떤 사상의 효과가 그 사상이 현재에도 진리인지 여부를 결정하는 훌륭한 기준이 되지만, 그 효과가 언제나 똑같을 것이라고, 따라서 그 사상 자체가 영원히 진리로 남을 것이라고 단정하는 것은 위험하다고 그는 주장했다.

인간들이 현재의 진리와 영원한 진리의 차이에 주목하기 시작한 것은 소크라테스의 시대부터였다. 위대한 스승들이 그런 차이에 대해 가르치기 시작한 뒤에도, 그런 구분이 존재한다는 인식은 매우 느리게 앞으로 나아갔지만 결국엔 거기에 무게가 실릴 만큼 충분히 많은 사람들에게 받아들여졌다.

그 후로, 한때 똑같은 것을 부르는 다른 이름이었던 철학과 과학이 두 가지 별도의 사물을 의미하게 되었다. 행복을 분석하고, 그 과정에 얻어진 지식을 빌려서 행복을 지키고 증대시키는 것이 철학의 목적이다. 따라서 철학은 일반화할 필요가 있다. 말하자면, 오늘 인간들을 행복하게 만드는 것은 내일도 인간들을 행복하게 만들 것이라고 단정할 필요가 있다는 뜻이다.

이와 반대로, 과학은 불확실한 미래의 일들이 아니라 확실한 현재의 일들에 관심을 두고 있다. 과학의 목적은 세상을 오늘 존재하고 있는 모습 그대로 조사하고, 세상의 비밀을 최대한 많이 발견하고, 그 비밀들이 인간의 행복에 미치는 영향을 연구하는 것이다.

바꿔 말하면, 철학은 먼저 행복 체계를 구성하고, 그 다음에 세상을 거기에 맞추려고 노력하는 한편, 과학은 지식의 증대 외에 다른 목적을 전혀 갖고 있지 않은 상태에서 세상을 연구한다. 그러면서 과학은 지식의 증대가 결국엔 효율성을 높임에 따라 행복을 증대시킬 것이라는 확신을 품고 있다.

그렇다면 과학도 확정된 행복 체계들을 경멸하고 있음에도 불구하고 결국엔 철학(거의 대부분 철학은 평균적인 사람들의 시야 속으로 도덕으로 들어간다)이 지금 투박하고 불합리할 뿐만 아니라 당연히 실패하게 되어 있는 방식으로 시도하고 있는 것을 확실히 성취할 것이다. 한마디로 말해, 인간의 지식 창고가 대단히 커짐에 따라 인간에게 불리하게 작용하던 자연의 힘들을 완전히 지배하게 되는 순간, 인간은 완벽하게 행복할 것이다.

앞의 여러 장에서 본 바와 같이, 니체는 사람의 본능적인 권력 의지가 환경을 완전히 지배하는 것을 종국적 목표로 삼고 있다고 믿었으며, 그래서 그는 권력 의지가 사람을 진리로 이끌 것이라고 결론을 내렸다. 바꾸어 말하면, 그는 보다 높은 유형(그가 논의할 가치가 있다고 판단한 유일한 인간 유형이다)에 속하는 모든 사람들의 내면에 거짓된 것과 정반대인 진정한 것을 추구하려는 경향이 있다고, 또 이 본능은 종족이 진보함에 따라 더욱더 정확해진다고 믿었다. 그는 또 점점 더 높아지는 본능의 정확성은 인간이 도덕규범과 압제적인 권위의 반대에도 불구하고 지속적으로 지식의 창고를 확장해 온 사실을 설명해준다고 믿었다.

어떤 생각이 어떤 사람의 내면에서 별다른 계획이나 의도 없이 일어나는 경우에, 그 생각은 환경을 정확히 관찰하고 해석함으로써 환경을 지배하려고 하는 타고난 의지의 표현에 지나지 않는다고 니체는 말했다. '그것이 생각한다.'라는 말도 '내가 생각한다.'라고 말만큼이나 합당하다[39]고 그는 말했다. 왜냐하면 모든 지적인 사람은 자신의 생각을 통제하지 못한다는 사실을 알고 있기 때문이다. 따라서 이런 생각들이 장기적으로 인간 종족 전체를 고려하면

39　'선과 악을 넘어서' 7부 중에서.

서 더욱 많은 진리를 발견하는 경향을 보였다는 사실은 권력 의지가 그 표현들을 바탕으로 일반화하는 위험을 안고 있음에도 불구하고 더욱더 정확해졌고, 그래서 절대 진리를 찾는 방향으로 작용했다는 점을 증명했다.

니체는 인류가 항상 오류의 노예였다고 믿었지만, 그와 동시에 그는 오류의 숫자가 줄어드는 경향이 있다는 입장을 보였다. 마침내 진리가 최고의 지배자가 되고 오류가 더 이상 없게 될 때, 초인이 지구 위를 걷게 될 것이다.

지금 어느 누구도 권력 의지의 작동에 대해, 그 의지가 표현되는 본능들과 생각들을 빌리지 않고는 알지 못한다. 그래서 니체는 훗날의 책들에서 모든 사람들에게 항상 다수가 정한 법에 기꺼이 맞서라고 촉구했다. 사람은 자신의 경험을 근거로 성급히 일반화하는 것을 피해야 하지만, 타인들의 일반화를 피하기 위해서 두 배 더 조심해야 한다. 모든 위험 중에서 가장 중대한 것은 어떤 가설을 검증하지 않은 채 받아들이는 것이다. "이처럼 눈에 보이는 것을 보지 않으려 드는 경향은 집단의 구성원들에게 가장 필요한 조건이다. 그러므로 집단의 충실한 지지자는 반드시 거짓말쟁이가 된다." 정말로, 인간에게 적절한 태도는 습관적인 항의와 회의이다. "차라투스트라는 회의론자이다. … 확신은 감옥이다. … 모든 종류의 영원한 확신으로부터의 자유와 자유롭게 조사할 수 있는 능력은 힘에 속한다. … 믿음에 대한 욕구, 그러니까 무조건적인 무엇인가에 대한 욕구는 약함의 신호이다. 신앙인은 반드시 의존적인 사람이다. … 그의 본능은 자기 부정에 최고의 명예를 안긴다. 신앙인은 자기 자신의 주인이 아니며, 그의 주인은 그가 믿고 있는 사상의 저자이다."[40]

인간이 어떤 진보라도 이루기를 희망할 수 있는 것은 오직 회의를 통해서라고 니체는 주장한다. 만약 모든 인간이 어떤 최고 현자의 가르침을 전혀 의문을 품지 않고 그대로 받아들인다면, 지식의 증대가 더 이상 일어나지 못하는 것은 너무나 확실하다. 섬세한 진리의 알갱이들을 미신과 오류의 거대한 잡동사니 더미로부터 분리시키는 것은 오직 끊임없는 소란과 갈등, 의견 교환을 통해서만 가능하다. 고착된 진리는 장기적으로 지능에 허위보다 더 위험하다.

이 같은 주장은 설명을 더 필요로 하지 않는다. 지적인 사람은 누구나 중세에 교회의 분노를 무시한 용감한 불가지론자가 없었더라면 기독교 세계 전체가 지금도 여전히 악취 풍기는 무지의 늪에 빠져 뒹굴고 있을 것이라는 점을 잘 알고 있다. 그 암흑의 시대에 무지의 늪의 중심은 주권자들 중에서 무오류로 여겨지던 어떤 주권자였다. 권위는 시간과 장소를 불문하고 게으름과 쇠퇴를 의미한다. 창조하는 것은 회의뿐이다. 중요한 것은 오직 소수이다.

인간들의 절대 다수가 독창적인 사고를 전혀 하지 못하기 때문에 자신의 생각을 필연적으로 빌려야 하거나 어떤 권위에 순종해야 한다는 사실은 니체가 일반 대중을 그렇게 격하게 혐오하고 경멸하는 이유를 설명해준다. 평균적이고, 자신에게 만족하고, 보수

40 '적그리스도' 중에서.

적이고, 전통적이고, 법을 준수하는 시민은 니체에게 농가의 헛간에 있는 가축들보다 거의 나을 바가 없는 존재로 보였다. 이런 감정이 너무나 강했던 탓에, 다수에게 받아들여진 사상은 무엇이든 바로 그런 이유 때문에 그에게 의심과 반대를 불러일으켰다.

니체는 언젠가 "모든 사람이 믿는 것은 절대로 진리일 수 없다."고 말했다. 단순히 엄청난 이기주의를 표현하고 있는 말처럼 들리지만, 사실은 이와 똑같은 견해를 사상의 역사를 조사한 경험이 있는 사람은 모두 공유하고 있다. 오슬러 박사(Dr. Osler)는 얼마 전에 "진리는 처음 등장할 때 사람들에게 받아들여지기 위한 노력을 거의 하지 않는다."고 말했다. 일반 대중은 언제나 한 세기 또는 두 세기 뒤쳐져 있다. 그들은 자신의 둔감을 미화하면서 그것을 보수주의나 신앙심, 체면, 신앙 등의 멋진 이름으로 부른다. 19세기는 그 전의 모든 세기들이 보았거나 상상했던 것보다 훨씬 더 위대한 인간의 진보를 목격했지만, 오늘날의 백인 중 과반이 여전히 귀신을 믿고, 악마를 두려워하고, 숫자 13은 불길하다고 믿고, 신을 아마추어 음악가들로 구성된 성가대에 둘러싸인, 흰 수염의 족장으로 그리고 있다. 헨리 세즈윅(Henry Sedgwick) 교수는 이렇게 말한다. "우리가 어떤 일에 대해 생각하는 이유는 다른 사람들이 모두 그렇게 생각하거나, 그런 식으로 들은 탓에 그렇게 생각해야 한다고 생각하거나, 예전에 그렇게 생각한 적이 있기 때문에 지금도 여전히 그렇게 생각해야 한다고 생각하거나, 그렇게 생각해 왔기 때문에 그렇게 생각해야 한다고 생각하기 때문이다."

당연히, 니체는 자유 의지라는 신학적 원칙에 강력히 반대했다. 앞에서 본 바와 같이, 그는 인간의 모든 행위는 단순히 권력 의지가 환경에 반응한 결과에 지나지 않는다고 주장했다. 따라서 니체는 결단과 책임이라는 개념을 전적으로 부정해야 했다.

한 사람의 인간은 진공 속에 고립되어 있는 어떤 대상이 아니며, 그의 행동과 생각, 충동, 동인에 대한 상상은 그 원인을 상상하지 않고는 불가능하다고 니체는 주장했다. 만약에 그 원인이 밖에서 온다면, 인간이 원인을 통제하는 것은 분명히 불가능하다. 설령 이 원인이 안에서 왔다 하더라도, 그가 원인을 통제하지 못하기는 마찬가지이다. 왜냐하면 그의 정신의 전체 태도와 그의 본능적인 사고의 습관들, 즉 그의 영혼이 그의 코의 모양과 눈의 색깔처럼, 단순히 조상들로부터 전해진 특성들에 불과하기 때문이다.

니체는 책임이라는 개념은 처벌이라는 개념의 산물이지 원인이 아니며, 처벌 개념은 원시인의 권력 의지의 표현에 불과하다고 주장했다. 동료들이 고통의 불리한 조건과 굴욕을 겪도록 함으로써 그들을 이겨내려는 의지의 표현이 처벌이라는 뜻이다.

니체는 이렇게 말했다.

"인간들을 자유로운 존재로 여긴 것은 그들을 저주하고 처벌하기 위해서였다. … 우리 비도덕주의자들이 이런 개념들의 심리와 역사, 본질과 사회학을 깨끗하게 정리하려고 노력하다 보면, 우리의 주요 적은 신학자들, 그러니까 위로 향하려는 인간 노력의 순수함을, '세상의 도덕적 질서'라는 터무니없는 사상을 품은 가운데 처벌과 죄에 관한 생각으로 물들이고 있는 존재들이라는 것이 드러난다. 정말로, 기독교는 교수형 집행인의 형이상학이다."[41]

이에 따른 당연한 결과로, 니체는 우주 안에 어떤 계획도 존재하지 않는다고 주장했다. 헤켈처럼, 니체는 오직 두 가지, 즉 에너지와 물질만 존재한다고, 또 우리가 우주를 의식하게 만드는 모든 현상은 에너지가 물질에 지속적으로 가하는 작용의 징후에 불과하다고 믿었다. 그 어떤 것도 원인 없이 일어나지 않으며, 어떤 원인도 그 전의 원인의 결과 외에 다른 것이 될 수 없다고 그는 말했다.

니체는 이렇게 말했다.

"인간의 운명은 과거와 현재와 미래에 존재했거나 존재할 나머지 모든 것들의 운명으로부터 놓여날 수 없다. … 우리는 전체의 일부이며, 우리는 전체 속에 존재하고 있다. … 우리의 존재를 판단하고, 측정하거나 비난할 수 있는 것은 세상에 아무것도 없다. … 그러나 전체의 밖에는 전혀 아무것도 없다. … 신이라는 개념이 지금까지 우리의 존재를 하나의 죄로 만들어 놓았다. … 우리는 신을 거부하고, 우리는 신을 거부함으로써 책임을 거부한다. 우리가 인간을 구하는 것은 그 길밖에 없다."[42]

여기서 불행하게도 니체는 헤켈과, 무신론적 결정론의 다른 모든 지지자들을 빠뜨린 그 덫으로 떨어지고 말았다. 니체는 인간 의지

41 '우상의 황혼' 중에서.
42 '우상의 황혼' 중에서.

가 자유롭다는 점을 부정하고 모든 인간 행위는 불가피하다고 주장하면서도 동료 인간들에게 실제로 한 행동과 다르게 행동해야 한다는 점을 설득시키려고 노력하며 일생을 보냈다. 한마디로 말해, 그는 동료 인간들이 자신의 행동에 대해 통제력을 전혀 발휘하지 못한다고 주장하는 한편으로, 모세와 마호메트, 성 프란치스코처럼 그들을 향해 큰 소리로 오류를 버리고 회개할 것을 촉구했다.

8장

문명

겉보기에 적어도 오늘의 문명은 서서히 두 가지 목표를 향해 나아가고 있는 것처럼 보인다. 한 가지 목표는 전쟁을 영원히 부정하는 것이고, 다른 한 목표는 보편적인 형제애이다. 전자는 "땅 위의 평화"이고, 후자는 "인간들에 대한 선의"이다.

500년 전에 정치가의 명성은 오직 그의 군대의 승리에 의존했지만, 오늘날 우리는 정치가를 군대를 병영에 묶어두는 기술을 기준으로 평가한다. 그리고 문명화된 모든 국가에서, 오늘날 무제한적이고 동등한 참정권을 부여하는 제도가 발견되고 있다. 과거에는 신이 지배한다는 원칙을 지키는 것이 모든 논리학자들과 아는 체하는 인간들의 주된 관심이었다. 현재 기독교 세계를 지배하고 있는 것은, 말하자면 거의 모든 정당의 초석이자 모든 정치인의 상투적인 수단이 되고 있는 것은 국민이 지배한다는 원칙이다.

니체는 평화 요구와 평등 요구에 똑같이 강하게 반대했으며, 그의 반대는 두 가지 논거에 따른 것이었다. 먼저, 두 가지 요구가 수사적이고 거짓이라고 그는 말했다. 지적인 사람들은 이 두 가지가 절대로 완전하게 충족될 수 없다는 사실을 잘 알았다. 둘째, 두 가지 요구가 받아들여지는 경우에 그 같은 사실이 인간 종족에게 피해를 입힐 것이라고 그는 말했다. 말하자면, 니체는 전쟁이 필요할 뿐만 아니라 이롭기도 하다고, 또 자연적인 계급 체계가 이로울 뿐만 아니라 불가피하기도 하다고 믿었다.

보편적인 평화를 요구하는 태도에서, 니체는 오직 약하고 쓸모없는 인간들이 유익하고 강한 인간들의 정당한 착취로부터 자신을 보호하려는 갈망만 보았다. 그는 또 평등을 요구하는 태도에서도 똑같은 것을 보았다. 두 가지 요구는 자연 선택의 법칙으로 나타나고 있는, 위로 올라가려는 경향을 부정하고 파괴했다고 니체는 주장했다.

니체는 이렇게 말했다.

"자연을 지배하고 있는 법칙은 계급들의 질서이며, 인간의 어떤 힘도 절대로 이 법칙을 누르지 못한다. 건강한 모든 사회에는 3개의 계급이 있으며, 각 계급은 자신만의 도덕과 일을 갖고 있고 자신만의 완벽과 우월 개념을 갖고 있다. 제1 계급은 지적으로 일반 대중보다 우월한 사람들로 이뤄져 있으며, 제2 계급은 근육 쪽으로 탁월한 사람들을 포함하고 있으며, 제3 계급은 그저 그런 평범한 사람들로 이뤄져 있다. 당연히 제3 계급이 수적으로 가장 많지만, 제1 계급이 가장 강력하다.

가장 높은 계급에게 이 땅 위에서 아름다움과 행복과 선을 대표할 특권이 주어진다. … 이 계급의 구성원들은 세상을 자신이 발견한 그대로 받아들이며 그것을 최대한 활용한다. … 그들은 그들보다 낮은 사람들에게 파괴를 안겨줄 것들에서, 말하자면 미궁(迷宮)이나, 자기 자신과 타인들에게 엄격한 태도나 노력에서 행복을 발견한다. 그들의 기쁨은 자제력을 발휘한다. 그들에게는 금욕이 당연이고 필연이며 본능이 되었다. 어려운 과제가 그들에게는 하나의 특권으로 받아들여진다. 다른 계급의 사람을 짓눌러 죽여버릴 만큼 큰 부담을 감당하는 것이 그들에겐 일종의 오락이다. 그들은 인간들 중에서 가장 존경할 만한 종이다. 그들은 가장 쾌활하고 가장 상냥하다. 그들은 그들의 현재 모습 때문에 지배하고 있다. 그들은 그 계급 서열에서 두 번째가 될 자유를 누리지 못한다.

제2 계급은 질서와 안전의 수호자와 보호자들을, 즉 전사들과 귀족들과 왕을, 무엇보다도 최고 유형의 전사로서, 그리고 법의 심판관과 수호자로서 포함한다. 제2 계급은 제1 계급의 명령을 실행함으로써 제1 계급이 지배하는 일 중에서 거칠고 비천한 온갖 일들로부터 해방될 수 있도록 한다.

맨 아래에 노동자들이 있다. 수공예와 장사, 농업, 그리고 예술과 과학의 대부분 영역에 종사하는 사람들이다. 그들이 공익을 위한 존재가 되는 것은 자연의 법칙이다. 그들은 바퀴와 기능이 되어야만 한다. 그들이 즐길 수 있는 유일한 종류의 행복이 그들을 지적인 기계로 만든다. 평범한 사람들에게는 평범하게 되는 것이 곧 행복 이니까. 그들에게 한 가지를 통달하는 것, 즉 전문화는 하나의 본능 이다.

평범 자체에서 어떤 반대를 보는 것은 심오한 지성에 어울리지 않는다. 정말로 평범은 인간의 존재에 반드시 필요하다. 왜냐하면 평범한 사람들의 무리가 있어야만 예외적인 인간의 존재가 가능해 지기 때문이다. …

오늘날의 인간들 중에서 내가 가장 증오하는 사람들은 누구인 가? 바로 사회주의자들이다. 노동자의 건강한 본능을 훼손시키고, 노동자로부터 자신의 존재에 대한 만족감을 박탈하고, 노동자를 시기하게 만들고, 노동자에게 복수를 가르치는 인간들 말이다. … 불평등한 권리에 잘못된 것은 하나도 없다. 잘못은 헛되게 평등한 권리들이 있다고 꾸미는 태도에 있다.”[43]

이런 내용을 근거로 하면, 니체는 귀족 사회를 열렬히 믿은 사람 임에 분명하지만, 그가 오늘날의 세계에서 귀족 사회로 통하는 것 을 믿지 않았다는 사실도 마찬가지로 분명하다. 유럽의 귀족은 니 체가 말하는 제1 계급에 속하지 않고 제2 계급에 속한다. 유럽의 귀 족은 기본적으로 군사적이고 법률적이다. 왜냐하면 귀족 사회의 구성원들이 연약하고 무능한 탓에 귀족 사회의 대물림을 가능하게 하는 것이 오직 법의 힘뿐이기 때문이다.

43 '적그리스도' 중에서.

오늘날 우리가 알고 있는 바와 같이, 문명화된 법률의 근본적인 원칙은 어떤 사람이 한 번 획득한 것은 무엇이든 그 사람과 그의 상속인들에게 영원히 귀속된다는 것이다. 그 사람이나 그의 상속인들이 약탈적인 경쟁자들에게 맞서 개인적으로 그것을 방어할 필요성이 전혀 없는 것이다. 이런 식으로 방어의 기능을 개인에게서 나라로 이전한 것이 당연히 국가의 전문적인 방어자들, 즉 군인들과 법관들의 위상을 높이고 있다. 그렇기 때문에 이 계급의 구성원들과 그들의 식객들이 세계의 정부들 대부분을 지배하고 있고 또 세계의 부와 권력과 명예 중 큰 몫을 차지하고 있다는 사실이 확인되어도 절대로 놀랄 일이 아니다.

니체에게 이런 현상은 끔찍할 만큼 비논리적이고 불공정해 보였다. 그는 이 지배 계급이 실험과 변화를 차단하는 일에 모든 에너지를 쏟는 것을, 또 이 계급이 낳아 보호한 귀족 사회가 더욱더 부적절해지고 무력해졌을 뿐만 아니라 유일하게 진정한 귀족 사회, 즉 능력을 갖춘 귀족 사회가 무제한적으로 작동하는 데 큰 방해가 되고 있다는 것을 보았다.

니체는 입헌 귀족 사회가 안고 있는 근본적인 부조리들 중 하나가 그 사회가 순전히 인위적인 장벽들을 둘러치고 있다는 사실에서 발견된다고 주장했다. 귀족 사회가 다른 계급의 사람들이 그 계급으로 접근하려는 노력 자체를 막기 위해 안간힘을 쓰고 있는 것은 실질적인 개인적 노력 없이 그 사회를 유지하려고 드는 욕망만큼이나 무모하다. 정말로, 몸에 띠까지 두른 전통적인 백작에겐 벼

락부자가 된 양조업자나 제철업자들을 귀족에 봉하는 것만큼 꼴사나운 일도 세상에 없다. 니체의 관점에서 보면, 이런 배타성은 터무니없고 사악해 보였다. 왜냐하면 진정한 귀족은 인간을 특별히 적절하고 효과적으로 만드는 자질들을 갖춘 사람이면 누구나 그 계급으로 들어오는 것을, 실은 자동적으로 등록되는 것을 기꺼이 환영해야 하기 때문이다.

3가지 자연스런 인간들의 계급 사이에 개인들의 교환이 자유롭게 지속적으로 일어나야 한다고 그는 말했다. 노예 계급 중에서 특별히 유능한 사람이 주인 계급으로 올라가는 것이 언제나 가능해야 하고, 마찬가지로 주인 계급 중에서 우연한 어떤 일로 쇠퇴하든가 무능력해진 사람이 있으면 가차 없이 노예 계급으로 강등되어야 한다. 따라서 얼간이들에게 정부의 일을 맡기는 등 억지스런 장면을 연출하는 그런 귀족 사회는 그에게 대단히 혐오스럽게 비쳤다. 태생이 비천하면 아무리 높은 지성도 묻어버리는 그런 계급 제도도 혐오스럽긴 마찬가지였다.

자연의 힘들에 대한 인간의 정복이 불완전한 이상, 인간들의 절대 다수는 부분적으로 통제되고 있는 자연의 힘들을 보완하거나 아직 제어되지 않고 있는 자연의 힘들에 맞서는 일에 일생을 바칠 필요가 있다. 예를 들면, 땅을 경작하는 일은 농기구의 엄청난 발달에도 불구하고 여전히 근육을 써야 하는 일이며, 앞으로도 몇 세기 동안은 아마 그런 상태로 남을 것이다. 그런 노동이 필히 단순한 고역인 탓에 불쾌할 것이기 때문에, 그 일은 그런 불쾌함에 가장 둔

한 사람에게 돌아가는 것이 너무나 당연하다. 그래야만 그런 노동이 반발과 혹사를 덜 야기하면서 처리될 것이 분명하다. 지금 우리가 매력적인 일을 추구하려는 야망이 갈수록 적어지는 그런 계급을 발달시키고 있으니 말이다. 한마디로 말해, 이상적인 농군은 쟁기질보다 더 높고 더 훌륭한 것에 대해서는 일절 생각하지 않는 사람이다. 그러므로 세상의 육체노동을 제대로 처리하려면 노동 계급을 둘 필요가 있다. 노동 계급은 두려움이나 의문을 품지 않고 복종하는 것에 만족하는 계급을 의미한다.

이 원칙이 세계의 모든 인도주의자들의 경건한 분노가 니체에게 쏟아지도록 만들었지만, 실증적인 실험은 이 원칙의 진리를 한 번 이상 증명했다. 미국 남부의 흑인들을 교육으로 향상시키려던 절망적인 노력의 역사가 한 가지 증거가 될 수 있다. 조금만 생각해봐도, 흑인은 교육을 아무리 많이 받아도 하나의 인종으로서 종속의 상태에 남는 것이 분명하다. 또 흑인은 인종적 특성들을 간직하고 있는 한, 보다 강하고 지적인 백인보다 열등한 상태에 남는 것이 분명하다. 흑인을 교육시키려는 노력이 흑인의 내면에 성격상 실현되지 않을 확률이 높은 야망과 포부를 일깨우고, 따라서 흑인은 물질적으로 아무것도 더 얻지 못한 상태에서 옛날의 만족과 마음의 평화와 행복을 몽땅 잃어버리게 되었다. 정말로, 교육을 받은 세련된 흑인이 절망하고, 우울하고, 희망을 잃은 사람이 되는 현상은 미국에서 흔하게 관찰된다.

니체는 노동자들 또는 노예들의 계급이 절대적으로 필요하다고 생각했다. 그가 말하는 "제3 계급"이 바로 이 계급이다. 인간 종족이 살아 있는 한, 그런 계급이 이 땅 위에 반드시 존재할 것이라는 것이 니체의 의견이다. 이 계급의 처지는 지배적인 계급의 처지와 다르겠지만 세월이 흐름에 따라 그 차이가 갈수록 작아질 것이라고 니체는 생각했다.

인간이 자연을 정복하는 영역이 늘어남에 따라, 노동자는 자신의 일이 덜 고되다는 사실을 깨닫게 되겠지만, 그래도 그는 자신을 지배하는 사람들보다 언제나 일정한 거리를 뒤처져 있다는 사실을 발견할 것이다. 그래서 니체는 자신의 철학에서 노동하는 계급의 욕망과 포부에 대해서는 전혀 생각하지 않았다. 왜냐하면 방금 본 바와 같이 니체는 욕망과 포부가 아주 약한 탓에 무시당해도 별다른 문제를 느끼지 않는 사람이 아니고는 노동 계급에 속할 수 없다는 의견을 품고 있었기 때문이다.

니체가 제시하는 원칙과 사상들은 모두 지배적인 계급에만 적용된다. 인류가 성장을 이루는 것은 정상에서라고 니체는 주장했다. 진보의 원천은 오직 독창적인 사고를 할 줄 아는 그런 사람들의 생각 속에 있었다. 윌리엄 정복왕은 한 사람의 인간에 불과했지만, 그의 세대에 속한 노르만인들 모두를 합한 것보다 훨씬 더 중요했다.

니체는 자신이 말하는 "제1 계급"은 수적으로 당연히 적다는 것을, 또 그 구성원들 사이에 그 계급에서 탈락해서 낮은 계급에서 편안과 평화를 추구하려 드는 경향이 강하게 나타난다는 것을 잘 알고 있었다. 그는 "삶은 언제나 정상에 가까운 곳에서 가장 힘든 법이다. 거기선 추위도 더 심해지고, 책임도 더욱 커지기 때문이다."
고 말했다.

그러나 진정으로 유능한 사람에게 이런 고난은 노력을 더 많이
쏟도록 하는 박차에 불과하다. 유능한 사람의 기쁨은 전투를 벌이
고 극복하는 데에, 말하자면 법들과 나머지 인간들의 욕망에 맞서
자신의 권력 의지를 발휘하는 데에 있다.

차라투스트라는 이렇게 말한다.

"나는 그대에게 노동하라고 권하지 않고 싸우라고 권한다. 나는
그대에게 타협하거나 협상하라고 권하지 않고 정복하라고 권한다.
그대의 노동이 전투가 되게 하고, 그대의 평화가 승리가 되게 하
라. … 훌륭한 명분은 전쟁까지도 신성하게 만들 것이라고 그대는
말하는가? 그런 그대에게 나는 훌륭한 전쟁은 모든 명분을 신성하
게 할 것이라고 말하노라. 전쟁과 용기가 자비보다 더 위대한 일들
을 해냈다. 그대의 동정이 아니라 그대의 용맹이 그대 주변의 모든
사람들을 위로 들어올린다. 어린 소녀들이야 그대에게 '훌륭한' 것
은 '달콤한' 것이나 '감동적인' 것을 의미한다고 말하도록 내버려
두라. 나는 그대에게 '훌륭하다'는 말은 '용감하다'는 뜻이라는 말
을 해주고 싶다. … 노예는 고난에 반항하면서 그 반란을 탁월이라
고 부른다. 그대의 탁월성이 고난을 받아들이는 것이 되도록 하라.
그대의 명령이 복종이 되도록 하라. … 그대의 최고의 생각이 이것
이 되도록 하라. '인간은 초월해야 할 그 무엇이다.' … 나는 그대에
게 그대의 이웃을, 가장 가까운 인간을 사랑하라고 조언하지 않는

다. 나는 오히려 가장 가까운 인간으로부터 달아나고 가장 멀리 있는 인간을 사랑하라고 권한다. 그대의 이웃에 대한 사랑보다 더 높은 것은 미래에 올 더 높은 인간에 대한 사랑이다. … 그대 자신을 위쪽으로 증식시켜라. 그러니 그대의 삶을 살아라. 많은 해(年)들이 무슨 소용인가? 나는 그대를 아끼지 않는다. … 마땅한 때에 죽어라!"

평균적인 사람은 이런 멋지고 숙명적인 용기와 숭고한 이기심을 거의 틀림없이 결여하고 있다고 니체는 말했다. 평균적인 사람은 집단의 확신과 야망에 반하는 자신의 개인적 확신과 야망을 내세우는 것조차 주저한다. 평균적인 사람은 자신의 독창성의 결과에 대해 책임을 지길 두려워하거나, 동료들의 과반이 자신에게 동의하지 않기 때문에 자신이 틀렸음에 틀림없다는 식으로 겁을 먹는다. 따라서 관습에서 벗어난 어떤 생각이 아무리 강하게 어떤 사람을 사로잡는다 할지라도, 그 사람은 대체로 그 생각을 물리치려 들고 질식시키려 든다. 그런데 거의 아무런 노력을 기울이지 않은 채 그렇게 할 수 있는 능력을 우리는 자제력이라고 부른다. 평균적인 사람은 자제력이 잘 발달되어 있고, 따라서 그런 사람은 자신의 시대의 사고에 긍정적인 것을 좀처럼 기여하지 않고 그런 사고에 반대하려는 시도를 절대로 하지 않는다고 니체는 말했다.

앞 장에서 우리는 모든 사람이 예외 없이 전부 이런 부류라면, 인간의 진보는 정지하고 말 것이라는 점을 배웠다. 이유는 한 세대의 사상이 전혀 변하지 않은 상태로 다음 세대로 넘어갈 것이고, 존재의 조건을 향상시키는 유일한 방법인, 새로운 사상을 대상으로 끊임없이 실험을 벌이려는 노력이 전혀 일어나지 않기 때문이다.

따라서 세상은 전진을 혁명가들에게, 말하자면 관습에 맞서려는 충동을 누르지 않고 자유롭게 풀어놓는 사람들에게 의존해야 한다는 말이 가능하다. 니체가 말하는 "제1 계급"은 그런 혁명가들로 구성되어 있다. 그보다 낮은 두 개의 계급들 사이에서는 이런 종류의 용기가 힘의 증거로 여겨지지 않고 약함의 증거로 여겨지는 것이 틀림없다. 관습에 분노하는 사람은 자제력이 부족한 사람이고, 과반수는 우리가 노예 도덕을 고려할 때 검토한 어떤 과정에 의해서 자제력을 용기보다 더 명예로운 것으로 칭송했다. 실은 자제력이 용기와 정반대인데도 말이다.

그러나 니체는 기존의 사상에 반대하는 행위는 언제나 똑같은 종류의 다른 행위들을 고무하게 되어 있다는 점을 지적했다. 혁명적인 어떤 사상이 옛 관습을 대체하고 다수의 인정을 얻게 되자마자 혁명적인 성격을 중단하고 그 자체가 관습이 되어 버리는 것이 사실이지만, 그 사상이 성공을 거두었다는 단순한 사실은 다른 혁명적인 사상을 품고 있는 사람들에게 용기를 주며 생각을 밖으로 표출하도록 고무한다. 따라서 용기가 용기를 낳고, 그 종류를 불문하고 중대한 충돌이 빚어지는 시기에, 세상은 평균적인 수준 이상의 독창성 또는 천재성을 낳는다.

이런 식으로, 니체는 그보다 앞서 많은 사람들의 눈에 띄었던 어떤 사실에 대해 설명한다. 프랑스 혁명과 미국의 남북 전쟁 같은 중대한 투쟁 뒤에 반드시 성실한 탐구의 시대나 기존의 제도를 과감하게 뒤엎는 시대, 두드러진 진보의 시대가 따르는 사실 말이다. 사람들은 무제한적인 투쟁에 익숙해지고, 따라서 자제력의 긍정적인 측면이 덜 느껴지게 된다.

니체는 자신이 "풀을 뜯는 양떼의 행복"이라고 부른 것을 대단히 경멸했다. 양떼의 강한 도덕성과, 양떼가 세상에 있는 것은 무엇이든 옳다는 원칙을, 다시 말하면 "신이 하늘에 있으니, 세상의 모든 것이 잘 돌아가고 있다"는 원칙을 고수하는 그 집요함이 니체를 몸서리치게 만들었다.

그는 소위 대중의 권리는 절대로 합당하게 존재하지 못한다고 주장했다. 이유는 대중이 권리로 단언하는 모든 것은 그야말로 환경에 적응하지 못하는 자들이 살아남아야 한다는 원칙을 다소 위장한 상태로 단언하는 것에 지나지 않기 때문이다.

니체는 이렇게 말했다.

"대중이 지나가는 눈길이라도 받을 가치가 있는 모습을 보이는 경우는 3가지뿐이다. 첫째, 질 떨어지는 종이에 인쇄된, 자신들보다 더 뛰어난 존재들의 흐릿한 복사처럼 보일 때이다. 둘째, 주인 계급을 자극하는 데 필요한 반대의 요소로 나타날 때이다. 셋째, 주인 계급의 손에 쥐어진 도구로 나타날 때이다. 이것 이상의 문제와 관련해서는 나는 일반 대중을 통계학과 악마에게로 넘긴다."[44]

---

[44] 논문 '역사가 삶에 미친 유용성과 해악'(Vom Nutzen und Nachteil der Historie für das Leben) 중에서.

의도적인 모든 행위의 도덕성을 "내가 하자고 제안한 행동을 모든 사람이 다 한다고 가정한다면?"이라는 질문으로 검증하자는 칸트의 제안은 니체에겐 완전히 터무니없는 것으로 보였다. 왜냐하면 니체는 "모든 사람"이 언제나 진보를 의미하는 것들에 반대한다고 보았기 때문이다. 그리고 칸트의 이 단정에서 의무감은 "법을 존중하며 행동할 의무"가 되는데, 이 같은 추론은 니체에게 단지 의무와 법이 똑같이 부조리하다는 점을 증명하는 것으로 받아들여졌을 뿐이다.

니체는 이렇게 말했다.

"모욕은 언제나 관습이나 관행을 깨뜨리는 사람들에게 떨어진다. 실제로 그런 사람들은 범죄자로 불린다. 기존의 법을 무너뜨린 사람은 모두 처음에 사악한 인간으로 여겨진다. 시간이 한참 지난 뒤, 그 법이 나빠서 다시는 회복할 수 없다는 사실이 확인될 때, 그 호칭이 변한다. 모든 역사는 거의 전적으로 세월이 흐름에 따라 선한 인간으로 여겨지게 되는 그런 사악한 인간들을 다루고 있다. 모든 진보는 성공적인 범죄들의 결과인 것이다."[45]

헤르만 투르크(Hermann Turck)와 버논 리, 노르다우를 포함한 여러 비평가들은 이 모든 것에서 니체가 가슴 깊은 곳에서 범죄자였다는 점을 보여주는 좋은 증거를 본다. 버논 리는 모든 철학의 밑바닥에 언제나 하나의 최고 사상이 자리 잡고 있다고 말한다. 그 사상이 어떤 때는 자연의 계획이고, 어떤 때는 종교적 신앙이고, 어떤 때는 진리에 대한 이론이라고 버논 리는 말한다. 니체의 경우에

45   '여명' 중에서

그 사상은 "나의 취향"이다. 니체는 언제나 짜증내고 있다. "싫어한다"거나 "증오한다"거나 "제거했으면 좋겠다"는 표현이 그의 글 곳곳에 등장한다. 그는 냉혹함에 환호하고, 그의 동료 인간들은 그를 증오하고, 그의 육체적 감각은 날카롭고, 그는 병든 자아를 갖고 있다. 그런 이유 때문에, 그는 특이성과 외로운 알프스인, 고전 문학, "밝은 노랑" 같은 비제(Georges Bizet)의 음악을 좋아한다.

투르크는 니체가 동료 인간들의 다수를 화나게 만드는 일들로부터 쾌락을 얻기 때문에 범죄자라고 주장하고, 노르도는 이 같은 생각을 뒷받침하면서 사람이 범죄 충동을 경험하고 인정하면서도 그 충동을 아직 행동으로 전혀 옮기지 않는 것도 가능하다는 점을 보여준다. 말하자면, 손전등과 무기를 든 범죄자뿐만 아니라 의자에 앉아 지내는 범죄자도 있다는 뜻이었다.

물론 이 모든 것들에 대한 대답은 그와 똑같은 방법의 추론이 이세상에 존재했던 가장 독창적인 사상가들을 모두 음흉한 중범죄자로 기소할 수 있게 할 것이라는 사실이다. 그 방법은 잭 셰퍼드(Jack Sheppard)[46]뿐만 아니라 마르틴 루터도 범죄자로 만들고, 체사레 보르자(Cesare Borgias)뿐만 아니라 세례자 요한(John the Baptist)도 범죄자로 만들고, 유다 이스카리옷(Judas Iscariot)[47]뿐만 아니라 갈릴레오(Galileo Galilei)도 범죄자로 만들 수 있다. 또 그 방법은 의

---

46 18세기 초 런던에서 악명 높았던 도둑이자 감옥 탈출자.

47 예수 그리스도의 열두 사도 중 한 사람이었으나 나중에 예수를 배반했으며, 기독교에서 배신자의 대명사로 통한다.

견 때문에 사형에 처해진 숭고한 영웅들을, 그러니까 예수 그리스도에서 시작해 긴 줄을 이루고 있는 영웅들을 처형한 것을 정당화할 수도 있다.

9장

여자와 결혼

헌신적이었던 니체의 여동생은 기본적으로 여성스런 것에 대해 혐오감을 느꼈으며, 그녀는 니체가 아주 젊은 시절부터 쇼펜하우어의 불후의 에세이 『여자론』(On Women)에 담긴 불길한 진리들을 잘 알고 있었다는 사실에 대해 슬프게 생각했다. 쇼펜하우어의 대담한 이 책이 니체에게 큰 영향을 미친 것은 사실이고, 니체가 그 후로 그 책의 중요한 주장들에 동의한 것도 사실이지만, 그렇다고 그의 여성관이 대부분 쇼펜하우어로부터 차용한 것이라고 말하거나 쇼펜하우어라는 인물이 존재하지 않았더라면 니체가 글을 다른 식으로 썼을 것이라고 말하는 것은 사실과 거리가 멀다.

정말로, 여자들에 관한 니체의 결론은 그의 철학 체계의 불가피한 결과였다. 도덕과 사회에 관해 뚜렷한 의견을 갖고 있는 사람이 책들 여기저기서 여성과 결혼과 관련해 제시한 원칙이 아닌 다른 원칙을 주장했다고 생각하는 것은 있을 수 없는 일이다.

니체는 남자의 마음과 여자의 마음 사이에 근본적인 차이가 있다고, 또 남자와 여자는 인간 사회의 온갖 자극에 정반대로 반응한다고 믿었다. 인간이 이 땅 위의 삶을 고통스럽게 만드는 모든 것과 맞서 벌이는 전투에서, 칼을 휘두르는 것이 남자의 역할이라고 그는 말했다. 여자들의 역할은 직접 나서서 싸우는 것이 아니라 그 싸움을 위해 새로운 전사들을 공급하는 것이다.

따라서 생존 의지의 행사가 남자와 여자 사이에 나눠진다. 남자는 종족의 행복을 추구하고, 여자는 아직 태어나지 않은 세대의 행복을 추구하고 있는 것이다. 이 구분이 뚜렷하게 이뤄질 수 없는 것은 분명하다. 왜냐하면 남자도 환경을 상대로 권력 투쟁을 벌이면서 당연히 후손들이 살 삶의 조건을 향상시키게 되고, 여자도 후손들을 위해 노력하면서 종종 자기 자신을 위하게 되기 때문이다.

그렇지만 그 같은 구분은 훌륭하며, 경험적 관찰도 그것을 뒷받침한다. 이 주제에 대해 조금이라도 생각해본 사람이라면 누구나 알듯이, 남자가 이 세상에서 가장 먼저 갖게 되는 관심은 자기 자신과 가족에게 식량과 안식처를 제공하는 것이며, 여자의 가장 중요한 의무는 아이들을 낳고 키우는 것이다. 따라서 니체는 "나는 여자와 남자가 이렇게 되기를 바란다. 남자는 전쟁에 적절하고, 여자는 아이를 낳는 데 적절해야 하며, 남자와 여자는 똑같이 머리와 발로 춤을 추는 일에 적절해야 한다."고 말했다. 말하자면, 남자나 여자나 똑같이 정신적이고 육체적인 종족의 임무 중 맡은 바를 능률적으로 수행할 줄 알아야 한다는 뜻이다.

종족이라는 유기적인 통일체 안에서 여자의 위치는 노예 국가의 위치와 비교되고, 남자의 위치는 주인 국가의 위치와 비교된다고 니체는 지적한다. 힘이 약한 나머지 다른 나라들에게 권력을 행사하는 것으로 생존 의지와 권력 욕구를 충족시키지 못하는 약한 나라가 어떤 식으로 다른 나라들이 자국에 권력을 행사하는 것을 최대한 막는지를 우리는 보았다.

약한 국가는 이웃 국가들을 지배하지 못하고 예속되어야 한다는 사실을 알고 있기 때문에 예속의 상태를 가능한 한 견딜 만한 수준으로 만들려고 노력한다. 이 같은 노력은 보통 두 가지 길로 이뤄진다. 첫째, 약한 나라가 다른 나라들을 지배하려는 욕망을 공개적으로 부정하는 길이 있고, 둘째, 약한 나라가 의심과 반대를 불러일으키지 않도록 조심하면서 우회적인 방법으로 강력한 이웃 국가들에게 자국의 사상을 주입시키는 것이다. 한마디로 요약하면, 약한 국가가 간사하고 교활해지면서, 겸손을 은폐물로 삼아 무서운 이웃 국가들의 힘을 교활함으로 약화시키려 노력한다는 뜻이다.

여자가 세상 속에서 처한 위치가 이와 아주 비슷하다. 아이를 낳고 키우는 일은 여자들의 육체적 힘을 파괴하며, 따라서 여자들은 남자들과 생각이 다를 때 힘으로 남자들을 누르지 못한다. 여자들은 이 무능의 독침을 제거하기 위해 그것을 미덕으로 바꿔놓는다. 그러면 그 무능은 정숙함이 되고, 겸손이 되고, 자기희생과 정절이

된다.

여자들은 무능함에도 불구하고 승리를 거두기 위해 교활함을 키우는데, 그것은 대개 위선과 감언이설, 시치미 떼기, 남자의 성적 본능에 대한 호소 등으로 나타난다. 이 모든 것은 일상 생활 속에서 너무나 자주 관찰되기 때문에, 그것에 대해 논하는 것 자체가 진부하게 느껴진다. 여자는 자신이 원하는 것을 남자가 하도록 육체적으로 강요하지는 못하지만, 여자의 그런 무능력이 바로 남자에게 맞서는 감정적 무기가 되었으며, 나머지는 여자의 달콤한 말이 해결한다. 강한 남자가 여자에게 지배당하는 장면은 절대로 드물지 않으며, 델릴라 같은 여자 앞에 쓰러진 거인은 삼손이 처음도 아니고 마지막도 아니다. 사실, 그런 익숙한 드라마가 매일 펼쳐지지 않는 가정은 세상에 거의 없다.

앞의 내용을 근거로 할 때, 여자들이 세상 속에서 하는 일이 불가피하게 육체적 쇠퇴를 초래하는 성격을 지니고 있음에도 불구하고, 여자들이 이 쇠퇴의 결과를 지속적으로 교활함으로 극복해야 하는 필요성이 거꾸로 훈련의 법칙에 따라 여자들에게 아주 두드러진 정신적 능력을 안겨주었음에 틀림없다. 이 같은 결론은 어느 정도 맞다. 왜냐하면 여자들이 대체로 기민하고 재치 있고 예리하기 때문이다. 그러나 그들이 언제나 코앞으로 닥친 문제들에 관심을 두고 있는 탓에 인생의 수수께끼를 다루는 일에 익숙하지 않다는 사실이 그들의 정신적 태도를 기본적으로 편협하게 만들고 있다. 이것은 여자들이 정신적 유연성에도 불구하고 지적으로 진정으로 강하지 않은 현상에 대해 설명해준다.

정말로, 여자들이 끊임없이 생각하는 내용은 옳고 그른 것에 관한 광범위한 원칙들을 세우거나, 전체 세계에서 어떤 큰 정의 체계를 구현하거나, 국가의 미래를 놓고 고민하거나, 풀이 한 포기 자라던 곳에서 풀이 두 포기가 자라도록 하는 것이 아니라, 남자들을 기만하고 조종하고 즐겁게 하는 일에 관한 것이다. 일반적으로, 여자들의 약함은 그들이 존재하고 모성 본능을 발휘하는 데 남자들의 보호를 필요로 하게 만든다. 그래서 여자들의 전체 노력은 이 보호를 최대한 쉽게 확보하는 쪽으로 모아진다. 그 결과, 여자의 도덕은 기회주의와 당장의 편의를 추구하는 도덕이 되었으며, 평범한 여자는 추상적인 진리를 절대로 존경하지도 않고 그런 개념을 좀처럼 떠올리지도 않는다. 이리하여 쇼펜하우어를 비롯한 많은 관찰자들이 주목한 사실, 즉 여자는 진정한 의미의 정의감이나 명예감을 좀처럼 표현하지 않는다는 것이 증명된다.

이 사상을 더 세세하게 파고드는 것은 불필요하다. 왜냐하면 모두가 그런 사상에 익숙하며, 그것의 정확성에 대한 증거는 평소의 관찰로도 넘쳐나기 때문이다. 니체는 이 사상을 입증된 것으로 받아들였다. 니체는 그 주제를 조금 더 앞으로 끌고 가면서 쇼펜하우어의 추론, 즉 남자는 여자를 적으로 보면서 여자의 교활한 영향으로부터 달아나기 위해 모든 수단을 강구해야 한다는 주장을 완전히 부정했다.

쇼펜하우어의 그런 생각은 당연히 초인의 철학자를 화나게 만들었다. 초인의 철학자는 달아나는 행위를 절대로 옹호하지 않는다. 그는 존재의 모든 사실에 대해 "예스"라고 답한다. 그의 이상은 체념이나 도피가 아니라 지적 저항과 반대이다. 따라서 니체는 남자가 여자를 자연적인 반대자로, 말하자면 남자가 언제나 능률적인 존재로 남을 수 있도록 자극하는 유익한 목적을 지닌 그런 존재로 받아들여야 한다고 주장했다. 반대는 어떤 기능이 제대로 돌아가도록 하는 데 필요한 전제조건이며, 따라서 여자가 남자의 의지를 훼손시키고 변화시키기 위해 끊임없이 노력하는 것은 오히려 남자의 의지를 강하게 만드는 데 이바지하게 된다고 그는 주장했다. 당연히, 남자는 그런 과정을 통해서 존재의 적들을 직면하고 극복하는 능력을 키우게 된다.

자신의 힘을 잘 알고 있는 남자는 여자들을 두려워할 필요가 전혀 없다는 식으로 니체는 보고 있다. 여자에게 "사탄아! 저리 꺼지지 못해!"라고 외치며 달아나는 남자는 단지 자신이 여자의 감언이설 앞에서 맥을 못춘다는 사실을 알고 있는 남자일 뿐이다. 니체는 "여자들을 피하며 자신의 육체를 고문해야 하는 남자들은 육체적으로 매우 감각적인 남자들이다."라고 말한다. 정상적이고 건강한 남자는 여자들이 의상이나 애교 같은 것으로 성적 매력을 강하게 발산할지라도 여전히 침착성을 지킨다. 그런 남자는 성적 폭풍을 미리 예측할 만큼 충분히 강하다. 그러나 여자들의 성적 매력 앞에서 침착성을 지키지 못하는 남자, 그러니까 신중함과 주의와 이성(理性)을 지키며 정상적으로 반응하지 못하는 남자는 종족 보존이라는 여자의 본능 앞에서 무력한 노예처럼 자신을 포기하면서 짐 승 같은 방탕자가 되든가, 아니면 유혹을 모두 피하면서 금욕자가 되든가 해야 한다.

여자가 남자에게 성적인 면을 끊임없이 암시함으로써 남자의 의 지를 지배하려 드는 노력에는 근본적으로 악한 것이 전혀 들어 있 지 않다. 왜냐하면 종족의 영속성을 위해서 여자가 남자에게 성적 인 생각을 자주 강하게 떠올리게 하는 것이 필요하기 때문이다. 그 러므로 남자의 이상과 여자의 이상 사이의 충돌을 어느 한쪽은 옳 고 다른 쪽은 그른 그런 통탄스런 전투로 여길 것이 아니라, 반대를 통해 자극을 제공하는 편리한 수단으로 여겨야 한다. 이런 자극이 없으면 남자의 모든 기능이 중단될 것이고, 따라서 모든 전진도 중 단될 것이다. 니체는 "여자들을 피해야 할 적으로 보는 남자는 난 폭한 정욕을, 그러니까 정욕 자체뿐만 아니라 그 수단까지도 싫어 하는 그런 정욕을 드러내고 있다."고 말한다.

물론, 여자의 영향이 아주 교활하게 보다 높은 종류의 남자들에 게 해롭게 작용하는 경우도 있다. 남자가 지나치게 격하게 사랑하 는 것은 위험하며, 남자가 지나치게 사랑을 받는 것도 마찬가지로 위험하다. 니체는 "차분하고 한결같고 평화로운 생활을 영위하려 는 여자들의 타고난 경향", 즉 노예 도덕을 추구하려는 경향은 "남 자들의 자유로운 정신의 영웅적인 충동에 불리하게 작용한다."고 말한다.

니체의 말을 더 들어보자.

"그런 것을 모르는 여자들은 광물학자의 발이 돌부리에 채지 않도록 하기 위해서 그 학자의 길에 있는 돌을 제거하는 사람처럼 행동한다. 광물학자가 거기 가는 목적이 바로 돌을 보는 것이라는 사실을 까마득히 망각한 채 말이다. … 높은 포부를 가진 남자들의 아내들은 자기 남편이 빈곤해지고 냉대를 받으며 고통을 겪는 것을 견뎌내지 못한다. 바로 그 고통이 남자가 태도를 제대로 선택했다는 것을 증명할 뿐만 아니라 그의 목표가 적어도 미래의 어느 날에 실현될 것이라는 점을 증명하는 것이 분명한 때조차도, 여자들은 곧잘 그런 모습을 보인다. 여자들은 언제나 자기 남편의 보다 높은 영혼에 맞서 은밀히 음모를 꾸민다. 여자들은 고통 없고 편안한 현재를 위해서 미래를 속이려 든다."[48]

바꾸어 말하면, 여자의 시야는 언제나 범위가 제한적이라는 뜻이다. 당신이 전형으로 알고 있는 여자는 앞을 멀리 내다보지 않는다. 그녀는 복잡한 일련의 원인들의 종국적 결과를 추론하지 못한다. 그녀의 눈은 언제나 현재나 매우 가까운 미래에 고정되어 있다. 따라서 니체는 우회적인 길을 따르면서 시대와 장소를 불문하고 거의 모든 남자들이 동의하는 결론에 도달한다.

우리가 사랑이라고 부르는 것이 육체적 욕망에 근거하고 있고, 여자들이 탁월한 영역인 의상과 예절의 모든 기술들은 단순히 남자의 내면에서 이 욕망을 불러일으키려는 장치에 불과하다는 쇼펜하우어의 견해에 니체는 꽤 동의한다. 그러나 니체는 그 문제에 그

48 '인간적인, 너무나 인간적인' 중에서.

외에 다른 많은 것들이 작용하고 있다고 지적한다. 당연한 말이다. 사랑은 필히 짝짓기 갈망을 전제로 하고 짝짓기가 그 갈망의 논리적 결과이지만, 인간의 상상력은 사랑을 그 이상의 것으로 만들었다. 사랑에 빠진 남자는 연인에게서, 비교적 드물고 반드시 짧은 기간 이어지게 마련인, 희롱거리려는 충동을 충족시킬 매력적인 도구뿐만 아니라 가치 있는 동반자와 안내자, 조언자와 친구를 본다.

사랑의 핵심은 확신이다. 연인의 판단력과 정직, 정절, 그리고 연인의 매력의 영원성에 대한 확신이 아주 중요하다는 말이다. 보다 높은 계급의 남자들 사이에 이 고려사항들이 너무나 크게 다가오기 때문에, 그런 남자들은 종종 근본적인 성충동을 완전히 지워버린다. 어느 시점에 의식적인 갈망의 대상이 되지 않은 여자를 사랑하는 남자를 상상하는 것은 불가능하지만, 결혼하려는 소망이 욕망을 충족시키려는 갈망보다는 존경하고 동경하고 신뢰하는 사람과 지속적으로 밀접히 연결되려는 소망인 경우가 매우 자주 있는 것도 마찬가지로 사실이다.

우리가 본 바와 같이, 이 모든 존경과 동경과 믿음은 확신으로 해석될 수 있으며, 이 확신은 곧 믿음이다. 믿음은 기본적으로 불합리하며, 절대 다수의 경우에 믿음은 이성의 반대다. 그러므로 사랑에 빠진 남자는 대개 애정의 대상에서 무관심한 사람의 눈에 전혀 보이지 않는 장점들을 본다.

"사랑은 연인에게서 아름다운 자질들을 최대한 많이 발견하고 그녀를 최대한 높이 올려주려는 은밀한 갈망을 품고 있다.""어떤 인물을 우상화하는 사람은 누구든 그 이상화를 통해서 자기 자신을 합리화하려고 노력하며, 따라서 깨끗한 양심을 갖기 위해 한 사람의 예술가(즉, 자신을 기만하는 사람)가 된다." 다시 비논리적인 일반화의 경향이 나타난다. "나를 한 번 또는 몇 차례 기쁘게 한 모든 것은 그 자체로 유쾌하다." 물론, 일반화의 결과는 헛된 망상이다. 사랑하는 연인도 당연히 인간일 뿐이고, 이상이 뒤로 물러나고 현실이 앞으로 나올 때, 반드시 반작용이 따르기 마련이다. "결혼한 많은 남자들은 어느 날 아침에 깨어나서 자신의 아내가 매력적인 모습과 거리가 멀다는 사실을 깨닫는다."[49] 이 대목에서, 결혼한 여자들의 대부분도 똑같이 환상에서 깨어나는 경험을 한다는 사실에 대해 언급하는 것이 정당하다.

게다가, 모든 인간의 사랑 그 밑바닥에 자리 잡고 있는, 순수하게 육체적인 욕망은, 아무리 감상적인 고려가 그것을 흐리게 만들지라도, 단순히 하나의 열정에 지나지 않으며, 그래서 그 열정은 성격상 간헐적이고 시들기 마련이다. 그 열정이 압도하는 순간도 있지만, 열정이 잠을 자는 시간과 날과 주일과 달도 있다. 따라서 우리는 니체와 마찬가지로 우리가 사랑이라고 부르는 것은 육체적인 면을 보든 정신적인 면을 보든 덧없고 단명하다고 결론을 내리지 않을 수 없다.

결혼이 대부분의 경우에 그렇듯이 하나의 영원한 제도인 한(우리의 도덕규범의 이론에 따르면 모든 경우가 그렇다), 결혼 관계를

49　이 인용문들은 모두 '여명'에서 끌어낸 것이다.

견딜 만한 것으로 만들기 위해서 다른 무엇인가가 사랑을 대신해야 한다. 모두가 알고 있듯이, 이 무엇인가는 대체로 관용과 존경, 우정, 또는 자식의 행복에 대한 공통적인 관심이다. 바꾸어 말하면, 사랑이라는 장밋빛 안경을 끼고 인생의 동반자에게서 보았던 이상적인 자질들 중 많은 것이 실제로 존재하지 않는다는 사실이 확인되고 나면, 실제로 존재하는 자질들이라도 최대한 이용하자는 냉철한 결정이 따르게 된다는 뜻이다.

이를 근거로 보면, 연인에게서 상상했던 자질들이 모두 또는 거의 모두 진짜일 때, 말하자면 망상의 가능성이 최소일 때, 결혼이 성공할 가능성이 가장 높은 것이 분명하다. 이런 일이 간혹 우연히 일어나지만, 니체는 그런 우연은 비교적 드물다고 지적한다. 정말로, 사랑에 빠진 남자는 연인이 자신에게 만족스런 아내가 될 특징을 소유했는지 여부를 판단하는 심판으로는 최악이다. 왜냐하면 모두가 알듯이 사랑에 빠진 남자는 어떤 이상(理想)의 안개를 통해서 여자를 관찰하면서 그녀에게서 수많은 장점을 보기 때문이다. 그런데 편견을 갖지 않은 정확한 관찰자들에게, 그녀는 이런 장점들을 갖고 있지 않은 것으로 보인다.

니체는 서로 다른 시점에 이에 대한 치료책으로 두 가지를 제안했다. 첫 번째 계획은 사랑을 위한 결혼을 말리고, 짝의 선택을 냉철하게 멀리 볼 수 있는 제삼자에게 맡김으로써 결혼 관계의 영속성을 확보하려고 노력하자는 것이었다. 고대의 민족들 대부분은 이 같은 계획을 따름으로써 큰 성공을 거두었으며, 오늘날 유럽의 많은 국가에서도 다소 위장한 형태로 이 계획을 따르고 있다.

니체는 이렇게 말했다.

"영속적인 제도를 어떤 특이성 위에 구축하는 것은 불가능하다. 만약 결혼이 문명의 보루로서 역할을 확실히 해야 한다면, 결혼은 사랑이라 불리는, 일시적이고 불합리한 것 위에 세워질 수 없다. 결혼은 그 임무를 다하기 위해서 생식이나 종족의 영원성의 충동 위에, 재산(여자들과 아이들은 재산이다)을 소유하려는 충동 위에, 지배하려는 충동 위에 세워져야 한다. 특히 지배하려는 충동은 스스로 주권의 가장 작은 단위인 가족을 끊임없이 조직하고, 가족이 획득한 권력과 부와 영향력을 물리적인 힘으로 지키기 위해서 아이들과 상속인들을 필요로 한다."

니체의 두 번째 제안은 몇 년 뒤에 어느 미국 사회학자[50]가 제안했다가, 절대 진리를 추구하려는 시도가 있을 때마다 당연히 일어나게 되어 있는 소란을 야기한 계약 결혼과 다르지 않았다. 차라투스트라는 "우리에게 일정 기간과 작은 결혼을 주라. 그러면 우리는 자신이 큰 결혼에 적합한지 여부를 확인할 수 있을 것이다."라고 말한다.

물론, 여기서 전하고자 하는 생각은 간단히 이것이다. 남자와 여자가 조화롭게 사는 것이 전적으로 불가능하다는 사실을 깨달을 때, 그들이 존경한다고 고백한 제도를 비웃으면서, 니체의 표현을 빌리면 단순히 "결혼의 희생양"에 지나지 않을 자식들을 낳고 계속

50　엘시 파슨스(Elsie Parsons).

함께 사는 것보다는 당장 갈라서는 것이 더 낫다는 것이다. 니체는 이 같은 생각이 현재의 온갖 이상과 위선에 정면으로 위배되기 때문에, 그것을 놓고 목소리를 높여봐야 아무런 소용이 없을 것이라고 판단하고 서둘러 첫 번째 제안으로 돌아갔다.

첫 번째 제안은 앵글로 색슨 민족의 가장 성스런 망상들 중 하나를 위반함에도 불구하고 단순한 탁상공론이 절대로 아니다. 사랑이 상호 적절성과 물질적 고려보다 비중이 낮은 그런 결혼이 오늘날 많은 국가에서 원칙으로 여겨지고 있으며, 과거 수천 년 동안에도 그래 왔다. 만약 프랑스에서 그런 결혼의 결과가 간통과 부정과 쇠퇴라는 주장이 제기된다면, 그에 대한 대답으로 터키와 일본과 인도에서 그런 결혼이 꽤 존경할 만한 문명의 초석이 되었다는 사실을 제시할 수 있다.

니체는 인간 결혼의 종국적 임무와 기능이 초인 종족을 낳는 것이라고 믿었으며, 그는 우발적인 짝짓기로는 절대로 그런 결과를 끌어낼 수 없다는 것을 매우 분명하게 보았다.

차라투스트라는 이렇게 말했다.

"그대는 그대 자신을 번식시킬 뿐만 아니라 그대 자신을 보다 높은 방향으로 번식시켜야 한다. 결혼은 두 사람이 어느 쪽보다도 더 위대한 것을 창조하려는 의지가 되어야 한다. 그러나 많은 사람이 결혼이라고 부르는 그것을, 아, 나는 무엇이라 부르는가? 아, 그것을 나는 둘의 영혼의 궁핍이라 부르리니! 아! 둘의 영혼의 쓰레기라 부르리니! 사람들은 그것을 결혼이라고 부른다. 그들은 결혼이 하늘에서 맺어주는 것이라고 한다. 나는 그런 사람들을 좋아하지 않는다. 천국의 그물에 갇힌 동물들 … 그런 결혼을 비웃지 마라! 자기 부모에 대해 슬퍼할 이유를 갖고 있지 않은 아이가 어디 있단 말인가?"

이것은 무턱대고 아이를 낳는 것에 반대하는 오래된 주장이다. 우리는 경마의 종류와 어미에 대해서는 더없이 깊은 관심을 보이면서도, 아이들의 피에 섞일 변종은 운에 맡겨 버린다.

차라투스트라는 이렇게 말했다.

"이 남자는 나에게 초인을 낳게 할 만큼 가치 있고 성숙한 것처럼 보였지만, 그의 아내를 보았을 때 이 땅이 정신병원처럼 보였다. 그래, 그런 성자와 그런 숙맥이 결합할 때, 나는 이 땅이 경련을 일으키며 떨길 기대하고 있어! 이 자는 영웅처럼 진리를 위해 싸웠으며, 이어서 아주 그럴듯한 거짓말을 진지하게 가슴에 품었다. 그는 그것을 결혼이라고 부른다. 그 사람은 성 관계에서 주저하는 모습을 보였으며, 자신의 동료들을 까다롭게 선택했다. 그러고는 그는 자신의 동행을 망쳐놓았다. 그는 그것을 결혼이라고 부른다. 세 번째는 천사의 미덕을 갖춘 하녀를 구하려 했다. 지금 그는 어떤 여자의 하인이 되어 있다. 아주 교활한 사람조차도 아내를 사면서 조사를 하지 않고 그냥 사버리니."

앞에서 강조한 바와 같이, 니체는 여자들을 비난하면서 열변을 토할 그런 사람은 절대로 아니었다. 그 자신이 독신이었고 치마를 입은 존재들을 체질적으로 모두 의심했음에도 불구하고, 그는 여자 전체를 인류의 얼굴에 난 위험하고 악의적인 방해물이라는 식으로 비난하는 실수를 피했다. 여자의 마음은 자연스럽게 남자의 마음을 보완한다는 것을, 여자의 잔꾀는 적당한 곳에서 남자의 진리만큼 유익하다는 것을, 남자는 자신을 지구의 주인으로 만드는 능력을 간직하기 위해서 그 능력을 지속적으로 자극함으로써 계속 발달시키게 할 그런 재치 있는 반대자가 필요하다는 것을 그는 잘 알았다. 가족 제도가 모든 사회학적 논의에서 하나의 전제로 남아 있는 한, 그리고 단순한 다산(多産)이 지적인 인간들 사이에서도 농민들과 가축들 사이에서만큼 하나의 강점으로 남아 있는 한, 남녀 중 보다 강한 쪽이 약한 쪽의 기생적(寄生的)인 기회주의에 넘어가는 것이 불가피하다는 점을 니체는 보았다.

그러나 니체는 미국, 특히 미국 남부에서 입법자로 통하는 "착각의 명수들"이 감상적인 유행을 좇으며 사소한 여자들을 여신으로 찬양하는 것과는 거리가 멀었다. 명백한 사실들을 터무니없이 부정하는 기사도 정신은 그에게 말도 안 될 만큼 고약해 보였다. 또 미덕을 잃는 여자는 사실 그 자체에 의해 희생자이지 범죄자나 공범자가 아니라는 원칙도, "레이디"는 "레이디"라는 사실 때문에 반드시 사랑의 표적이 된다는 낡은 원칙도 틀림없이 그를 웃게 만들었을 것이다.

니체는 여자가 세상의 드라마에서 해야 했던 위대하고 숭고한 역할을 인정했지만, 그는 여자의 방법들이 기본적으로 기만적이고 불성실하고 해롭다는 것을 분명히 보았다. 그래서 그는 여자는 적절한 역할로 한정되어야 하고, 여자가 다른 문제에 개입하려고 노력하는 것에 대해서는 반드시 의심의 눈길로 봐야 하며 필요하다면 강하게 반대해야 한다고 주장했다. 그래서 니체는 여성들의 참정권을 기사도 정신만큼이나 싫어했다.

여자들이 큰 문제에 참여하는 것은 오직 한 가지 결과만 낳을 수 있다고 그는 주장했다. 정의와 명예와 진리라는 남성적인 이상들이 위선과 애매한 표현과 음모라는 여성적인 이상들에 오염될 수 있다는 것이다. 여성들에게는 모든 남자들에게서 발견되는 솔직한 협상과 공정한 싸움을 선호하는 본능적인 경향이 전혀 없다고 그는 믿었다.

따라서 니체는 남자가 여자들을 다룰 때 세심한 주의와 경계심이 요구된다고 생각했다. "여자가 사랑하며 다가올 때, 남자들은 여자들을 무서워해야 한다. 왜냐하면 여자는 사랑을 위해 모든 것을 희생시킬 수 있는데, 그런 여자에게 사랑 외에 다른 것은 아무런 가치를 지니지 않기 때문이다. … 여자에게 남자는 하나의 수단이며, 목적은 언제나 아이이다. … 진정한 남자는 두 가지를 원한다. 위험과 놀이가 그것이다. 그래서 진정한 남자는 자신의 손이 닿는 범위 안에서 가장 위험한 장난감으로 여자를 추구한다. … 당신이 여자들에게 간다고? 그러면 회초리를 잊지 않도록 하라."[51]

이 마지막 문장으로 니체는 정통파 사람들의 코에 악취를 풍겼지만, 문맥상 그 문장은 감각적인 경구 그 이상으로 그의 주장을 분명

51 '차라투스트라는 이렇게 말했다' 중에서.

하게 전하고 있다. 그는 모성 본능의 토대에 자리 잡고 있는 철저히 비양심적인 면을, 인간을 관찰하는 사람 모두에게 익숙한 그런 비양심적인 면을 지적하고 있다. 정말로, 모성 본능이 세상사에 너무나 강력한 요소로 작용하기 때문에, 우리 인간은 옛적부터 불가피한 것을 훌륭한 것으로 명명하는 장치를 이용해 그 본능을 숭고한 미덕으로 칭송했다. 그렇지만 우리는 모성 본능이 진리와 정의에 반대한다는 것을 본능적으로 알고 있으며, 그래서 법률서들은 남편 앞에서 범죄를 저지르는 여자는 남편에게 이로운 일을 하려는 욕망에 끌려 그런 행동을 한 것으로 여겨져야 한다고 정하고 있다. 이 욕망은 곧 남편의 보호와 선의를 지키려는 욕망을 뜻한다. "남자의 행복은 '내가 하는' 데 있고, 여자의 행복은 '그가 하는' 데 있다."[52]

니체는 모성이 부성보다 훨씬 더 숭고하다고 생각했다. 모성이 보다 예리한 종족 책임감을 낳는다는 이유에서다. 그는 "임신한 여자의 상태보다 더 축복 받은 상태가 있는가?"라고 물으면서 "세속의 정의(正義)도 판사와 교수형 집행인이 그런 상태의 여자를 건드리는 것을 허용하지 않는다."고 말했다. 그는 또 여자의 거짓 마조히즘이 겉으로 무력한 모습을 보임으로써 남자가 영웅적인 노력을 펴게 하고 남자의 일에 활력과 방향을 제시한다는 것을 알았다. 그런 여자에 의해 일깨워진 남자의 권력 의지가 세상의 위대한 행동들 중 많은 것을 낳았다는 사실을, 그리고 여자는 다른 목적에 전혀

---

52 '차라투스트라는 이렇게 말했다' 중에서.

이바지하지 않는다 하더라도 그 같은 사실 하나만으로도 인간이 승자에게 부여할 수 있는 최고의 보상을, 명예나 보물보다 더 큰 보상을 누릴 수 있다는 것을 그는 알았다. 정말로, 인간이 대체로 오늘날과 같은 모습으로 남아 있는 한, 많은 사람의 선망의 대상이 된 아름다운 여자를 얻는 것은 남자의 노력에 공국(公國)을 정복한 것만큼이나 큰 자극이 될 것이다.

니체가 하나의 제도로서 결혼 생활의 미래에 관한 생각을 전혀 글로 남기지 않은 것은 유감스런 일이 아닐 수 없다. 그래도 그가 "레이디", 즉 화려하지만 완전히 기생(寄生)하는 존재가 되어 버린 여자에 대한 쇼펜하우어의 분석에 동의했다고 믿어도 좋을 이유가 있다. 쇼펜하우어는 레이디라는 가엾은 존재가, 매춘부가 일부일처의 산물인 것과 똑같이, 일부일처라는 이상(理想)의 산물이라는 점을 보여주었다.

불행하게도, 미국과 영국에서 그런 문제들을 놓고 솔직하게 논의하거나 그 문제들에 절대 진리의 기준을 적용하는 것은 불가능하다. 일부일처가 신의 명령이라는 터무니없는 원칙 때문이다. 이 원칙으로 인해, 한 민족의 문명은 그 민족의 여자들의 의존도에 따라 측정될 수 있다는, 똑같이 터무니없는 추론이 가능해진다.

후손들에게 정말 다행하게도, 이 마지막 원칙은 급속도로 사라지고 있다. 이 원칙의 쇠퇴가 좀처럼 눈에 두드러지지 않고 완전히 오해를 받고 있지만 말이다. 우리는 주변에서 여자들이 더욱더 독립적이고 자립적인 존재가 되고 있다는 것을, 또 개인으로서 여자들이 개별 남자들의 선의와 보호를 추구하고 지킬 필요성을 점점 덜 느끼고 있다는 것을 확인하고 있다. 그러나 우리는 이런 경향이 가족은 꼭 필요한 제도라는 고대의 이론을 급속도로 허물고 있다는 사실을, 그리고 가족이 없으면 진보가 불가능하다는 사실을 간과하고 있다.

사실, 가족이라는 개념은 오늘날 존재하고 있는 모습 그대로 전적으로 여자는 무력하다는 생각에 바탕을 두고 있다. 여자들이 아이들의 아버지의 도움을 받지 않고도 자신과 자식들의 생계를 책임질 수 있게 되자마자, 예전에 가족의 초석이었던 남자는 자신의 일이 사라진 것을 발견할 것이며, 그런 남자에게 더 이상 필요하지 않게 된 의무들을 법이나 관습으로 이행할 것을 요구하는 것은 터무니없을 것이다. 당신의 남자 보호자를 없애고, 당신의 여자 식객을 없애 버려라. 그러면 당신의 가족은 어디에 있는가?

이 같은 경향은 여러 가지 현상에 의해 경험적으로 드러나고 있다. 그 현상을 구체적으로 본다면, 가족 개념이 인간에게 씌운 족쇄에 반대하는 반란이 증가하고 있고, 이혼은 개인의 편의에 관한 문제라는 인식이 강해지고 있고, 세계시민주의가 고립과 배타성을 상대로, 그리고 인간들이 같은 피를 나누고 있기 때문에 반드시 서로 사랑해야 한다는 옛 사상의 다른 파생물들을 상대로 전쟁을 성공적으로 치르고 있고, 문명화된 인간들 사이에 부모가 되는 것 자체가 훌륭하다는 인식보다 더 논리적인 이유도 없이 부모 되기를 기피하는 사람들이 늘어나고 있는 예들이 있다.

한마디로 요약하면, 세상의 여자들 중 상당한 비중이 남자들의 일을 할 수 있게 되고, 따라서 남자들의 도움 없이 자신과 자식들의 생계를 꾸려갈 수 있게 되자마자, 결혼이라는 제도를 상대로, 무의식적으로 임한다면 위험해질 그런 전쟁이 전면적으로 전개될 것이다. 이에 대해, 여자들이 육체적으로 남자들과 동등하지 않고, 여자들이 아이를 키우는 일 때문에 지속적으로 남자들보다 육체적으로 약한 상태로 남을 것이라는 사실 때문에, 그런 일은 절대로 일어나지 않을 것이라고 반박할 수 있다. 그러나 이 반박에 대해, 육체를 반복적으로 활용하다 보면 여자들의 육체적 적절성이 크게 증대되고, 과학이 몇 년 안에 육아의 부담을 크게 줄여줄 것이고, 독립을 추구하는 여자는 자신과 아이들을 지키는 것으로 끝나지만 오늘날의 남자는 자신과 아이들뿐만 아니라 여자까지 돌봐야 한다고 대답할 수 있다.

10장

정부

그보다 앞서 활동했던 스펜서처럼, 니체는 최선의 정부 체제는 능률적이고 지적인 개인의 욕망과 모험을 가능한 한 간섭하지 않는 정부라고 믿었다. 말하자면, 니체가 말하는 제1 계급의 구성원들 사이에 일종의 명예로운 아나키(무정부 상태)를 확립하는 것이 최고의 길로 여겨졌다는 뜻이다. 이 계급의 구성원들은 모두 자신의 운명을 자유롭게 스스로 개척해야 한다. 공통의 이익에 관한 법을 제외하곤, 그 계급의 구성원이 다른 구성원들과 관계를 맺는 일을 규제하거나 제한하는 법, 특히 그 구성원이 낮은 2개의 계급의 소망과 요구를 따르게 하는 법은 절대로 없어야 한다. 한마디로 말해, 높은 계급의 인간은 낮은 계급들에 대해 전혀 책임을 지지 않아야 한다. 높은 계급의 구성원은 가장 낮은 계급을 단지 높은 계급의 행복을 위해 최대한 참을성 있게 효율적으로 일하도록 태어난 노예들의 종족으로 여겨야 한다. 제1 계급의 구성원은 또 군사 계급을 오직 그의 명령을 수행함으로써 노예 계급이 그에게 반항하는 것을 막아야 하는 종족으로 보아야 한다.

이를 근거로 보면, 니체는 표면적으로 오늘날 서양 세계에 널리 퍼져 있는 것 같은 두 가지 정부 조직에 똑같이 정면으로 반대했던 것이 분명하다. 군주제의 이상에 대해서도, 민주제의 이상에 대해서도 니체는 똑같은 말로 경멸을 표현했다. 절대 군주제 하에서, 군사 계급 또는 법을 집행하는 계급이 부당하게 찬양을 받았으며, 그 계급을 영속화하려는 경향과 모든 실험과 진보에 반대하는 경향이 위압적인 수준에 이르렀다고 니체는 믿었다.

한편, 공산주의식 민주주의 하에서 권력을 둔하기만 한 무리의 수중으로 넘기는 실수가 저질러졌다. 이 무리는 분명히 무지하고, 남의 말에 쉽게 넘어가고, 미신을 믿고, 타락하고, 잘못되어 있는데도 말이다. 이 무리의 타고난 경향은 군사 계급 못지않게 변화와 진보에 강하게 버티며, 어쩌다 사건이 발생해 틀에서 벗어나는 실험을 시도하기라도 하는 날이면, 이 무리는 전제나 결론에서 거의 언제나 실수를 저지르고, 따라서 오류와 무능의 늪에 절망적으로 빠져들게 된다고 니체는 말했다. 무리가 진리에 대해 느끼는 감정은 니체가 볼 때 거의 제로다. 무리의 정신은 오도하고 있는 외형 그 아래를 절대로 보지 못한다. 차라투스트라는 "시장에서 사람은 제스처를 근거로 확신하며, 진짜 원인들은 민중의 신뢰를 얻지 못한다."고 말했다.

일반 대중이 이처럼 무능하다는 것이 실제로 사실이라는 것은 니체 이전의 수많은 철학자들에 의해서도 관찰되었으며, 그것을 증명하는 새로운 증거가 매일 세상에 펼쳐지고 있다. 보통선거권 또는 그와 비슷한 것이 정부의 중요한 원칙으로 꼽히는 곳마다, 미국에서 "괴짜 법률"(freak legislation)로 알려진 그것이 불변의 악으로 작용하고 있다. 미국 주들의 절대 다수의 법령집을 보면, 한심하다 싶을 정도로 상식에 반하는 법들이 많다. 어느 주의 의회[53]는 보험 적립금을 부정하게 이용하는 것을 막기 위한 노력의 일환으로 보험회사가 수익 사업에 손을 대는 것을 불가능하게 만들 만큼 깐깐한 법들을 통과시켰다. 또 다른 주는 주와 연방의 헌법이 특별히 보장한 권리들에 반대하는 법을 고려하고 있으며, 또 다른 주[54]는 어떤 상황에서도 이혼을 금지하는 법을 통과시켰다.

이런 광경은 미국의 주들에만 국한되지 않는다. 호주에서도 중우(衆愚)정치는 그 나라의 자원과 무역의 자연스런 발달을 불가능하게 하지는 않아도 어렵게 만들 게 틀림없는 그런 규제들로 법을 채우고 있다. 만약 영국과 독일에서 보통선거권의 효과가 덜 분명하게 나타난다면, 그것은 이 나라들의 경우에 이론적으로 프롤레타리아 계급이 주권을 쥐고 있음에도 불구하고 위쪽의 두 계급이 그들을 제대로 제어하고 있기 때문이다.

53   1907년에 열린 위스콘신 주 의회.
54   사우스 캐롤라이나 주.

근본적으로 이런 통제력을 행사하지 못하는 것이 기독교와 공산주의 문명의 장점처럼 보였듯이, 니체에게는 그런 통제력을 행사할 수 있는 능력이 현대의 모든 정부 형태들의 장점처럼 보였다. 영국에서, 군사 및 법률 계급은 1867년의 개혁법에도 불구하고 옛날의 지배권을 확보했으며, 독일에서는 사회주의자들이 이따금 성공을 거둠에도 불구하고 군사 귀족이 중산층의 허영에 호소함으로써 사회주의자들을 상대로 한 싸움에서 승리를 거두는 것이 언제나 가능하다.

미국에서 프롤레타리아 계급은 자신들이 탁월하게 잘 할 수 있는 일에 종사하지 않을 때에는 대개 니체가 말하는 제1 계급이나 제2 계급의 도구가 된다. 달리 말하면, 평균적인 법안은 다 가격이 있는데, 이 값을 치르는 사람은 종종 옛날의 법이 아무리 불완전하더라도 경솔한 새 법보다는 낫다고 믿는 사람들이다. 분명히, 미국인들 중에서 가장 지적이고 능력 있는 사람들, 그러니까 제1 계급의 구성원들은 돈을 싸들고 법을 공개적으로 구입하러 주의 수도로 자주 가지 않지만, 그럼에도 불구하고 그들의 영향은 자주 느껴진다. 한 예로, 시어도어 루즈벨트 대통령은 프롤레타리아 계급에게 자신의 관점을 한 번 이상 강요했으며 심지어 그 계급이 진정으로 디오니소스적인 사상인 중앙 집중화의 옹호자로서 그의 깃발 아래로 들어오도록 했다. 또 남부의 주들에서, 다소 감상적인 방식으로 니체의 제1 계급을 대표하는, 교육 받은 백인 계층은, 흑인이 어딜 가나 다수이고 그래서 민주주의 이론에 따르면 흑인이 주의 권력을 대표한다는 사실에도 불구하고, 흑인 대중으로부터 표를 사는 것이 쉽다는 사실을 발견했다. 따라서 민주주의에 반대하는 니체의 주장은 형제애에 대한 반대와 마찬가지로 인간 종족의 진보에 이로운 활동을 하는 사람들은 누구든 본능적으로 민주주의와 형제애를 거부하게 되어 있다는 가설에 근거하고 있는 것이 분명하다.

물론, 니체가 강조하는 아나키는 요한 모스트(Johann Most)[55]와 그의 무지한 지지자들이 전파한 아나키와 아주 많이 다른 것이 분명하다. 후자의 아나키는 적응력 떨어지는 자들이 적응력 탁월한 사람들의 착취를 피할 수 있도록 하기 위해 모든 법들을 정지시킬 계획을 짰지만, 전자의 아나키는 적응력 떨어지는 사람을 사실상의 노예로 전락시켜 주인 계급의 법에 복종하도록 만든다. 이 주인 계급은 계급 구성원들 사이의 관계에 관한 한 자연 선택의 법칙 외에 다른 법을 전혀 인정하지 않는다.

평균적인 미국인이나 영국인에게는 아나키라는 이름 자체가 전율을 일으킨다. 아나키라고 하면 먼저 한 손에 수류탄을 들고 다른 한 손에 맥주잔을 든, 헝클어진 턱수염을 기른 비천한 암살자들로 인해 공포에 떠는 그런 나라부터 떠오르기 때문이다.

그러나 실은 모든 법이 내일 한꺼번에 폐기되는 경우에 그런 야비한 인간이 하루라도 살아남을 수 있을 것이라고 믿을 이유는 전혀 없다. 그들은 현재의 온정주의에서도 무능하고, 디오니소스적

---

55 독일 아나키스트로 미국으로 건너가 '프라이하이트'(Freiheit)라는 혁명적인 신문을 발행했다.

인 아나키에서도 마찬가지로 무능할 것이다. 두 가지 상태 사이의 유일한 차이는 전자가 법으로 그런 부류의 인간들을 보호하는 반면에 후자는 그들을 소멸시키는 과정을 신속히 진행시킬 것이라는 점뿐이다. 한마디로 말하면, 디오니소스적인 상태는 술 취한 게으름뱅이들의 승리가 아니라 오늘날 진보에 기여하고 있는 바로 그 사람들의 승리를 보게 될 것이다. 강하고 자유롭고 자립적이고 재치 있는 사람들의 능력이 일반 대중의 능력보다 월등히 더 크기 때문에, 이론적으로 보면 대중이 그들을 지배할 권리를 갖고 있고 또 그들을 지배하려고 노력하고 있지만, 실제로 보면 유능한 계급의 사람들이 종종 대중에게 자신의 사상을 강요할 수 있다.

니체의 아나키는 능력의 귀족주의를 창조할 것이다. 지적이고 독창적이고 통찰력 있는 사람을 뜻하는 강한 사람은 자신의 의지 외에는 어떤 권위도 인정하지 않으며 자신에게 유익한 것 외에는 어떤 도덕도 인정하지 않을 것이다. 앞의 여러 장에서 본 바와 같이, 이 같은 태도는 자연 선택의 법칙을 논란이 되었던 그 옥좌에 다시 확고히 올려놓을 것이다. 그러면 강한 사람은 더 강하고 유능해질 것이고, 약한 사람은 더 종속적이고 유연해질 것이다.

이 대목에서, 많은 비평가들, 특히 사회주의 진영 쪽의 비평가들이 니체의 주장에 반대하는 내용을 간략히 살펴보고 넘어가는 것도 좋을 듯하다. 틀림없이, 마르크스(Karl Marx)의 유물론적인 역사 개념을 아주 엄격하게 받아들였을 그 비평가들은 니체가 말하는 높은 인간이 반드시 대중적인 연설가와 작가들이 "실업계의 거물"

이라고 부르는 그 계급에 속한다고 가정했다. 말하자면, 니체가 말하는 높은 인간을 금융의 해적과 동일한 존재로 여겼다는 뜻이다. 이유는 그들에게는 금융의 해적이 오늘날 유일하게 진정으로 "강하고, 자유롭고, 자립적이고 똑똑한" 인간처럼 보이고, 실제로 "자신의 의지 외에 그 어떤 권위도 인정하지 않는" 인간처럼 보이기 때문이다.

사실은, 이 가정들은 모두 틀렸다. 첫째, "실업계의 거물"은 보통 디오니소스적인 존재와 정반대이며, 그들은 영구한 법이라는 인위적인 도움이 없으면 종종 생존 투쟁 과정에 사라진다. 둘째, 무리의 관점에 강력히 반대하면서 무리의 관점을 누르기 위해 아주 강하게 싸우는 사람들, 그러니까 진정한 범죄자들과 가치 재평가자들과 법 위반자들은 록펠러(John Davison Rockefeller) 같은 사람들이 아니라 파스퇴르(Louis Pasteur) 같은 사람들이고, 모건(John Pierpont Morgan)과 훌리(Ernest Terah Hooley) 같은 사람이 아니라 헉슬리나 링컨(Abraham Lincoln), 비스마르크, 다윈, 피르호(Rudolf Virchow), 헤켈, 홉스(Thomas Hobbes), 마키아벨리(Niccolo Macchiavelli), 하비(William Harvey), 그리고 예방 접종의 아버지 제너(Edward Jenner)의 유형을 따르고 있는, 가짜를 깨부수고 진리를 말하고 집단에 맞서는 사람들이다.

이 긴 목록 중에서 한 사람만 선택한다면, 제너는 진정으로 디오니소스적인 인물이었다. 왜냐하면 그가 자기를 뺀 나머지 인간들이 거의 동의하는 의견에 맞서 자신의 의견을 대담하게 내세웠기 때문이다. 영국에서 그의 뒤에 온 지배 계급의 구성원들 사이에, 말하자면 예방 접종을 의무화했던 사람들 사이에, 디오니소스의 정신이 더욱 뚜렷하게 나타났다.

일반 대중은 예방 접종을 원하지 않았다. 그들이 무지한 탓에 예방 접종 이론을 이해하지 못했으며, 또 너무나 어리석은 탓에 적어도 몇 년 동안은 눈에 드러나지 않는 이점에 강한 인상을 받을 수 없었기 때문이다. 그럼에도 대중의 지도자들은 대중이 자신들의 뜻과 상관없이 팔을 걷어 올리도록 만들었다. 왜 그랬을까? 지배 계급이 인류에 대한 끝없는 사랑에 사로잡혀 기독교의 뜻을 받들어 인류에게 헌신했기 때문일까?

절대로 그렇지 않다. 입법자들의 진정한 동기는 두 가지 고려 사항에서 발견될 것이다. 첫째, 천연두의 유행으로 고통을 겪은 프롤레타리아 계급은 장애를 가진 집단이 되었으며, 따라서 이 집단이 영국의 들판과 공장에서 상위 계급에 이바지할 수 있는 능력이 심각할 정도로 훼손되었다. 둘째, 천연두가 빈민가에 창궐할 때 그 팔을 저택과 성(城) 쪽으로도 뻗는 나쁜 버릇을 갖고 있다는 사실을 경험이 보여주었다. 그래서 프롤레타리아 계급에게 예방 접종을 시켰고, 그 결과 천연두가 사라지게 되었다. 프롤레타리아 계급에게 그런 조치를 취한 것은 지배 계층이 노동자들을 사랑해서가 아니라, 노동자들이 자신들을 위해 최대한 지속적으로 일을 할 수 있도록 하고 노동자들로부터 지배 계층의 목숨과 행복에 위협적인 요소를 제거하기 위해서였다.

이런 조치에 주도권을 행사했다는 점에서 보면, 영국의 군사 지배 계급은 니체가 말하는 제1 계급의 탁월성을 보여주었다. 자신의 아이디어를 제시하면서 군사 계급이 그것을 실행에 옮기도록 한 제너야말로 제1 계급의 이상적인 구성원이라고 아니할 수 없다. 그의 앞에 놓여 있었던 목표는 영원한 명성이었으며, 그는 그것을 성취했다.

내가 옆길로 상당히 긴 시간 빠진 것도 나름대로 이유가 있다. 왜냐하면 니체의 반대자들이 오류를 큰 소리로 천 번도 더 외치면서 아주 많은 사람들에게 그것이 진리라는 식으로 거의 설득했기 때문이다. 물론, 에너지를 돈의 축적에 쏟는 많은 사람들도 그 방법과 목적에 있어서 진정으로 디오니소스적일 수 있는 것은 사실이지만, 그 만큼 많은 다른 사람들은 그렇지 않다는 것 또한 마찬가지로 사실이다.

니체는 돈벌이에 혈안이 된 종족을 괴롭히는 위험들을 잘 알고 있었으며, 그는 그 위험들에 대해 경고했다. 무역은 안전에 바탕을 두고 있기 때문에 법과 습관의 영속성을 강화하는 쪽으로 작동하는 경향이 있다. 이 법과 습관의 실질적인 유용성에 대해 의문이 공개적으로 제기된 뒤에도 그런 경향은 여전할 것이다. 영국에서 자유무역이 지속되고 있고, 미국에서 보호주의가 지속되고 있는 것으로도 그 같은 경향을 확인할 수 있다. 양쪽 나라에서 두 제도가 채택된 이후로 두 나라의 생존 조건이 실질적으로 많이 바뀌고, 두 나라에서 제도 개혁을 요구할 근거가 충분함에도 불구하고, 제도가 좀처럼 바뀌지 않고 있는 것이다.

그렇다면 니체가 자신의 높은 계급에 속하는 사람으로 단순한 백만장자를 생각하지 않은 것이 분명하다. 주의 깊게 분석하면 모건이 어쩌면 디오니소스적인 인물로 확인될 수도 있겠지만, 그가 즐겨 했다는, 기존의 제도는 가급적 그대로 두도록 하자는 호소가 나올 수 있는 성격의 소유자는 디오니소스적인 존재가 아닌 것이 확실하다.

또 다시 니체의 많은 비평가들은 기존 정부 제도들에 대한 니체의 비판을 그 제도들을 즉각 폭력적으로 폐지하자고 주장하는 것으로 착각하고 있다. 예를 들어, 니체가 군주제와 민주제를 통렬히 비판할 때, 비평가들은 그가 기존의 모든 지배자들을 암살하고, 기존의 모든 정부를 전복시키고, 그 자리에 카오스와 대학살, 강탈과 아나키를 놓기를 원한다고 결론을 내린다.

당연히 그런 결론은 통탄스런 오류다. 니체는 개혁이 한 순간에 성취될 수 있다거나 인간의 성격과 사고의 습관이 단 한 차례의 번개에 의해 바뀔 수 있다고 절대로 믿지 않았다. 실제로 그의 전체 철학은 무한히 힘들고 무한히 오랜 단계들을 통한 느린 진화라는 개념에 바탕을 두었다. 니체가 시도한 모든 것은 자신의 시대에 저질러지고 있던 오류들을 암시하고, 미래에 받아들여질 진리들의 대략적인 성격에 대해 언급하는 것이었다.

진보가 일어나는 것은 어디까지나 회의와 비판과 반대를 통해서라고, 또 모든 위험들 중에서 가장 큰 위험은 무기력이라고 그는 믿었다. 따라서 그가 기존의 모든 정부 체제들을 비난할 때, 그것은 그가 정부 체제들이 근본적인 오류를 바탕으로 하고 있다고 본다는 것을 의미하고, 또 그가 세월이 흐르는 과정에 이 오류가 관찰되고 인정되고 해소될 것이라고 바라고 있고 또 그렇게 될 것이라고 믿고 있다는 것을 의미할 뿐이다. 일이 그런 식으로 전개되어야만 갈수록 덜 위험한 오류들이 들어설 공간이 생길 것이고, 최종적으로 진리가 들어설 공간이 생길 것이다. 그런 식으로 이끄는 것이 그의 임무였으며, 그도 그렇게 인식하고 있었다. 오류가 보일 때마다 그것을 공격하고, 진리가 발견될 때마다 그것을 선언하는 것이 그의 임무였던 것이다. 인간이 도움을 받을 수 있는 것은 단지 그런 인습 타파와 개종을 통해서이다. 실수를 바로잡는 것은 오직 그것이 인식되고 인정된 뒤에나 가능하다.

니체가 "자유로운 정신"을 주장하는 것이 위를 향한 투쟁에서 협력의 효율성을 부정하는 것은 결코 아니지만, 자유로운 정신은 협력에서 인간 진보의 유일한 도구를 보는, 맹목적인 물신 숭배를 지지하지 않는다. 니체는 "과거에 진보의 중요한 결과는 우리가 야생 동물과 야만인, 신과 우리 자신의 꿈을 두려워하지 않으면서 살게 된 것이었다."고 말한다.

이와 관련해, 조직화된 정부가 우리를 구조한 데 대해 감사의 소리를 들어야 한다는 주장도 가능하지만, 조금만 생각해 봐도 그 같은 인식은 오류라는 사실이 드러난다.

인간이 야생 동물을 상대로 벌인 전쟁은 어디까지나 개인주의자들에 의해 치러졌으며 승리도 개인주의자들의 몫이었다. 이 개인주의자들은 자신과 자식들의 개인적 안전 외에 다른 목표를 염두에 두지 않았으며, 만약 야생 동물들을 상대로 전투를 벌이는 동안에 발명되어 활용된 무기들이 없었더라면, 뒤이어 야만인들과 벌인 전쟁은 불가능했든가 성공적이지 못했을 것이다.

여기서 다시, 우리가 신들과 징조들에 관한 미신으로부터 자유로워진 것이 공동의 노력을 통해서가 아니라 개인적인 노력을 통해서였다는 사실이 분명해진다. 우리를 자유롭게 만든 진리를 우리에게 안겨준 것은 지식이었지 정부가 아니었다.

정부는 본질적으로 진리의 증대에 반대한다. 정부의 경향은 언제나 영속성을 추구하고 변화에 반대한다. 기존의 법체계나 도덕을 갖지 않은 정부는 상상조차 되지 않으며, 앞에서 본 바와 같이, 그런 조직들은 절대 진리를 찾으려는 노력에 강하게 반대한다. 그러므로 인류의 진보는 정부의 결과이기는커녕 정부의 도움이 전혀 없는 상태에서, 아니 정부의 강력한 반대에 직면한 가운데서 이뤄졌다. 함무라비 법전, 메디아와 페르시아의 법률들, 나폴레옹 법전, 영국의 보통법 등은 종국적 진리를 찾으려는 인간의 노력을 십계명만큼이나 지체시켰다.

니체는 인간에게 공동체를 형성하려는 갈망이 본래부터 있다는 주장을 전적으로 부정한다. 인간 존재에게도 (다른 모든 동물들과 마찬가지로) 단 하나의 제1의 본능, 즉 살아남으려는 욕망이 있다고 그는 말한다. "자연 도덕"이 존재한다고 주장하는 모든 사고 체계는 틀렸다. 심지어 문명화된 모든 백인에게 내재하는 것 같은, 진실을 말하려는 경향도 "타고나는" 것이 아니다. 왜냐하면 그런 경향이 실질적으로 전혀 없는 종족들이 과거에 늘 있어 왔고 지금도 있기 때문이다.

소위 사회적 본능에 대해서도 똑같이 말할 수 있다. 인간은 군집 동물이며 오직 동료들과 함께 있을 때에만 행복할 수 있다고 공산주의자들은 말한다. 그것을 뒷받침하는 증거로, 그들은 외로움이 어디서든 고통스런 것으로 여겨지고, 하등 동물들 사이에서도 서로 연합하려는 충동이 있다는 사실을 제시한다.

마지막 문장에 제시된 사실들에 논란의 여지가 없지만, 그렇다고 그 사실들이 충족 자체를 목적으로 여길 만큼 강력한 그런 기본적인 사회적 감정이 존재한다는 것을 증명하는 것은 결코 아니다. 바꿔 말하면, 새들이 함께 모이듯이 인간들이 함께 모이는 것은 분명하지만, 그런 경향의 바탕에 단순히 모이는 즐거움, 그러니까 다른 사람들과 함께 있고 싶어 하는 욕망이 자리 잡고 있다고 보는 것은 지나치다. 반대로, 그런 경향은 사슴이 무리를 짓는 것과 똑같은 이유로 사람들이 공동체를 이룬다는 사실을 보여줄 수 있다. 왜냐하면 그런 결합이 자신을 보호하는 일에서 실제적으로 도움이 된다는 사실을 각 개인이 (아마 무의식적으로) 알고 있기 때문이다.

니체는 공동체가 형성된 뒤에도 각 개인이 다른 사람들의 욕망을 무시하고 자기 자신을 보살피려 드는 욕망이 지속된다는 것을, 그리고 모든 무리에는 약한 구성원과 강한 구성원이 있다는 것을 보여준다. 강한 자는 일이 생길 때마다, 이를테면 양식을 마련하기 위해 동물을 잡는 등의 힘들고 궂은 일을 약한 자들에게 강요하거나 전쟁이 발발하는 경우에 약한 자들을 최전선에 배치함으로써 약한 자들을 희생시킨다. 그 결과, 가장 약한 자들은 지속적으로 제거되고, 강한 자들은 언제나 더 강해지게 된다. 니체는 "그리하여 최초의 '국가'가 끔찍한 폭정의 형태로 나타났다. 최초의 원재료인 유인원이 기민하고 효율적인 인간으로 다듬어질 때까지, 폭력적이고 무자비한 기계 같은 이 폭정은 그런 식으로 약한 자들을 솎아내는 과정을 계속했다."고 말한다.

이제 어떤 나라가 주변의 나라들보다 두드러지게 강해진다고 가정하자. 그러면 그 나라는 반드시 주변 국가들을 예속시키려 들 것이다. 그리하여 더욱 큰 나라들이 생겨나지만, 그 큰 나라에는 언제나 지배하는 주인 계급이 있고 예속된 노예 계급이 있다.

니체는 이렇게 말한다.

"이것이 이 땅에 나라가 생기게 된 기원이다. 구성원들이 전반적인 동의를 통해서 나라를 건설했다는 공상적인 이론이 있음에도 말이다. 명령할 수 있는 사람, 태생적으로 주인인 사람, 행동과 몸짓이 폭력적인 사람이 왜 합의를 필요로 하겠는가? 그런 존재들은 아무런 이유나 핑계 없이 운명처럼 그냥 생겨난다. … 그들의 일은 본능적으로 형태들을 창조하는 것이다. 그들은 예술가들 중에서 가장 무의식적인 존재들이다. 그들이 나타나는 곳마다, 당장에 새로운 무엇인가가, 살아 있는 어떤 정치적 유기체가 창조된다. 이 유기체 안에서 개인적인 부분과 기능이 분화되고 서로 연결되며, 거기선 전체에 아무런 기여를 하지 않는 것에는 어떤 관용도 허용되지 않는다. 타고난 지배자들은 죄의식도 모르고, 책임도 모르고, 자비도 모른다. 그들은 엄격한 이기심의 지배를 받고 있으며, 그들의 이기심은 자체의 노력으로 정당화된다는 것을 잘 알고 있다. 엄마가 자신의 아이에 의해 정당화된다는 것을 알고 있듯이."

국가들이 어느 정도의 영속성을 확보하고 서로의 관계에 윤리적 개념을 끌어들인 이후에도, 그 국가들은 여전히 제1의 권력 의지를 갖고 있다는 사실을 지속적으로 드러낸다고 니체는 강조한다. 개인도 마찬가지이다. 개인의 모든 행위의 바탕을 보면 이 권력 의지가 작용하고 있다.

니체는 이렇게 말했다.

"나라를 불문하고 일반 대중은 최고의 쾌락을, 즉 자신들이 현실 속에서나 상상 속에서 다른 존재들을 지배하고 있다는 감정을 얻기 위해서 자신의 목숨과 재산과 양심과 미덕을 희생시킬 준비가 되어 있다. 이런 경우에 일반 대중은 본능적인 욕망을 자신들에게 유리한 방향으로 이용하고, 그렇게 함으로써 그들은 야심적이거나 선견지명이 있는 군주가 국민의 선한 양심을 평계로 전쟁을 벌이도록 만든다. 위대한 정복자들은 언제나 찬사를 입에 달고 살았다. 정복자들은 늘 주변에 군중을 두고 있었다. 그 군중은 군주의 말에 한껏 고양되어 그런 의기양양한 감정에서 나오는 말 외에 다른 말에는 전혀 귀를 기울이지 않았을 것이다. … 사람은 권력 감정을 느낄 때 기분이 좋아지고 스스로에 대해 좋게 생각하지만, 그의 권력의 무게를 견뎌내야 하는 사람들은 그에 대해 사악하다고 말한다. 그런 것이 도덕적 판단의 신기한 가변성이다. … 헤시오도스는 세상의 나이를 셈하는 우화에서 호메로스의 작품에 등장하는 영웅들의 나이를 배로 늘렸다. 그 같은 행위가 호메로스 시대의 전제 군주들에게 짓밟힌 조상을 둔 사람들에겐 사악해 보인 반면에, 그 전제 군주들의 손자들에게는 훌륭해 보였다. 따라서 헤시오도스에겐 자신이 한 대로 하는 외에 달리 대안이 없었다. 호메로스의 독자가 양쪽 계급의 후손들로 이뤄져 있었으니 말이다.”[56]

니체는 인도주의와 민족주의에서 쇠퇴와 망상만을 보았다. 일반 대중에게 사랑을 표현하는 것은 그에게 터무니없어 보였으며, 인간들 중 어느 한 민족 또는 부족을 다른 모든 민족들보다 더 사랑하는 것도 그에겐 마찬가지로 터무니없어 보였다. 그래서 그는 문명화된 모든 정부 체제의 바탕에 자리 잡고 있으면서 사실상 국가의 개념을 이루고 있는 두 가지 이상(理想)의 유효성을 부정했다. 그는 자신을 독일인이 아니라 “훌륭한 유럽인”이라고 불렀다.

니체는 이렇게 말했다.

“우리 훌륭한 유럽인들은 ‘인간을 사랑할’ 만큼 충분히 프랑스적이지 않다. 인간에게 정열적으로 다가서려는 사람은 프랑스인이 가진 에로티시즘의 과잉에 의해 손상을 입어야 한다. 인간이라고! 아니, 우리는 인간을 사랑하지 않는다. … 한편, 우리는 민족주

---

56 ‘여명’ 중에서.

의와 민족 혐오를 옹호하거나 유럽 국가들 사이에 검역소를 세우는 민족적 패혈증에 기쁨을 느낄 만큼 충분히 독일적이지 않다. 우리는 그렇게 하기에는 너무나 편견이 없고, 너무나 사악하고, 너무나 까다롭고, 너무나 견문이 넓고, 너무나 여행을 많이 했다. 우리는 홀로 계절을 잊은 채 산지에서 사는 것을 선호한다. 한마디로 말해, 우리는 수천 년에 걸친 유럽의 사상을 풍부하게 물려받은 훌륭한 유럽인들이다. …

우리는 우리 자신처럼 위험과 전쟁과 모험을 사랑하는 모든 것에서, 타협하지 않고 정복당하지 않고 회유당하지 않는 모든 것에서 기쁨을 느낀다. … 우리는 세상이 새로운 질서를 필요로 하는 문제에 대해, 심지어 새로운 노예제도의 필요성에 대해 곰곰 생각한다. 왜냐하면 인간 종족을 강화하고 상승시키는 과정은 언제나 노예들의 존재를 수반하기 때문이다. …

수평선은 막힘이 없다. … 우리의 배들은 위험을 무릅쓰고 한 번 더 항해를 시작할 수 있다. … 바다, 우리의 바다가 우리 앞에 펼쳐지고 있구나!"[57]

57　'즐거운 학문' 중에서.

11장

범죄와 처벌

인간이 다른 동물들과 가장 두드러지게 다른 점은 약속을 하고 지키는 능력이라고 니체는 말한다. 말하자면, 인간은 훈련이 잘 된 효율적인 기억력을 갖고 있고, 그 능력이 인간으로 하여금 오늘의 인상을 미래로 투영하는 것을 가능하게 한다는 뜻이다.

인간의 의식에 각인된 무수히 많은 인상들 중에서, 인간은 일부 선택된 인상을 망각의 늪으로부터 구할 수 있다. 동물은 이 능력을 거의 전적으로 결여하고 있다. 동물이 기억하는 것들은 수적으로 많지 않으며, 동물은 자신의 기억을 강화할 수단을 전혀 갖고 있지 않다.

그러나 인간은 그런 수단을 갖고 있으며, 그것은 흔히 양심이라 불린다. 그 수단은 기본적으로 고통이 언제나 쾌락보다 더 오래 지속된다는 원칙에 바탕을 두고 있다. 그러므로 "어떤 생각이 오래 머물려면 기억으로 새겨져야 하고, 그 사람을 아프게 하길 결코 중단하지 않는 기억만이 고착되어 남을 수 있다". 그렇다면 세상의 모든 고문과 희생의 저장고가 기억인 셈이다.

예전에 고문과 희생은 인간이 신들에 대한 맹세를 기억하도록 하는 장치에 불과했다. 오늘날 그것들은 법적 처벌의 형태로 살아남았으며, 법적 처벌은 본질적으로 인간이 동료 인간들에게 한 약속을 기억하도록 만드는 장치에 불과하다.

이 모든 것을 근거로, 니체는 현대의 법은 물물교환이라는 원시적인 사상, 즉 모든 것은 등가물을 갖고 있으며 보상이 가능하다는 사상의 파생물이라고 주장한다. 이 사상에 따르면, 어떤 사람이 의무를 어떤 방식으로 망각하거나 수행하지 않을 때 다른 방식으로 그 의무를 수행하게 함으로써 죄의식을 씻어낼 수 있다.

니체는 이렇게 말했다.

"세상에 제일 먼저 존재하게 된 관계는 구매자와 판매자, 채권자와 채무자의 관계였다. 이 바탕 위에서 인간은 처음으로 인간을 정면으로 마주보게 되었다. 아무리 열등한 문명이라도 물물교환 제도는 당연히 갖게 되어 있다. 가격을 정하고, 가치들을 조정하고, 등가물들을 발명하고, 물건들을 교환하는 문제는 인간이 가장 먼저 품었던 생각임에 틀림없다. 그런 문제가 사고 자체였다고 해도 과언이 아닐 것이다. 그런 사고에서 기민함이 생겨났고, 그 기민함에서 다시 인간의 자긍심이, 말하자면 동물 세계보다 우월하다는 감정이 처음 생겨났다. 우리가 쓰는 'man'(manus[58])이라는 단어가 바로 그런 것을 표현하고 있다. 인간은 스스로를 무게를 달고 측정할 줄 아는 존재라고 부른다."[59]

이젠 인간과 인간 사이의 계약 외에, 인간과 공동체 사이의 계약도 있다. 공동체는 개인에게 보호를 제공하기로 약속하고, 개인은 공동체에 그 보호에 대해 노동과 복종으로 갚기로 약속한다. 개인이 공동체의 보호에 노동과 복종으로 보상하지 않을 때마다, 그 사람은 약속을 위반하게 되고, 공동체는 계약을 파기한 것으로 본다.

"그러면 분노한 채권자, 즉 공동체는 채무자, 즉 범법자로부터 보호 받을 권리를 박탈하며, 채무자 또는 범법자는 야만의 상태에서 생명을 위협하는 모든 위험과 온갖 불리한 상태에 그대로 노출된다. 문명의 이 단계에서, 처벌은 단순히 인간이 자신에게 패배한 혐오스런 적에게 정상적으로 하는 행동과 비슷하다. 이때 적은 보호에 대한 권리뿐만 아니라 자비를 요구할 권리까지 상실한다. 이것은 전쟁이 역사 속에 나타난 모든 처벌 형태를 제공했다는 사실을 설명해준다."[60]

이 이론이 정의와 처벌의 모든 개념들을 편의의 개념에 근거를 두고 있다는 사실이 확인될 것이다. 원시시대의 채권자가 채무자에게 돈을 지급할 것을 강요한 이유는 채무자가 갚지 않을 경우에

---

58 'man'이 파생되어 나온 산스크리트어 단어로, '생각하다, 무게를 달다, 가치를 평가하다'는 뜻을 갖고 있다.

59 '도덕의 계보' 중에서.

60 '도덕의 계보' 중에서.

채권자 자신이 고통을 겪게 될 것이라는 사실을 알았기 때문이다. 채무자가 아무것도 내놓지 않고 무엇인가를 챙기려 드는 노력은 그 자체로 나쁘지는 않았다. 왜냐하면 앞의 여러 장에서 보았듯이 이것이 모든 살아 있는 존재들이 무의식적으로 끊임없이 전개하고 있는 노력이고 또 실제로 생의 의지 또는 환경을 지배하려는 의지의 표현들 중에서 가장 익숙한 것이기 때문이다. 그러나 정의를 실현할 기구가 국가의 수중에 들어가게 되었을 때, 가치들에 대한 재평가가 일어났다. 국가에 부담을 안기는 것들은 나쁜 것으로 불렸으며, 좋거나 나쁜 것, 즉 유익하고 해로운 것을 구분하던 옛날의 개인주의적 기준이 선과 악, 즉 옳고 그른 것을 판단하는 기준으로 바뀐 것이다.

이런 식으로, 처벌의 원래 목적이 희미하게 가려지고 망각되었다고 니체는 말한다. 부채를 조정하는 단순한 수단으로 시작했던 처벌이 이젠 도덕적 개념을 강요하는 장치가 되어 버렸다.

도덕관념은 세상에 비교적 늦게 등장했으며, 인간이 신들과 계명, 진복팔단을 발명한 것은 인간이 사색적인 존재가 되고 난 뒤의 일이었다. 그러나 처벌 제도는 그보다 앞서 존재했다. 그러므로 도덕관념, 말하자면 세상에는 선한 것이 있고 악한 것이 있다는 인식은 처벌을 위해 깊이 고민한 끝에 얻어진 결과물이 아니라 비교적 늦은 시기에 처벌 위에 접붙여진 것이 분명하다.

인간은 사물들을 오늘날의 모습 그대로 고려하면서 그것들의 기원에 대해 곧잘 이런 실수를 저지른다고 니체는 지적한다. 예를 들어, 인간은 인간의 눈이 보는 데 이용되고 있기 때문에 눈이 그 목적으로 창조되었다고 결론을 내린다. 한편, 눈이 원래 다른 목적을 위해 창조되었고 사물을 보는 기능은 훗날 생겨났을 가능성도 있다. 마찬가지로, 인간은 처벌이 도덕관념을 강요할 목적으로 발명되었다고 믿고 있지만, 사실 처벌은 원래 편의를 위한 도구였을 뿐이며 도덕규범이 생겨나기 전까지는 도덕적인 장치가 아니었다.

처벌이라는 제도가 지금 처벌의 바탕에 자리 잡고 있는 것처럼 보이는 도덕관념보다 더 오래 되었다는 사실을 보여주기 위해, 니체는 이 도덕관념 자체가 끊임없이 변화해 왔다는 사실을 지적한다. 말하자면, 처벌의 목표와 목적이 민족과 개인에 따라서 달리 인식되었다는 뜻이다.

어느 권위자는 처벌을 범죄자를 무력하고 무해한 존재로 만들어 미래에 추가적인 불행을 막는 수단으로 본다. 다른 한 권위자는 처벌을 사람들이 법과 법 집행자에게 두려움을 품도록 만드는 수단으로 본다. 또 다른 권위자는 처벌을 부적합한 자들을 파괴하는 장치로 본다. 또 다른 권위자는 처벌을 사회가 악한 행위를 한 사람에게 사적 복수로부터 보호해 주는 대가로 부과하는 수수료로 본다. 또 다른 권위자는 처벌을 사회가 사회의 적들을 상대로 선언하는 선전포고로 본다. 또 다른 권위자는 처벌을 범죄자로 하여금 자신의 죄를 깨닫고 뉘우치게 만드는 장치로 본다.

니체는 이런 사상들 모두가 부분적으로 진리일 수 있지만 근본적으로 오류라는 점을 보여준다. 예를 들어, 처벌이 범법자로 하여금 죄의식을 갖도록 한다고 믿는 것은 터무니없다. 범법자는 자신이 죄를 저지른 데 대해 경솔했다는 점을 인정하지만, 그는 또한 사회가 자신의 경솔을 처벌하는 것이 사회가 자신에게 똑같은 종류의 범죄를 저지르는 것이나 마찬가지라고 판단한다. 바꿔 말하면, 범법자는 자신에 대한 처벌을 사회의 죄로 보지 않고는 자신의 범죄를 죄로 인식하지 못한다는 뜻이다. 그러니 범죄자에겐 처벌이 너무나 명백한 모순으로 느껴지게 마련이다.

사실 니체는 처벌이 "두려움을 증대시키고, 신중을 강화하고, 열정을 약화시키는" 역할밖에 하지 못한다고 말한다. 처벌은 그렇게 함으로써 인간을 길을 들일 수는 있겠지만 인간을 더 훌륭하게 만들지는 못한다. 만약 범죄자가 미래에 범죄를 멀리하게 된다면, 그것은 그가 보다 신중해졌기 때문이지 그가 더욱 도덕적인 존재가 되었기 때문은 아니다. 만약 범죄자가 과거의 범죄를 뉘우친다면, 그것은 처벌이 힘들기 때문이지 양심 때문은 아니다.

그렇다면, 양심이란 것은 도대체 무엇인가? 그런 것이 있다는 것을 합리적인 사람은 모두 알고 있다. 그러나 양심의 본질은 무엇이며 양심의 기원은 무엇인가? 만약 양심이 처벌에 따르는 후회가 아니라면, 그것은 도대체 무엇인가? 이에 대해, 니체는 양심은 안쪽으로 돌려진 옛날의 권력 의지에 지나지 않는다고 대답한다.

혈거인의 시대에, 남자는 자신의 권력 의지를 마음대로 휘두를 수 있었다. 주변 환경에 대한 통제력을 증대시키는 그의 행동은 다른 사람들에게 아무리 큰 피해를 안겨도 그에게는 훌륭해 보였다.

그는 도덕에 대해 전혀 아는 것이 없었다. 일들은 그에게 선하거나 악한 것으로 보이지 않았고 좋거나 나쁜 것으로, 말하자면 이롭거나 해로운 것으로 보였다.

그러나 문명이 탄생했을 때, 이 의지의 힘을 통제하고 규제할 필요성이 대두되었다. 개인은 다수의 욕망에 복종해야 했으며, 그때 막 생겨나고 있던 도덕규범을 따라야 했다. 그 결과, 한때 다른 개인들과의 싸움에 쏟아졌던 개인의 권력 의지가 자신에게로 돌려져야 했다. 개인은 이제 다른 사람들을 고문하지 못하고 자신의 몸과 마음을 고문하기 시작했다. 옛날에 개인이 잔인성과 박해에서 느꼈던 희열(모든 건강한 동물들의 특징이다)은 그대로 남았지만, 그는 더 이상 자신의 동료들을 통해서 그 희열을 만족시키지 못했다. 그래서 개인은 그 희열을 자기 자신에게서 추구했으며, 그 즉시 그는 온갖 공포가 수반되는 죄의식의 먹이가 되고 말았다.

이 자기 고문의 최초의 형태들 중 하나는 원시인이 신의 호의에 적절히 감사를 표하지 않았다며 스스로를 비난하는 것이다. 이 원시인은 많은 자연 현상들이 자신을 이롭게 한다는 것을 보았으며, 그는 그런 현상들이 신의 명령에 따라 일어난다고 생각했다. 그래서 원시인은 자신을 신에게 빚을 진 채무자로 여겼으며, 이 빚을 갚는 일을 게을리 한다는 식으로 끊임없이 자신을 비난했다. 왜냐하면 그가 그런 식으로 자신을 비난할 때 스스로 빚을 완전히 갚을 준비가 가장 잘 되어 있다고 느끼고, 또 그렇게 함으로써 불충분한 상환에 따른 결과를 피할 수 있다고 느꼈기 때문이다. 이 같은 생각이 원시인으로 하여금 제물을 바치도록, 그러니까 신의 제단에 먹을 것과 마실 것을 놓도록 했으며, 최종적으로 첫 번째 아기 같은 대단히 소중한 것을 바치도록 했다. 신의 개념이 생생하여 공포를 심하게 불러일으킬수록, 인간은 신을 만족시키고 달래려고 그 만큼 더 열심히 노력했다. 초기에는 푸짐한 식사를 바치거나 아기를 희생시키는 것으로 충분했다. 그러나 정교한 신학과 더불어 기독교가 일어났을 때, 한 인간이 자신을 제물로 바치는 것이 필요하게 되었다.

그리하여 기독교의 죄의식이라는 개념이 생겨나게 되었다. 인간은 자신이 창조주에게 무한한 빚을 지고 있다고, 그래서 진짜 파산자처럼 가진 모든 것을 할부금으로 지급해야 한다고 느끼기 시작했다. 따라서 그는 이 땅 위의 삶을 견딜 만하고 바람직한 것으로 만든 모든 것을 부정하고 빈곤과 고통의 어떤 이상을 세웠다. 가끔 인간은 자신을 동굴에 숨기며, 버려진 개처럼 살았다. 그러면 그 인간은 성인이라 불렸다. 간혹 인간은 자신을 채찍으로 고문하며 상처에다가 식초를 부었다. 그러면 그는 중세의 채찍질하는 고행자라 불렸다. 간혹 인간은 자신의 성적 본능과, 재산과 권력에 대한 타고난 욕망을 죽였다. 그러면 그는 수도원에 사는 무일푼의 독신자가 되었다.

니체는 이 모든 종교의 바탕에서 작용하고 있는 이 죄의 개념은 지금까지 하나의 부조리였고 지금도 부조리라는 점, 그 어떤 것도 그 자체로 죄스러운 것은 없다는 점을, 어떤 인간도 죄인이 아니며 죄인이 될 수 없다는 점을 보여주었다. 만약에 우리가 하늘에 있는 어떤 신에게 빚을 지고 있다는 인식을 스스로 벗어던진다면, 우리는 우리 자신으로부터 죄의 개념을 씻어낼 수 있을 것이다.

그러므로 회의론은 인간을 실제로 변화시키는 것은 전혀 없으면서도 인간이 언제나 더 좋은 기분을 느끼도록 만드는 것이 분명하다고 니체는 주장한다. 회의론은 인간으로 하여금 지옥에 대한 두려움과 죄의식을 버리도록 만든다. 회의론은 인간이 전혀 아무런 소용이 없고 끔찍한 고문 도구인 양심을 버리도록 만든다. 니체는 "무신론이 인간을 순수한 존재로 만들 것"이라고 말한다.

12장

교육

모두가 아는 바와 같이, 교육은 두 가지 중요한 목표를 갖고 있다. 지식을 전하고 문화를 심는 것이 그것이다. 무엇보다 먼저, 학생들 앞에 우주에 관한 사실들, 그러니까 오랜 세월 동안 이뤄진 탐구와 경험의 결실들을 최대한 많이 제시하는 것이 선생의 목표이다. 선생의 그 다음 목표는 학생의 정신 습관을 건강하고 건전하고 씩씩하게 만들고, 학생의 인생관을 자신의 능력을 알고 새로운 문제들을 해결할 수 있는 그런 존재의 인생관으로 만드는 것이다. 한마디로 말해, 고등 교육을 받은 사람은 평균적인 사람보다 훨씬 더 많은 것을 알고, 분별 있고, 논리적인 방식으로 지식의 영역을 꾸준히 증대시키고 있는 사람, 말하자면 궤변을 경계하고 거의 본능적으로 명료한 사고 쪽으로 기우는 사람이다.

그런 것이 이상적인 측면에서 말하는 교육의 목표이다. 실제 교육 분야에서 관찰하듯이, 교육은 종종 이 목표를 성취하는 데 완전히 실패한다. 학생이 평균적인 학교에서 배우는 구체적인 사실들은 그 양이 아주 적고 서로 연결되지 않으며, 학생은 독립적인 사고의 습관을 배우기는커녕 권위를 받아들이도록 훈련을 받는다. 이 학생이 졸업장을 받을 때, 학위는 보통 그가 무리에 합류했다는 것을 알려주는 신호에 불과하다.

나폴레옹에 관한 그의 의견은 단순히 그가 공부한 책들에 담긴 의견을 반영하는 것에 지나지 않는다. 그의 인생관은 단순히 그를 가르친 선생의 철학이다. 아마 젊은 시절 그의 특별한 우상들의 철학에 약간 물들어 있는 것만 다를 것이다. 그는 긴 단어들을 아주 많이 쓸 줄 알고 대수표를 잘 알지만, 정신 작용의 유연성과 정확성이라는 측면에서는 비교적 발전을 이루지 못했다. 만약에 신입생 때 비논리적이고 남의 말을 쉽게 믿고 권위에 휘둘렸다면, 그 학생은 졸업할 때에도 신입생 때나 똑같을 것이다. 따라서 그가 인류에게 지니는 유익성은 아주 조금밖에 커지지 않았다. 왜냐하면 앞의 여러 장들에서 보았듯이, 우직한 소들의 삶보다 상당히 더 훌륭한 삶을 영위하는 유일한 사람은 스스로 논리적으로 명쾌하게 생각할 줄 알고 평생 동안 종국적 진리들을 영원히 추구하는 노력에 어떤 식으로든 도움을 줄 수 있는 사람이기 때문이다.

이 모든 것들의 원인은 정신노동자들 중에서 학교 선생들이 전반적으로 가장 무지하고 가장 어리석은 계급이라는 사실에 있다. 모방이 젊은이의 지배적인 충동이기 때문에, 학생들은 선생들의 어리석음을 어느 정도 습득한다. 그 결과, 가르치는 종족 전체의 영향이 진정한 교육과 문화에 포함되는 모든 것들에 불리하게 작용하고 있다.

이 말이 사실이라는 것은 겉으로 드러나는 것만으로도 충분히 확인되며, 약간만 분석해도 추가적인 증거가 많이 나온다. 첫째 이유로는, 선생이 가르치는 일을 시작하기 전에 자신의 내면에 그나마 남아 있던 독립마저 권위의 제단에 바쳐야 한다는 사실이 꼽힌다.

선생은 학교라는 바퀴의 톱니가 되어 선생보다 높은 권력이 승인하는 것만을 가르쳐야 한다. 그 권력은 독일의 경우에 교육장관에게서, 영국의 경우에 학교의 전통에서, 미국의 경우에 돈을 지원하는 백만장자들의 개인적 확신에서 뚜렷하게 드러난다.

니체가 지적하는 바와 같이, 진리에 대한 교사의 갈망은 언제나 먹을 것과 마실 것과 안락한 침대에 대한 갈망과 반비례한다. 그런데 교사가 본보기로 삼고 있는 사람은 국가로부터 월급을 받음으로써 자유롭게 탐구할 자유를, 그러니까 철학을 가치 있게 만드는 유일한 요소인 탐구의 자유를 포기한 대학의 철학자이다.

니체는 이렇게 말한다.

"어떤 국가도 플라톤과 쇼펜하우어 같은 인물들을 감히 후원하겠다고 나서지 않을 것이다. 왜 그럴까? 국가가 언제나 그런 인물들을 두려워하기 때문이다. 그들은 진실을 말한다. … 따라서 국가의 월급을 받는 철학자가 되기로 한 사람은 국가로부터 진리를 추구할 권리를 포기한 사람으로 대접받는 것도 달게 받아들여야 한다. 그 사람은 그 자리를 지키고 있는 이상 진리보다 더 높은 존재를 인정해야 한다. 그것은 바로 국가이다. …

철학을 대상으로 무엇인가를 증명할 수 있는 유일한 비판, 즉 철학에 따라 삶을 살려는 시도는 대학에서 절대로 일어나지 않는다. 대학에서 유일하게 들을 수 있는 것은 글에 대해 글로 비판하는 것이다. 그런 탓에, 삶의 경험이 많지 않은 젊은 정신은 말만으로 된 무수히 많은 철학 체계와 역시 말로 된, 그 체계들에 대한 비판으로 엉망진창의 상태에 있다. 어찌하여 젊은이의 사기를 이렇게나 심하게 떨어뜨리는가! 어찌 이런 엉터리 교육이! 실제로, 교육의 목표는 배움을 얻는 것이 아니라 시험을 성공적으로 치르는 것이라는 말이 공공연히 나돌고 있다. …

그러므로 나는 정부와 학계가 철학으로부터 인정(認定)과 지원을 철회하는 것이 진보에 반드시 필요한 조건으로 본다. … 철학자들이 자연스럽게 두각을 나타내도록 하고, 그들이 임명을 기대하지 않도록 하고, 월급으로 더 이상 그들을 만족시키지 않도록 하라. 오히려 그들이 고통을 받도록 하라! 그러면 경이로운 일이 벌어질 것이다. 당연히, 그들은 멀리 달아나면서 어딘가에서 보금자리를 찾을 것이다. 여기서 교구 목사가 문을 열 것이고, 저기서 교원 사택이 문을 열 것이다. 한 철학자는 신문사 직원이 될 것이고, 또 한 철학자는 여학교를 위해 안내 책자를 쓸 것이다. 그 철학자들 중에서 가장 합리적인 사람은 쟁기를 끌 것이고, 허영심 강한 사람은 궁정에서 호의를 구할 것이다. 그러면 당연히 나쁜 철학자들이 제거될 것이다."

여기서 논거는 아주 명확하다. 직업적인 선생은 관행을 고수해야 한다. 그는 기존의 질서에 도전하는 순간 일자리를 잃고 만다. 그래서 그는 신중해야 하고, 그의 주된 노력은 권위자의 말들을 학생들에게 고스란히 전달하는 것이다. 그가 소위 적절한 철학자인가 아니면 다른 존재인가 하는 것은 중요하지 않다. 쇼보(Auguste Chauveau)[61]의 면역 이론이 여전히 고수되고 있는 의과 대학에서, 병리학 교수가 에를리히(Paul Ehrlich)[62]의 이론을 가르치는 것은 위험할 것이다. 미국 인디애나 주의 감리교 신학 대학에서 '사도 전승'[63] 교리를 다루는 것은 무모한 짓일 것이다. 어디서나 선생은 학교의 신념과 규정에 따라서 자신의 가르침을 다듬어야 하며, 교과서와 교수법 같은 문제에서도 당국에 복종해야 한다.

선생의 일 자체가 선생을 당국의 무의식적 지지자로 만들며, 자유로운 탐구를 가로막는다. 선생은 깨어 있는 시간 중 상당 부분을 틀림없이 자신보다 열등한 학생들과 밀접히 연결된 상태에서 보내며, 따라서 선생은 자만하는 정신적 태도를 쉽게 획득한다. 다른 힘들도 선생을 똑같은 방향으로 밀어붙인다. 그 결과, 선생의 모든 정

61　프랑스 수의사로 1880년대에 파스퇴르의 견해와 상충하는 면역 이론을 제시했다.

62　독일의 미생물학자이자 면역학자, 화학요법의 창시자로 세균학과 의료 화학 방면에 새로운 기법을 많이 고안했다. '화학요법'이라는 용어와 '마법의 탄환'이라는 개념을 처음 사용했다.

63　교회의 권위가 사도로부터 계승되었다는 주장을 말한다.

신 작용은 권위라는 개념에 바탕을 두게 된다. 선생이 어떤 것을 믿고 또 가르치는 이유는 그가 자유로운 추론을 통해서 그것이 진리라는 확신을 끌어냈기 때문이 아니라 그것이 일부 책에 하나의 원칙으로 제시되었거나 과거 어느 시점에 선생 본인에 의해 원칙으로 정해졌기 때문이다.

물론 이 모든 문제에서, 나는 소위 선생이라는 이름으로 적절히 불리는 사람, 그러니까 유일한 목표와 기능이 가르치는 것인 그런 선생에 대해 말하고 있다. 대학 교수는 전문적인 선생이라는 단어의 일반적인 의미에서 말하는 그런 전문적인 선생이 아니다. 대학 교수가 삶에서 추구하는 주된 목표는 독창적인 연구이고, 그의 학생들은 그와 상당히 같은 일을 하는 대학원생으로 한정된다. 내가 논하고 있는 선생은 자신의 시간 전부 또는 상당 부분을 실제 가르치는 행위에 쏟고 있는 사람이다. 그 일이 초등학교에서 행해지는가, 중등학교에서 행해지는가, 아니면 대학에서 행해지는가 하는 문제는 중요하지 않다. 일과 관련된 모든 것에서, 선생은 기본적으로 원칙들을 영원히 전달하는 존재에 불과하다. 이 원칙들은 일부 경우에 진리이지만, 절대 다수는 오류이다. 미국 공립학교에서 사용되는 생리학과 역사, "영어" 교과서들을 조사해 보면, 누구나 앞의 말이 사실이라는 것을 확신하게 될 것이다.

니체가 이런 사실들을 잘 알고 있었다는 점은 그의 글 곳곳에서 확인되고 있다. 그는 "학교에서 어렵게 공부하며 몇 년을 보낸 결과는 진정한 실력 향상도 아니고 순수한 능력도 아니다."라고 말한다. 고전 공부는 고전을 피상적으로 아는 그 이상으로는 절대로 올라가지 못한다고 그는 말한다. 이유는 고대의 사고 유형들이 오늘날의 인간에게 이해되지 않기 때문이라고 한다.

그러나 우리의 대학교에서 인문학에 정통한 것으로 여겨질 만한 수준에 이른 학생은 자신의 지식을 예리하게 의식하고 있으며, 따라서 그가 이해하지 못하는 것은 모두 고대 학자들의 어리석음이나 무지, 우둔함으로 돌려진다. 그 결과, 우리 대학의 학생은 무의식적으로 고대 학자들의 가르침을 경멸하고, 따라서 학생은 공부는 진실한 인간을 행복하게 만들지 못하고 "정직하고 가난하고 바보 같은 늙은 책벌레들"에게나 어울린다고 결론을 내리게 된다.

이상적인 교과 과정에 대한 니체의 인식은 대체로 스펜서와 비슷하다. 니체는 무엇이든 가르칠 만한 것으로 제시되기 전에 두 가지 질문을 통해 검증을 거쳐야 한다고 주장한다. 그것은 사실인가? 그것을 학생들에게 가르치는 경우에 학생들이 다른 사실들을 발견하는 능력을 더 많이 키울 수 있는가? 따라서 니체는 소위 옛날의 "교양" 교육을 혐오하며 현재에 가치를 지니는 사실들의 주입에 바탕을 둔 교육 체계를 옹호한다.

니체가 주장하는 교육 체계는 학생에게 질서 있고 논리적인 마음의 습관과 명쾌하고 정확한 우주관을 불어넣는 데 초점이 맞춰졌다. 그가 말하는 교육 받은 인간은 지식에 대한 갈망과, 진리와 그 반대를 구분하는 능력에서 일반 대중보다 위인 사람을 뜻한다. 생물학과 물리학을 공부하면서 증명 가능한 사실들을 줄곧 파고들었던 사람은 늘 증명되지 않은 가설과 논의의 여지가 없는 권위를 접하면서 그리스 신화와 형이상학을 공부한 사람보다 이 방향으로 훨씬 더 멀리 나아갔다.

역사 연구에 관한 초기의 에세이에서, 니체는 인류가 인류 자체를 역사적으로 고려하는 경향이 지나치게 강하다는 점을 지적했다. 말하자면, 인간을 있는 그대로의 모습으로 고려하지 않고 겉으로 드러나는 것을 고려하는 경향이 아주 강하다는 뜻이다. 인간을 개인적 및 민족적 동기와 성격, 본능 등의 측면에서 보지 않고 신념이나 선언의 측면에서 본다는 말이다. 그 결과, 역사가 오도하거나 쓸모없는 기록들을 축적하고, 그것들을 바탕으로 엉터리 결론을 끌어내게 되었다.

하나의 학문으로서, 역사는 오직 3가지 유익한 측면을 갖고 있다. 기념비적인 측면과 골동품 연구의 측면이 있고, 비판적인 측면이 있는 것이다. 역사의 진정한 기념물은 과거의 구조들과 신념들이 아니다. 왜냐하면 이미 보았듯이 이런 것들은 언제나 인위적이고 자연적이지 않기 때문이다. 역사의 진정한 기념물은 과거의 위대한 인간들이다. 용기를 발휘하면서 자신의 본능으로 다수의 도덕에 맞서는 데 성공함으로써 불멸을 성취한, 두려움을 모르는 자유로운 정신의 소유자들 말이다. 그런 인간들이야말로 후손에게 이로운 삶을 영위한 유일한 사람들이라고 니체는 말한다. "그들은 시대를 초월한 동시대인으로서 함께 살고 있다." 그들은 인간 종족이 걸어온 고난의 길 양쪽에 쭉 늘어선 랜드마크들이다.

골동품 연구의 측면에서, 역사는 세상이 전진하고 있다는 증거를 제시할 수 있으며, 그렇게 함으로써 현재의 인간들에게 명확한 목표와 합당한 열정을 줄 수 있다.

비판적인 측면에서, 역사는 우리가 과거의 망상을 피할 수 있도록 해주고, 우리에게 진화의 노선을 암시한다. 만약 우리가 전진을 위한 프로그램을 고려하지 않는다면, 모든 배움은 쓸모가 없다고 니체는 말한다. "인본주의적인 문화의 어떤 이상"을 염두에 두지 않고 단순히 기록을 축적하는 역사는 현학 취미에 지나지 않는다.

모든 교육은 생식 과정의 연장으로 여겨질 수 있다고 니체는 말한다. 교육과 생식은 같은 목표를 추구하고 있다. 생존 투쟁에서 살아남을 능력을 갖춘 존재들을 낳는 것이 그 목표인 것이다.

니체를 비판하는 많은 사람들은 생존 투쟁이 단순히 육체적 경쟁을 의미한다는 이유로 니체가 오류를 범하고 있다고 주장했다. 교육이 남자의 가슴 넓이나 무거운 것을 들어 올리는 능력을 키워주지 않으니 말이다. 그럼에도 불구하고 사물을 있는 그대로 볼 줄 알고 주변 세상을 적절히 평가할 줄 아는 사람이 망상의 노예가 된 사람보다 자신의 환경을 지배할 조치를 성취하는 데 훨씬 더 뛰어난 것은 분명하다.

두 사람이 있다고 가정하자. 한 사람은 달이 초록색 치즈로 이뤄져 있다고 믿고 있고 또 단순히 천연두가 존재한다는 것을 부정하면 그 병을 치료할 수 있다고 믿고 있다. 다른 한 사람은 그런 미신을 절대로 품지 않는다. 이 두 사람 중에서 후자가 더 오래 살고 권력을 획득할 확률이 훨씬 더 높다.

교육의 또 다른 목적은 개인들에게 노예 계급에서 주인 계급으로 올라설 수단을 제공하는 것이다. 이 목적이 오늘날의 대학에서 행해지고 있는 그런 종류의 교육에 의해 성취되고 있다는 말은 사실과 거리가 멀다. 노예를 주인으로 바꾸기 위해서, 우리는 노예를 지적이고, 자립적이고, 재치 있고, 독립적이고, 용기 있는 존재로 만들어야 한다. 성직자가 운영하고 교수진을 바보들로 채운 대학교가 미국의 평균적인 소규모 대학의 그림인데, 그런 대학교는 이런 변화를 제대로 성취하지 못한다.

정말로, 진정으로 지적인 청년은 평균적인 대학 교육을 통해 거의 도움을 받지 못하며, 진짜로 어리석은 청년은 대학 교육에 의해 더 어리석은 존재가 된다는 것이 일반적인 관찰이다. 그런 기관을 졸업한 많은 젊은이들이 훗날 디오니소스적인 자질을 드러낸다는 사실은 단순히 그들이 예전에 겪었던 마름병을 극복할 만큼 강하다는 점을 증명할 뿐이다. 건전한 사람은 누구나 젊은이가 대학을 떠난 뒤 3, 4년 동안 교수가 강요한 오류와 망상, 우둔함을 떨쳐내는 일에 에너지의 대부분을 쏟는다는 사실을 알고 있다.

지적인 사람은 틀림없이 삶을 사는 과정에 엄청난 양의 배움을 축적한다. 그 사람의 정신이 언제나 활동적이고 받아들일 준비가 되어 있기 때문이다. 그러나 지능과 단순한 배움은 흔히 사람들 사이에 똑같은 의미로 통하고 있지만 결코 동의어가 아니다. 반드시 작은 요소일 순수한 행운을 무시한다면, 부와 권력을 노린 투쟁에서 백만 달러를 스스로 움켜쥘 수 있는 사람이 굶주리는 사람보다 틀림없이 더 지적이다. 어려운 일일 게 틀림없는 이 성취는 라틴어를 거의 완벽하게 배우는 것보다 더 많은 지능을 요구할 것이 분명하다. 라틴어를 정복하는 것은 그다지 많은 어려움을 야기하지 않기 때문에 시간과 인내심만 충분하다면 건강한 인간 누구에게나 가능한 일이니 말이다. 한마디로 말해, "I seen"이나 "I done"으로 글을 쓰면서도 다리를 건설하려 들며 큰돈을 손에 넣으려 노력하는 계약자는 그를 비웃으며 경멸하는 대학 교수보다 지적으로 엄청나게 더 활발하고 더 효율적이고 더 존경받을 만하다.

한 인간의 정신적 힘은 모든 사람들에게 두루 가능한 것을 성취하는 능력이 아니라 다른 인간들의 능력 밖에 있는 일을 해낼 수 있는 능력에 의해 평가되어야 한다. 교육은, 오늘날 쉽게 관찰되고 있듯이, 후자의 목적이 아니라 전자의 목적에 기여하는 방향으로 작동하고 있다.

13장
여러 가지 생각들

죽음

쉽고 고통 없는 자멸의 가능성이 인간 삶의 공포를 지속적으로 상당히 누그러뜨리는 유일한 요소라는 것은 쇼펜하우어가 에세이 『자살론』에서 제시한 주장이다. 자살은 세상과 세상의 고문으로부터 도피하는 수단이고, 따라서 자살은 적절하다. 자살은 약하고 지치고 희망 없는 사람들을 위한 영원한 피난처이다. 플리니우스(Plinius)의 표현을 빌리면, 자살은 "자연이 인간들에게 안겨준 모든 축복 중에서 가장 위대한 축복"이며, "신은 죽고 싶어도 죽지 못하기" 때문에 신도 누리지 못하는 축복이다.

물론, 포기를 이런 식으로 찬양하는 말에, 반항의 디오니소스 철학과 공통적인 것은 하나도 없다. 니체의 가르침은 완전히 다른 방향을 향하고 있다. 니체는 항복하지 말고 전투를 벌일 것을, 달아나지 말고 끝까지 전쟁을 벌일 것을 촉구한다. 니체는 "생명의 포기"를 조언하는 "죽음의 전도사들"을 저주한다. 그 포기가 금욕주의에서처럼 부분적인가 아니면 자살에서처럼 전적인가 하는 문제는 별로 중요하지 않다. 그럼에도 차라투스트라는 "자유로운 죽음"의 노래를 부르고, 보다 높은 인간은 "적절한 때에 죽는 법"을 배워야 한다고 말한다.

여기서 모순이 드러나지만, 겉으로만 그렇게 보일 뿐이다. 쇼펜하우어는 자살을 도피의 수단으로 보고, 니체는 자살에서 훌륭한 제거를 본다. 차라투스트라는 죽어야 할 시기에 대해, 삶의 목표가 더 이상 성취될 수 없게 될 때, 말하자면 전투사가 칼을 든 손을 부러뜨려 적에게 잡힐 때가 죽을 때라고 말한다. 또 삶의 목표가 성취된 때, 그러니까 전사가 승리를 거두고 자기 앞에 정복할 세상이 더 이상 없다는 것을 확인할 때도 죽기에 적절한 때이다.

"승리를 거두기엔 지나치게 늙어버린" 사람이나, "피부가 흙빛으로 변하고 주름이 잡힌" 사람, "이빨이 다 빠져버린" 사람에겐 확실하고 빠른 죽음이 필요하다. 이 땅엔 폐를 끼치는 사람들이나 연금 생활자들이 들어설 자리가 전혀 없다. 그들에게 가장 숭고한 의무는 자연의 빚을 갚는 것이다. 그러면 아직 칼을 휘두를 수 있고 한낮의 열기 속에서 무거운 짐을 질 수 있는 사람들에게 더 많은 공간이 생길 것이다.

가장 훌륭한 죽음은 "승리의 순간"에 전투 중에 맞는 죽음이고,

그 다음으로 훌륭한 죽음은 패배의 시간에 전투 중에 맞는 죽음이다. 차라투스트라는 "폭풍이 몰아쳐 생명의 나무에서 벌레 먹어 썩은 사과들을 모조리 떨어뜨려줬으면 좋으련만. 그런 사과들이 가지에 집착하도록 만드는 것이 바로 소심함이니."라고 노래한다. 사과들이 죽는 것을 무서워하도록 만드는 것은 소심함이다. 그러나 인간들이 사는 것을 두려워하게 만드는 또 다른 소심함이 있으며, 그것은 쇼펜하우어 같은 염세주의자의 소심함이다. 니체는 그런 소심함을 조금도 참아주지 못한다.

니체에게는 너무 이른 죽음도 지나치게 길게 연장되는 죽음만큼이나 가증스러워 보인다. "느린 죽음의 설교자들이 존경하는 그 유대인은 너무 일찍 죽었다. 그가 사막에 남아서 선하고 정당한 것을 멀리했더라면 좋았으련만! 그랬다면 아마 그도 사는 방법과 이 땅을 사랑하는 방법을, 심지어 웃는 방법까지 배웠을 것이다. 그는 너무 일찍 죽었다. 그가 나의 시대까지 살았더라면, 그 자신이 자신의 원칙을 스스로 철회했을 텐데!"[64]

그러므로 니체는 죽음을 현명하게 관리할 것을 호소한다. 사람은 너무 일찍 죽어서도 안 되고, 너무 늦게 죽어서도 안 된다.

니체는 이렇게 말한다.

"자연적인 죽음은 합리성을 결여하고 있다. 자연적인 죽음은 정말로 불합리한 죽음이다. 이유는 껍질의 비천한 내용물이 핵심이 존재할 기간을 결정하기 때문이다. 넋두리를 일삼는 바보 같은 교

64 '차라투스트라는 이렇게 말했다' 1부 중에서.

도관이 귀족 죄수가 죽을 시간을 결정하는 꼴이니 말이다. … 죽음을 현명하게 규제하고 관리하는 것은 미래의 도덕에 속한다. 현재는 종교가 그 같은 규제와 관리를 부도덕한 것으로 만들고 있다. 이유는 죽음의 시간이 다가올 때 신이 명령을 내린다는 것이 종교의 전제이기 때문이다."[65]

임종 때의 태도

니체는 죽음의 자리에서 하는 고백과 "유언"에서 어떤 의미를 찾는, 징후와 전조에 대한 경건한 믿음을 철저히 부정한다. 평균적인 사람은 평소에 살아온 방식과 꽤 비슷하게 죽는다고 니체는 말한다. 이 점에서, 오슬러 박사를 비롯한 유능한 관찰자들은 니체의 말에 동의한다. 죽어가는 사람이 특이한 감정을 드러내거나 평소 신념과 다른 생각을 표현할 때, 그에 대한 설명은 죽음의 시간이 가까워지면 보통 정신이 흐릿해지고 평소의 사고 과정이 흐트러진다는 사실에서 발견된다.

니체는 이렇게 말한다.

"어떤 사람이 삶과 힘의 절정기에서 죽음에 대해 생각하는 방식은 틀림없이 그 사람의 전반적인 성격과 마음의 습관을 보여주는 훌륭한 지표가 되지만, 죽음의 시간에 그 사람의 태도는 거의 아무런 의미를 지니지 않으며 중요하지도 않다. 특히 늙은이가 죽어가고 있을 때, 마지막 시간에 일어나는 힘의 소진, 뇌의 불충분한 영

---

65 '인간적인, 너무나 인간적인' 3부 중에서.

양 상태, 심각한 육체적 통증에 따른 간헐적 경련, 전체 상황의 무서움과 기이함, 삶의 초기의 인상들과 미신들에 관한 회상, 죽음은 말로 표현하지 못할 만큼 엄청나게 중요하며 이상한 다리 같은 것이 놓일 것이라는 느낌 등. 이런 온갖 것들 때문에 어떤 사람이 임종의 자리에서 보이는 태도를 평생 동안 그의 성격을 암시하는 것으로 받아들이는 것은 불합리하다. 게다가 죽어 가고 있는 사람이 정력적으로 활동하는 사람보다 더 정직하다는 말도 사실이 아니다. 반대로, 죽어가고 있는 사람은 거의 예외 없이 침대 옆에 있는 사람들이 보이는 엄숙한 태도와 끝없는 눈물 때문에 의식적으로나 무의식적으로 자신을 속이며 겉으로 다른 모습을 보일 수 있다. 요컨대, 죽어가고 있는 사람은 희극 배우가 된다. … 틀림없이, 사람들이 죽어가고 있는 사람을 대하는 그 진지한 태도가 많은 가엾은 악마에게 진정한 승리와 즐거움을 느끼는 유일한 순간을 제공한다. 죽어가고 있는 사람은 사실 연극 스타이며, 그로써 그는 궁핍과 비굴의 삶을 보상받는다."[66]

철학의 기원

내성(內省)과 자기 분석은 흔히 보이는 것처럼 질병의 징후라고, 또 높은 인간과 초인은 그런 일에 거의 시간을 낭비하지 않을 것이라고 니체는 믿었다. 최초의 사상가들은 당연히 고통을 겪는 사람이었다고 그는 말했다. 이유는 사람을 생각하게 만드는 유일한 것

66 '인간적인, 너무나 인간적인' 2부

이 고통이었고, 그 사람이 그렇게 할 여유를 준 것이 오직 신체 장애였기 때문이다.

니체는 이렇게 말했다.

"원시적인 조건에서, 자신의 힘을 철저히 알고 있는 사람은 그 힘을 행동으로 바꿀 뜻을 지속적으로 품고 있다. 그 행동은 가끔 사냥과 강탈, 매복, 학대나 살인 등으로 나타나고, 또 어떤 때는 이런 것들이 공동체가 묵인할 수 있을 정도로 약한 형태로 일어난다. 그러나 개인의 권력이 쇠퇴할 때, 그러니까 개인이 피곤해 하거나 아프거나 우울하거나 충분히 만족한 탓에 일시적으로 활동할 욕망을 결여하게 될 때, 그 사람은 비교적 위험한 상태에 놓인다."

말하자면, 그 사람은 행동 대신에 생각하는 것으로 만족함에 따라 "자신의 동료들이나 아내나 신들에 관한 인상과 감정"을 단어로 표현하게 된다. 틀림없이, 그의 능률은 떨어져 있고 기분도 우울하기 때문에, 그의 판단은 사악하다. 그는 결점을 발견하고 복수에 대해 생각한다. 그는 적들의 불행을 고소해 하고 친구들을 시기한다. "그런 정신 상태에서 그는 예언자가 되어 자신의 미신의 저장고에 무엇인가를 보태거나, 새로운 헌신 행위를 고안하거나, 자신의 적들의 몰락을 예언한다. 그가 무엇을 생각하든, 그의 사고는 반드시 그의 정신 상태를 반영하고 있다. 그의 두려움과 피로는 정상 수준 이상이며, 행동하고 즐기려는 경향은 정상 수준 이하이다. 바로 여기서 우리는 시적이고, 사려 깊고, 성직자다운 분위기의 기원을 보고 있다. 그때 사악한 생각이 최고위층을 지배했음에 틀림없다. …

그 후의 문화의 단계들에서 시인들과 사상가들, 성직자들과 마법사들의 계급이 생겨났으며, 이들은 모두 문화의 초기에 개인이 병에 걸렸거나 우울증에 빠졌을 때 하던 것과 똑같이 행동했다. 이 사람들은 슬프고 소극적인 삶을 살며 악의적으로 판단했다. … 아마 일반 대중은 그들을 공동체에서 쫓아내길 갈망했을 것이다. 그들이 기생충이나 다름없었으니 말이다. 그러나 그들을 추방하는 작업에는 꽤 큰 위험이 수반되었다. 이 사람들 모두가 신들과 친하게 지냈고, 따라서 그들이 엄청나게 큰 신비의 권력을 갖고 있었기 때문이다. 가장 오래된 철학자들은 사람들에게 그런 식으로 비쳤다. 일반 대중은 그들이 불러일으키는 공포가 클수록 그들의 말을 더 귀담아들었다. 그런 식으로, 숙고가 사악한 가슴과 어수선한 머리와 함께 세상에 등장하게 되었다. 숙고는 약하면서도 끔찍했으며, 은밀히 증오의 대상이 되었으면서도 공개적으로 숭배되었다. … 아, 수치스런 기원이여!"[67]

성직자의 역할

인간은 스스로를 잘 돌볼 수 있다고 느끼는 한 성직자가 자기를 대신해 신에게 간청하고 나설 필요성을 전혀 느끼지 않는다. 속담대로, 능률은 불경(不敬)과 동일하다. 악마가 수도사가 되는 때는 악마가 병들 때뿐이니 말이다. 따라서 "성직자는 구원자나 양치기, 병든 자의 옹호자로 여겨져야 한다. … 고통 받는 자들을 지배하는

67　'여명' 중에서.

것이 성직자의 일이다. …"[68]. 성직자는 고통 받는 사람들을 이해하고 그들에게 호소하기 위해서 본인부터 아파야 하고, 이 목적을 이루기 위한 장치로 금욕이 있다.

앞에서 본 바와 같이, 금욕의 목적은 인간이 자발적으로 자신의 효율성을 파괴하는 것이다. 그러나 그럼에도 불구하고 성직자는 어느 정도의 힘을 가져야 한다. 이유는 그가 교구민들에게 확신과 두려움을 동시에 불러일으켜야 하고 또 그들을 지킬 수 있어야 하기 때문이다.

그런데 교구민들을 누구로부터 지킨다는 말인가? "틀림없이, 건전하고 강한 사람들로부터 지킨다는 뜻이다. 성직자는 당연히 야만스럽고 충동적이고 고삐 풀렸고 맹렬하고 폭력적이고 맹수 같은 건강함과 권력을 경멸하는 사람임에 틀림없다."[69] 따라서 성직자는 스스로를 새로운 종류의 전사로 다듬어야 했다. "동물학적으로 새로운 존재, 그러니까 북금곰과 민첩하고 냉철한 호랑이와 여우가 하나로 결합하면서 외경심을 불러일으킬 뿐만 아니라 매력까지 발산하는 그런 존재"가 되어야 한다는 뜻이다.

성직자는 강한 자들 사이에 "신비로운 권력의 전령이자 대변자"로 나타난다. "이때 성직자는 가능한 한 언제 어디서나 이 땅 위에 고통과 불화와 모순의 씨앗을 뿌리겠다는 결심을 하고 있다. … 틀림없이, 성직자는 향유와 연고를 갖고 오지만, 그는 의사처럼 행

68 '도덕의 계보' 3부 중에서.
69 '도덕의 계보' 3부 중에서.

동하기 전에 먼저 상처부터 안겨야 했다. … 그가 싸우고 있는 것
은 단지 병의 불쾌감일 뿐이며, 병의 원인도 아니고 병 자체도 아니
다."성직자는 특효약을 조제하는 것이 아니라 마약을 조제한다. 그
는 인간들에게 능력에 따라 행복을 성취하는 방법을 보여주는 것
이 아니라, 인간들에게 그들의 고통은 언젠가 무한한 축복으로 보
상해 줄 신이 미리 준비해 놓은 것이라고 가르침으로써, 인간들로
하여금 슬픈 감정을 무시하도록 만든다.

신

"전지전능하고 온 곳에 있으면서도 자신의 소망과 의도를 자신
의 창조물들에게 알려주지 않는 신, 그런 신은 틀림없이 선한 신은
아니다. 수천 년 동안 무수한 인간들이 양심과 회의 때문에 괴로워
하는 것을 그냥 가만 내버려두면서도 인간들이 본의 아니게 저지
른 오류에 끔찍한 결과를 계속 고수하고 있는 신, 그런 신은 틀림없
이 정의로운 신은 아니다. 만약 신이 진리를 알면서도 지금도 비참
하게 진리를 찾고 있는 수많은 사람들을 업신여기고 있다면, 그런
신은 잔인한 신이 아닌가?

아마 그 신은 선하면서도 자신의 창조물들과 명료하게 소통하지
못하고 있을 수 있다. 아마 그 신은 지능이 부족하거나 웅변 능력이
떨어질 수도 있다. 그렇다면 문제는 더 심각해진다. 그런 경우에 신
이 진리라고 부르고 있는 바로 그것을 잘못 알고 있을 수도 있기 때
문이다.

정말로, 신은 그의 밑에서 '앞잡이 노릇을 하는 가련한 악마들'의 형제일 수 있다. 혹시라도 그렇다면, 신이 자신의 창조물들이 신을 알기 위해 벌이는 노력을 보고도 괴로워하지 않고 인간들을 영원히 고문당하도록 내버려두는 것이 당연하지 않은가? 또 신이 인간들을 돕고 조언할 수 있는 길이 불확실하고 모호한 징조들을 보여주는 것 외에는 달리 방법이 없다는 사실에 대해서도 슬픔을 느끼지 않는 것이 당연하지 않은가? … 모든 종교는 인간 종족이 지적으로 미성숙한 상태에 있을 때, 말하자면 인간이 진리를 말할 의무를 배우기 전에 생겨났다는 사실을 보여주는 흔적을 갖고 있다. 어느 종교도 신이 인간과 소통할 때 진실하고 이해할 수 있는 방향으로 해야 한다는 것을 의무로 정하지 않았다."[70]

자제

자제는 단순히 어떤 욕망을 그것보다 더 강한 욕망으로 물리치는 것에 지나지 않는다고 니체는 말한다. 따라서 살인을 저지르는 욕망은 법을 준수하는 시민이 단두대를 피하고 명예와 존엄을 지키고 싶어 하는 욕망에 의해 극복될 수 있다. 이때 두 번째 욕망은 첫 번째 욕망만큼 무의식적이고 본능적이며, 두 가지 욕망 사이의 전투에서 지성은 작은 역할밖에 하지 않는다.

어떤 욕망을 극복하는 방법은 대체로 6가지다. 첫째, 그 욕망을 충족시킬 기회를 회피하고, 그런 식으로 오랫동안 욕망을 사용하

70　'여명' 중에서.

지 않음으로서 그것을 약화시키고 최종적으로 파괴하는 것이다. 둘째, 욕망의 충족을 통제하면서 욕망의 밀물과 썰물을 일정한 범위 안에 국한시킴으로써 욕망이 약해질 시간을 확보한다. 셋째, 의도적으로 욕망에 자신을 맡기면서 무절제를 통해 욕망 자체를 소진시킨다. 도망친 말을 타고서는 말이 맘껏 질주하다 죽도록 내버려두었다가 결국 자신의 목을 부러뜨리고 마는 기수(騎手)처럼 행동하지 않을 수 있는 사람이라면, 이것도 한 가지 방법이지만, 불행하게도 원칙은 기수가 질주하는 말을 타고 달리다가 결국엔 자기 목을 부러뜨리고 마는 쪽이다. 넷째, 지적 속임수를 동원하면서 그 욕망의 충족을 불쾌한 어떤 생각과 연결시키는 것이다. 예를 들면, 성적 충족을 상스러움이라는 생각과 연결시킬 수 있다. 다섯째, 원래의 욕망보다 훨씬 덜 위험한 다른 욕망에서 대체물을 발견하는 것이다. 여섯째, 욕정을 파괴하려고 노력하면서 동시에 자신의 육체적 힘과 이성, 종종 목숨까지 파괴하는 고행자의 방법을 따라서, 좋고 나쁜 것을 가리지 않고 모든 욕망을 상대로 전면전을 벌일 수 있다.

아름다움

사람이 품는 아름다움의 개념은 그 사람 자신이 지속적으로 살면서 느낀 기쁨의 열매이다. 그의 존재를 쉽게 만들거나 어떤 식으로든 생명이나 활력과 연결되어 있는 것은 무엇이든 그에게 아름다워 보인다.

"사람은 사물에 자신을 비춰본다. 그는 자신과 닮은 점이 있는 모든 것을 아름답다고 생각한다. '아름답다'라는 단어는 그의 종(種)의 자부심을 표현하고 있다. … 쇠퇴하고 있는 사람을 제외하곤 진정으로 추한 것은 하나도 없다. 그러나 다른 사물들도 사람을 약화시키거나 힘들게 만드는 경우에 마찬가지로 추하다고 불린다. 그런 것들은 사람에게 무기력과 타락과 위험을 상기시킨다. 그런 것들 앞에서 사람은 실제로 권력의 상실을 겪는다. 그래서 그는 그것들을 추하다고 부른다. 사람은 우울해질 때마다 직감적으로 '추한' 무엇인가가 가까운 곳에 있다고 느낀다. 그의 권력 감각과 권력의지, 자존심과 효율성의 감정은 추한 것과 함께 가라앉고 아름다운 것과 함께 떠오른다. 추한 것은 본능적으로 쇠퇴의 신호이자 징후로 이해된다. 사람에게 퇴보를 약간이라도 상기시키는 것은 추해 보인다. 소진을 암시하는 모든 것과 무거움, 나이, 권태, 온갖 제약(경련이나 마비 같은 것), 특히 부패의 모든 냄새나 색깔은 추하다는 생각을 떠올리게 만든다. 그로 인해 반감이 자극을 받는다. 이 반감은 자신의 유형이 쇠퇴하는 데 대한 반감이다."[71]

"예술을 위한 예술"이라는 표현은 예술을 도덕에 종속시키는 데 대한, 말하자면 예술을 설교를 전파하는 장치로 만드는 데 대한 항의를 나타내고 있지만, 사실은 모든 예술은 가치들을 칭송하고 찬미하고, 그렇게 함으로써 가치들을 규정해야 한다. 정말로, 고르고 선택해서 두드러지게 만드는 것이 예술가의 기능이다. 예술가

[71] '우상의 황혼' 9부 중에서.

가 이런 것을 할 수 있다는 사실이 우리로 하여금 그를 예술가라고 부르게 만든다. 그리고 우리는 언제 그의 선택을 승인하는가? 오직 그의 선택이 우리의 근본적인 본능과 일치할 때뿐이다. 말하자면, 그 선택이 "삶의 바람직한 측면"을 보여줄 때뿐이라는 뜻이다. "그러므로 예술은 삶에 중요한 자극이다. 우리는 예술을 목적이 없거나 목표가 없는 것으로 생각하지 못한다. '예술을 위한 예술'은 전혀 아무런 의미가 없는 표현이다."[72]

자유

어떤 사물의 가치는 종종 사람이 그것으로 인해 얻을 수 있는 것에 있는 것이 아니라 사람이 그것을 얻으면서 경험하는 어려움에 있다. 예를 들어, 정치적 자유를 위한 투쟁은 인간 종족의 힘과 용기와 재치를 키우는 데 있어서 다른 그 어떤 것보다 더 큰 역할을 했다. 그럼에도 불구하고 자유 자체는 오늘날 모두가 알고 있듯이 조직화된 도덕에 불과하며, 그런 것으로서 자유는 반드시 인간을 쇠퇴시키고 있다.

"자유는 권력 의지를 훼손시키고, 인간 종족의 산맥과 계곡을 평탄하게 깎고, 인간을 작고 소심하고 관능적인 존재로 만들고 있다. 정치적 자유 아래에서는 언제나 무리 동물이 승리를 거둔다."

그러나 이 부담스런 평등을 성취하려는 투쟁 자체는 평등과 정반대편에 서는 자립과 독립을 발달시키며, 이 자질들은 종종 오래 지

72   '우상의 황혼' 9부 중에서.

속된다. 요약하면, 싸움은 정치적 자유와 정반대로 인간들을 현실에 적절한 존재로 만든다.

"무엇이 자유인가? 그것은 자기 자신에 대해 책임을 지려는 의지이며, 인간과 인간을 분리시키는 거리를 유지하려는 의지이고, 고난과 엄격, 박탈, 심지어 생명에도 무관심하려는 의지이다. 자유는 또 자신의 대의명분을 위해서 인간들을, 심지어 자기 자신까지 희생시키려는 의지이다. … 진정으로 자유로운 사람은 가게 주인들과 기독교인들, 여자들, 영국인들과 다양한 민주주의자들이 꿈꾼, 행복을 누리는 경멸할 만한 종(種)을 발로 짓밟는다. 자유로운 인간은 전사다. … 자유는 어떻게 평가하는가? 자유가 극복해야 하는 저항을, 자유를 유지하는 데 필요한 노력을 바탕으로 평가한다. 우리는 더없이 강한 저항을 끊임없이 극복하고 있는 최고 유형의 자유인을 추구해야 한다. 이 자유인들은 예속 상태와 아주 가까이 있으며, 폭정으로부터 겨우 다섯 걸음밖에 떨어져 있지 않다. … 무엇인가 가치를 지녔던 사람들, 무엇인가 가치 있는 존재가 되었던 사람들은 절대로 그 위대성을 정치적 자유 아래에서 획득하지 않았다. 중대한 위험이 그들을 가치 있는 존재로 만들었으며, 그 위험은 먼저 우리에게 우리의 역량과 미덕, 방패와 칼, 천재성부터 알라고 가르친다. 모두가 우리를 강하게 만드는 요소들이다."[73]

---

73   '우상의 황혼' 9부 중에서.

과학

모든 과학의 목적은 우리가 그릇된 추론을 끌어내지 못하도록 하고 서둘러 결론을 내리지 않도록 하는 것이다. 따라서 과학은 모든 신앙과 정반대이며 기본적으로 인습 파괴적이고 회의적이다.

"과학에서 경이로운 것은 사기(詐欺)에서 경이로운 것과 정반대이다. 사기꾼은 우리로 하여금 실제로 전혀 아무런 관계가 없는 것들 사이에 매우 단순한 어떤 관계를 보도록 만들려고 노력한다. 반대로, 과학자는 우리로 하여금 단순한 인과관계에 대한 믿음을 버리고 현상의 복잡성을 보도록 강요한다. 정말로, 아주 단순한 것들도 대단히 복잡하다. 이 복잡성은 우리를 끊임없이 놀라게 만드는 하나의 사실이다." 과학의 효과는 완벽한 행복에 도달하려는 시도가 부조리하며 절대적 비탄을 경험하는 것은 불가능하다는 점을 보여주는 것이다. "최고의 행복과 더없이 깊은 비참 사이의 간극은 실재하지 않는 것들에 의해 창조되었다."[74]

말하자면, 종교적 찬양의 높이와 종교적 두려움과 전율의 깊이는 똑같이 곧잘 신화를 만들어내는 우리 인간들의 창조물이다. 천국의 완벽하고 무한한 축복 같은 것도 절대로 없고, 지옥의 영원한 벌 같은 것도 절대로 없다. 내세에서 우리가 누릴 최고의 행복은 천국의 문이 자신을 위해 열려 있는 것을 본 순교자들의 행복보다 낮을 것이 분명하고, 우리의 가장 심한 비탄도 코로 유황 냄새를 맡으며 비명을 지르고 몸을 떨며 죽어간 중세의 죄인의 비탄에 비해 덜할

74 '여명' 중에서

것이 분명하다. "그 간극은 과학에 의해 점점 좁아지고 있다. 이것은 우리가 과학을 통해서 지구가 우주 안에서 차지하는 공간이 갈수록 작다는 사실을 배우는 것이나 마찬가지이다. 급기야 이제는 지구가 무한히 작아 보이고, 우리의 전체 태양계가 하나의 점으로 보이기에 이르렀다."[75]

유대인

오늘날 기독교라는 이름으로 서양 세계를 지배하고 있는 유대인의 노예 도덕에 대해, 우리가 잘 알고 있듯이, 니체는 더없이 심하게 경멸하고 혐오하는 모습을 보였다. 그러나 니체는 똑같은 이 도덕이 유대인들에게는 큰 도움을 주었고 대단히 적절했다는 사실을 아주 분명하게 보았다. 아울러 그는 그 도덕이 오랜 세월 동안 강력한 적들 앞에서 유대인을 지켜주었다는 것을 알았다. 또 그는 그 도덕의 지속성이 도덕 자체가 대단히 정교하다는 점을 증명할 뿐만 아니라 그것을 발명한 사람들이 하나의 민족으로서 생존력을 발휘했다는 점도 증명한다는 사실을 분명히 알았다.

니체는 이렇게 말했다.

"유대인들은 유럽의 주인이 되든가 아니면 한때 이집트를 잃었던 것처럼 유럽을 잃을 것이다. 그런데 그들이 유럽을 다시 잃을 것 같지는 않다. 유럽에서 열여덟 번의 세기가 흐르는 동안에 유대인들은 다른 민족들에게 알려진 그 어떤 것보다 더 끔찍한 학교를 거

---

75 '여명' 중에서

처 왔다. 그 오랜 세월 동안에 질풍노도를 경험한 것이 공동체보다 개인에게 훨씬 더 이롭게 작용했다. 그 결과, 현대 유대인들의 재치와 기민함이 유별나다. …

극도로 험난한 시대에도 이스라엘 민족은 유럽의 다른 민족에 비해 알코올이나 자살에서 피난처를 찾는 경향이 덜했다. 오늘날, 모든 유대인은 자신의 조상들의 역사에서 끔찍한 곤경 속에서도 인내와 냉철함을 잃지 않았다는 점을, 그리고 인위적인 교활함으로 위험과 불행을 현명하게 피했다는 점을 보여주는 기록을 많이 발견하고 있다. 유대인들은 복종이라는 은폐물 아래에 용기를 숨기고 있었으며, 경멸을 직면하는 그들의 태도 아래에 숨겨진 영웅적 자질은 성자들의 영웅적 자질을 능가한다.

사람들은 스무 번의 세기 동안에 유대인들에게 모든 명예와 존엄을 부여하길 거부하고 그들이 비천한 일을 하지 않을 수 없도록 함으로써 그들을 경멸스런 인간으로 만들려고 노력했다. 이 과정은 그들을 더 맑은 존재로 만들지는 않았지만, 그들을 경멸스런 존재로 만들지도 못했다. 그들은 스스로에 대해 최고의 활동을 할 자격을 갖춘 존재라는 믿음을 절대로 버리지 않았다. 그들은 고통 받는 사람들의 미덕을 보여주는 데도 결코 실패하지 않았다. 유대인들이 자신들의 부모와 아이들을 명예롭게 대하는 태도와 그들의 결혼 풍습의 합리성은 그들을 유럽인들 중에서 특별히 두드러지게 만든다. 게다가, 유대인들은 자신들에게 강요된 바로 그 직업들로부터 어떤 권력 감각을 끌어내는 방법을 배웠다.

유대인들의 고리대금업에서, 우리는 유대인들이 자신들을 압박하는 사람들에게 고문을 가하는 그 유쾌한 수단을 갖지 못했다면 오래 전에 자존심을 상실했을지도 모른다는 점을 관찰하지 않을 수 없다. 이유는 자존심이란 것이 보복할 수 있는 능력에 크게 좌우되기 때문이다. 게다가, 유대인들의 복수는 절대로 심하지 않았다. 이유는 그들에게 장소와 기후, 관습과 이웃들을 자주 바꾼 역사적 사실에서 비롯된 관용 비슷한 것이 있기 때문이다.

　유대인들은 다른 어떤 민족보다도 인간들을 더 많이 경험했으며, 심지어 유대인의 열정에도 그런 경험에서 비롯된 조심성이 나타난다. 유대인들은 자기 자신에 대해 대단한 확신을 품고 있다. 그들은 대단히 가혹한 상황에서도 절대로 일반적인 노동자나 짐꾼이나 농민처럼 육체적 노동으로 돈을 벌지 않는다. …

　유대인들의 태도를 보면, 그들이 기사도 정신이나 숭고한 감정들로부터는 어떠한 고무도 받지 않았고, 그들의 육체는 아름다운 팔에 안긴 적이 한 번도 없다는 인상이 강하게 느껴진다. 그들의 순종성은 언제나 어떤 상스러움과 교차하는 것 같다. 그러나 지금 유대인들은 유럽에서 가장 점잖은 혈통과 혼인을 맺고 있으며, 100년 정도 지나면 그들은 주인으로서 터무니없어 보이지 않을 만큼 충분히 훌륭한 태도를 익히게 될 것이다."

　유대인들이 오래지 않아서 세계의 지적 발전에서 주도적인 역할을 할 것이라는 것이 니체의 믿음이었다. 니체는 유대인들이 하나의 민족으로서 거쳤던 훈련이 그들을 그쪽의 리더십에 적절하도록 만들었다고 생각했다. 니체는 이렇게 물었다. "모든 유대인 가족의 역사를 형성하고 있는 엄청난 양의 훌륭한 인상들, 그러니까 온갖 종류의 열정과 미덕, 결심, 체념, 투쟁과 승리 등이 위대한 지적 활동이 아니고 어디서 배출구를 찾겠는가?"

유대인들이 노예 도덕과 그런 도덕의 필요성으로부터 자유롭게 풀려나기만 하면 인류를 위한 안전한 안내자가 될 것이라고 니체는 생각했다. 그는 "그러면 다시, 유대인들의 옛날 신은 그 자신과 자신의 창조물과 자신의 선민을 기뻐할 것이고, 우리 모두도 그와 함께 기뻐할 것이다."[76]

신사

수많은 현자들이 시대와 장소를 막론하고 신사(紳士)에 대해 정의하려고 노력했으며, 그들의 정의는 그들의 정신만큼이나 다양하다. 니체의 정의는 신사가 평균적인 영향력과 권력 그 이상을 가진 사람이라는 명백한 사실과, 그 우월성이 모든 사람들로부터 인정을 받는다는 추가적인 사실에 근거하고 있다. 속물은 자신의 겉치레 정직을 자랑스럽게 여길지 모르나 속으로는 삶을 차분하고 침착하게 헤쳐 나가는 신사를 우러러본다.

신사의 여유로운 모습에는 정말로 환경에 대한 적응력과 효율성이 절로 묻어난다. 신사가 점잖을 수 있고 자기 아래에 있는 사람들을 관용으로 볼 수 있게 하는 것도 바로 이런 능력이다.

76   '여명' 중에서

니체는 이렇게 말한다.

"태생이 고귀한 사람들의 품행은 그들의 마음에 권력에 대한 자각이 언제나 자리 잡고 있다는 점을 명백히 보여준다. 무엇보다도, 그들은 약함을 보이지 않으려 노력한다. 무능력의 형태로 나타나든 열정이나 감정에 지나치게 쉽게 굴복하는 형태로 나타나든, 어떤 약함도 피하려는 것이 그들의 특징이다.

그들은 기력을 잃고 의자에 깊이 파묻히는 예가 절대로 없다. 기차에서, 속물이 편안하게 여행하려고 노력할 때에도, 태생이 고귀한 이들은 기대는 것을 피한다. 그들은 궁정에서 몇 시간이나 서 있어도 전혀 피곤한 기색을 보이지 않는다. 그들은 집도 편안함을 추구하는 쪽으로 가꾸지 않고 널찍하고 고귀한 방향으로 가꾼다. 마치 집이 보다 위대하고 큰 종족의 주거지인 것처럼 말이다.

그들은 신경을 자극하는 말에도 정중함과 냉정함으로 대답한다. 평민들처럼 공포에 떨거나, 짓밟히거나, 당황하거나, 격노하거나, 숨이 차는 모습을 보이지 않는 것이다. 귀족은 언제나 육체적으로 강하다는 점을 보여주는 방법을 알고 있으며, 최악의 상황에서도 냉철함과 정중함을 지킴으로써 자신의 영혼과 지능이 온갖 위험과 기습 공격에 대처할 수 있다는 인상을 전하는 방법도 알고 있다."[77]

꿈

꿈은 보상이라는 영원한 법칙의 징후들이다. 깨어 있는 시간에

77 '여명' 중에서

우리는 갈망과 욕망을 수도 없이 떠올리는데, 그것들 대부분은 성격상 실현되지 않고 그냥 지나가게 되어 있다. 그리하여 우리의 내면에 남게 된, 무엇인가가 결여되어 있다는 감정은 잠을 자는 동안에 우리의 상상적인 기능에 의해 충족된다. 말하자면, 꿈은 낮에 성취되지 않은 우리의 욕망들이 잠을 자는 동안에 실제로 일어나는 현상들, 즉 피와 내장의 운동, 이불의 압박감, 교회 종이나 가축의 소리, 주변 환경의 상태 등에 반응하는 것을 나타내고 있다.

이 현상들은 꽤 일정하지만, 우리의 꿈은 날마다 크게 달라진다. 그러므로 변수는 우리가 잠자리에 들어갈 때 품는 갈망이다. 한 예로, 음악을 사랑하는 사람이 하루 종일 음악을 듣지 못하고 지냈다면 잠을 자는 동안에 천상의 노래를 들을 수 있다. 노예는 독수리처럼 높이 날아오르는 꿈을 꿀 수 있다. 죄수는 자신이 자유의 몸이 되어 있는 꿈을, 선원은 자신이 집에서 안전하게 지내는 꿈을 꾼다. 의식적이거나 무의식적인 우리의 욕망의 숫자가 매일 무한하므로, 꿈에도 무한한 변형이 일어나게 되어 있다. 그러나 앞에서 제시한, 이루지 못한 욕망과 잠을 자는 동안에 주변에서 일어나는 현상의 관계에 대해서는 언제나 단정적으로 말할 수 있다.

14장
니체 대 바그너

니체는 영웅을 믿었으며, 젊은 시절에 영웅 숭배자였다. 가장 먼저, 아르투르 쇼펜하우어의 얼굴이 사당에서 니체를 똑바로 응시했으며, 그 다음에 성스럽고 명예로운 그 자리를 리하르트 바그너가 차지했다. 니체의 꿈이었던 바그너가 매우 평범한 인간으로 변하자, 가엾은 니체에게 회의와 스트레스와 고통의 시기가 찾아왔다. 그러나 니체에겐 충성뿐만 아니라 용기도 있었다. 그는 결국 자신의 우상을 산산조각내고 그 조각들을 발로 짓밟았다. 믿음과 회의, 분노, 환멸로 이어지는 과정은 무자비하고 지루한 이 오래된 세계에서 결코 드문 일이 아니다.

니체가 자기 자신에게 반하는 글을 지속적으로 씀으로써 자신의 철학을 스스로 손상시켰다고 주장하는 똑똑한 비평가들은 니체가 '트리스탄과 이졸데'(Tristan und Isolde)의 작곡가를 대한 태도에서 중요한 공격 무기를 발견한다. 1869년부터 1878년까지 10년 동안에 니체는 독일 바그너 숭배자들의 왕이었으나, 1879년부터 1889년까지 10년 동안 그는 바그너의 적들 중에서 가장 폭력적이고 가장 신랄하고 가장 효율적인 적이었다.

비평가들의 눈에 이런 사실들은 의견의 변화처럼 보이고, 세밀히 조사해보면 그런 판단이 맞는 것처럼 보인다. 그러나 세밀한 조사는 동시에 다른 사실도 드러낸다. 의견의 변화가 니체가 아니라 바그너가 보이고 있다는 사실이다.

앞에서 본 바와 같이, 니체는 어린 시절부터 열렬한 뮤지션이었으며, 따라서 그가 바그너의 천재성을 가장 먼저 알아본 사람에 속하는 것은 전혀 이상하지 않다. 바그너의 순수한 음악적 재능이 니체를 압도했으며, 니체는 '트리스탄과 이졸데'의 피아노 편곡이 인쇄된 순간부터 자신이 바그너 숭배자가 되었다는 이야기를 들려주고 있다. 그 음악은 대담하고 과감했으며, 그것은 도니체티(Gaetano Donizetti)와 벨리니(Vincenzo Bellini)의 달콤한 감상과 베토벤(Ludwig van Beethoven)과 바흐의 창백한 고전주의가 절대로 다가서지 못했던 영역으로 들어갔다. 바그너에게서 니체는 매우 독창적이고 숭고한 용기를 지닌 인간을, 스스로 생각하고 또 자신의 생각을 타인들에게 이해시킬 기술을 가진 인간을 보았다. 과거의 오페라는 서창(敍唱)조로 단순히 노래들을 엮어놓은 접속곡에 불과했다. 그러나 바그너의 오페라는 균형이 잘 잡히고 일관성 있는 하나의 통일체였으며, 그 안에서 시가 없는 음악은 상상 불가능하고 음악이 없는 시도 상상 불가능했다.

당시에 니체는 쇼펜하우어의 개인주의에 흠뻑 젖어 있었으며, 동시에 개인주의를 현실에 적용시키려고 애를 쓰고 있었다. 바그너에게서 그는 살아 숨을 쉬고 있는 개인주의자를, 자신의 분야에 통용되던 기교의 법칙과 관습을 경멸하면서 감히 자신만의 방식으로 자신을 구원하기 위해 노력하는 그런 인간을 보았다. 그리고 운명이 그가 바그너를 만나는 것을 허용했을 때, 그는 그 작곡가가 개인주의를 실천할 뿐만 아니라 전파까지 하고 있다는 사실을 발견했다. 한마디로 말해, 바그너는 니체만큼이나 열정적인 쇼펜하우어 숭배자였다. 바그너의 개인주의는 거의 아나키의 경계선을 건드릴 정도였다. 바그너는 새로운 기술의 음악을 발명했으며, 그 음악이 들어설 공간을 열기 위해서 낡은 음악을 깨뜨리는 작업에 열렬히 임했다.

니체는 라이프치히에서 바그너를 만났으며 그로부터 루체른의 교외인 트립쉔 근처에 있던 작곡가의 집을 방문해 달라는 초대를 받았다. 니체는 초대를 받아들였고 1869년 5월 15일에 별난 리하르트와 재치있는 코지마와 귀여운 지크프리트(Siegfried)가 살던 그 야릇한 가정을 처음 볼 수 있었다. 니체는 바젤로 옮김에 따라 트립쉔에서 그리 멀리 떨어지지 않은 곳에 살게 되었으며, 그래서 그는 바그너의 집을 습관처럼 자주 찾아 오래 머물곤 했다. 정말로, 그는 바그너의 양자로 불리기에 이르렀으며, 1869년의 크리스마스와 1870년의 크리스마스를 바그너의 집에서 보냈다. 이런 사실만으로도 니체가 바그너와 아주 친밀한 관계를 맺고 있었다는 사실이 분명히 확인된다. 독일인들 사이에 크리스마스는 기본적으로 가족 축제로 여겨졌으며, 단순한 친구가 그 축제의 즐거움을 함께 나누자고 초대 받는 경우는 극히 드물다.

니체와 바그너는 트립쉔에서 소란스런 논쟁을 오랜 시간 폈지만, 두 사람은 근본적인 모든 것에 대해 서로 동의했다. 그들은 함께 쇼펜하우어의 기초 사실들을 받아들였으며 또 함께 쇼펜하우어의 결론으로부터 벗어나기 시작했다. 니체는 바그너에게서 그리스 예술을 구했던 그 옛날의 디오니소스의 정신을 보았다. 당시의 음악은 특색이 없고 차가웠다. 지나치게 엄격한 형식주의가 실제 생활의 모든 표현을 가로막고 있었다. 바그너는 이 형식주의를 깨부수자고 제안했으며, 니체는 바그너의 예언자이자 응원자였다.

정말로, 니체가 『비극의 탄생』을 쓰도록 만든 것은 바로 이 열정이었다. 니체는 그것을 단순히 그리스 드라마의 철학에 관한 논문으로만 생각했다. 그러나 한 사람의 사도로서의 열정과, 둔감한 독일인들을 개종시키려는 욕망, 바그너를 위해 실용적이고 유익한 무엇인가를 하려는 뜨거운 갈망이 그로 하여금 그것을 새로운 예술의 복음서로 바꿔놓도록 만들었다.

니체에게 바그너는 디오니소스였으며, 아폴론에 반대하는 니체의 주장은 모두 고전주의에 반대하고 바그너의 낭만주의를 옹호하는 주장에 지나지 않았다. 『비극의 탄생』은 하나의 폭탄이었으며,

그 폭발은 독일이 주시하도록 만들었으나 속물근성의 토대를 흔들어놓기 위해서는 또 다른 폭탄이 필요했다. 어쩌면 더 많은 폭탄이 필요할지도 몰랐다.

니체는 다음 폭탄을 아주 조심스럽게 준비한 다음에 그것을, 독일 전역에 팽배하던, 자만에 빠진 보수주의의 맨 꼭대기에 서 있던 인물을 향해 정면으로 던졌다. 이 사람이 바로 다비드 슈트라우스였다. 슈트라우스는 '이만하면 충분하다'는 인식을 가진 예언자였다. 그는 독일 예술은 건전하다고, 또 독일 문화는 완벽하다고 가르쳤다. 니체는 슈트라우스에게서 디오니소스의 적을 보았으며 그를 본보기로 삼아 벌을 주기로 마음을 먹었다. 재치 넘치는 그 공격 연설에는 니체가 바그너에게서 보았던 독립과 개인주의와 법 무시 등을 호소하는 내용이 담겨 있었다.

불행하게도, 사도가 여기서 주인을 추월했으며, 얼마 지나지 않아 니체는 자신과 바그너가 점점 저 멀리 떨어지고 있다는 사실을 깨닫기 시작했다. 두 사람은 쇼펜하우어의 기초 사실이라는 안전한 토대 위에서 만나는 한 서로 동의했지만, 니체가 불가피한 결론을 끌어내기 시작할 때, 바그너는 그를 포기했다. 더 쉽게 표현하면, 바그너는 철학자 이전에 예술가였으며, 철학이 추하게 보이기 시작하자 그는 양심의 가책이나 후회 없이 철학을 버렸다. 이론적으로는 바그너도 사물들을 니체가 보는 방식으로 보았지만, 예술가로서 바그너는 사실에 지나치게 충실할 수 없었다. 자기희생이 중세의 미신인 것은 분명한 사실이지만, 그것이 무대에서 영웅을

돋보이게 만드는 것 또한 사실이었다.

니체는 그런 식으로 타협한 사람들에게서 일생에 걸쳐 위선이나 무지 외에 어떠한 것도 인정하지 못했다. '바이로이트의 리하르트 바그너'(Richard Wagner in Bayreuth)를 썼을 때, 니체는 이미 회의(懷疑)의 희생자가 되어 있었지만, 그가 바그너의 개인주의에서 여전히 '만약에'와 '하지만'이라는 표현을 희미하게만 보고 있었을 가능성이 있다. 요약하면, 니체는 진리의 기치 아래에서 관습과 인습에 맞서 싸우고 있는 작곡가가 전투를 피할 수 있다는 사실을 이해하지 못했다. 바그너는 아마 유럽 문명과 그 자식인 당시의 유럽 예술이 거짓 위에 세워졌다는 니체의 의견에 동의했지만, 그는 그런 거짓을 이용하지 않고는 예술을 대중에게 이해시키는 것이 불가능하다는 것을 충분히 볼 수 있는 예술가였다. 그래서 바그너는 오페라 대본에 온갖 옛날 오류들을 이용했다. 사랑은 나쁜 인간을 선한 인간으로 만드는 초자연적 힘을 지니고 있다느니, 한 인간이 다른 인간의 영혼을 구원할 수 있다느니, 겸손이 미덕이라느니 하는 내용을 대본에 담았던 것이다.

이를 근거로 할 때, 변절자는 니체가 아니라 바그너인 것이 분명하다. 니체는 진리 추구자로서 인생을 시작했으며, 그는 평생 동안 진리를 찾으려 노력하면서 거기에 따를 위험과 결과에 대해 한 순간도 생각하지 않았다. 바그너는 단순히 철학적 토론의 문제에서는 똑같이 급진적이고 용감했지만, 그는 오페라에서 전통과 타협하는 것이 필요하다는 점을 매우 분명히 알고 있었다. 바그너는 무신론자였고 신을 조롱하는 사람이었지만, 로마 가톨릭 교회의 의식의 신비와 아름다움은 그의 예술적 감각에 호소력을 발휘했으며, 그래서 그는 영웅이 헉슬리의 아포리즘을 내뱉는 오페라를 쓰지 않고 '파르지팔'을 썼다. 또 그는 다른 음악극에서도 고대의 온갖 오류와 기사단의 창고에 있던 장치들을 예술적으로 이용했다.

정말로, 바그너는 여가 시간에만 철학자였다. 음악 작업을 할 때, 바그너에겐 이냐시오 데 로욜라(Ignacio de Loyola)[78]가 허버트 스펜서보다 훨씬 더 효과적이고 매력적인 인물로 다가왔다. 또 결혼은 두 불멸의 영혼들의 결합이라는 진부한 통념이 결혼은 단지 중요한 생의 의지의 한 징후라는, 쇼펜하우어와 니체의 생각보다 훨씬 더 멋있어 보였다.

1876년에 니체는 자신이 바그너를 뒤에 멀리 남겨 놓고 왔다는 사실을, 그날 이후로 그 작곡가로부터 어떤 지지도 기대할 수 없게 되었다는 사실을 깨닫기 시작했다. 그들은 1874년 이후로 서로 만나지 않았지만, 니체는 오페라 시즌에 맞춰 바이로이트를 찾았다. 바그너와 가진 단 한 차례의 대화로도 니체는 자신의 의심이 근거 없는 것이 아니라는 확신을 품게 되었다. 바그너는 단순히 말로만 디오니소스 지지자였으며, 두 사람이 논의한 생각들을 혁명적인 결론까지 끌고 갈 뜻이 전혀 없었다. 대부분의 사람들은 이 같은 사실에서 반의 진리를 위해 완전한 진리를 희생시키기로 하는 상식

78　스페인 바스크 지방 귀족 가문의 기사이자 로마 가톨릭교회의 수도사, 사제, 신학자이며, 예수회의 창립자(1491–1556)이기도 하다.

적인 결정을 뒷받침하는 증거 그 이상의 것을 보지 않을 것이지만, 니체는 타협을 광적으로 싫어했다. 속물과 타협하는 것은 그에게 속물에 합류하는 것보다 더 나쁜 것처럼 보였다. 니체는 바그너에게서 단지 진리를 알고 있으면서도 그것을 부정한 배신자만을 보았다.

니체는 정나미가 뚝 떨어진 상태에서 바이로이트를 떠나 도보 여행을 시작했지만, 그는 오페라 시즌이 끝나기 전에 다시 돌아와서 오페라 몇 편을 보았다. 그러나 그는 더 이상 바그너 숭배자가 아니었으며, '리벨룽엔의 반지'의 음악도 그를 즐겁게 하지 못했다. 정말로, 니체가 오페라 대본에 제시된 철학과 음악을 분리시키는 것은 불가능한 일이었다. 그는 바그너의 경우에 철학과 음악이 분리 불가능하게 결합되어 있다고 믿었다. 그래서 그는 얼마 후에 영웅들과 극적 상황뿐만 아니라 화성과 멜로디까지 전체 구조를 비난하게 되었다.

바그너가 니체의 삶에서 빠져나갔을 때, 니체는 글쓰기에 매진하면서 외로움을 달래려고 노력했다. 그 결실이 바로 『인간적인, 너무나 인간적인』이었다. 그는 이 책 1권을 바그너에게 보냈는데, 그때 우연히 바그너도 '파르지팔'의 대본 한 부를 니체에게 보냈다. 이 같은 상황이 두 사람 사이의 간극의 폭을 잘 보여주고 있다. 바그너에게 『인간적인, 나무나 인간적인』은 광적일 만큼 급진적인 것으로 보였으며, 니체에게 의식(儀式)을 찬양하는 '파르지팔'은 말도 되지 않는 작품이었다. 어느 쪽도 상대방에게 편지를 쓰려 하지 않았지만, 우리는 믿을 만한 증언을 통해서 바그너가 혐오감을 느꼈다는 것을 알고 있다. 니체도 성배(聖杯)에 관한 그 음악극에 심하게 격노했다는 이야기를 니체의 여동생이 들려주고 있다.

독일인은 분노에 휩싸이면 자리를 박차고 일어나며 큰 소리로 항의한다. 그래서 니체가 생을 마감할 때까지 트립쉔에서 보낸 행복한 날들에 대한 유쾌한 기억을 간직하고 있었고 그가 이승에서 마지막으로 한 말들도 인간 바그너에 대한 충직한 사랑을 반영했음에도 불구하고, 그는 철학자 바그너의 배반으로 여겼던 것들을 파괴하는 것을 자신의 신성한 의무로 받아들였다. 이 같은 인식은 틀림없이 니체 자신이 바그너가 목소리를 높이도록 하는 데 일조를 했다는 믿음 때문에 더 강화되었을 것이다. 니체는 과거에 바그너를 칭송했으나 이젠 바그너를 비판하는 것이 그의 의무가 되었다. 바그너를 칭송하는 일에 매우 열정적으로 임했던 니체는 바그너를 비판하는 작업에도 마찬가지로 무자비하기로 마음을 먹었다.

그러나 그는 10년 동안 망설였다. 왜냐하면 흔히 말하듯이 그가 인간 바그너를 향한 애정을 죽이지 못했기 때문이다. 한때 가장 가깝게 지내며 사랑했던 사람에게 상처를 입히는 것은 용기를 필요로 하는 일이며, 니체는 감정이 메말랐을지라도 여전히 인간에 불과했다. 그러나 그는 최종적으로 자신의 손길을 기다리고 있던 영웅적인 수술에 과감히 임했으며, 그 결과물이 『바그너의 경우』(Der Fall Wagner)였다. 이 책에서 모든 우정과 유쾌한 기억은 한쪽으로 밀려났다. 바그너는 니체의 옛친구가 아닌가? 그것이 니체가 더 정확하고 더 엄격해야 했던 이유였다.

니체는 "철학자가 자기 자신에게 시종일관 요구해야 하는 것이 무엇인가?"라고 묻는다. "그것은 그의 안에 있는 그의 시대를 극복하고, 그리하여 시대를 초월하게 되는 것이다. 그렇다면 철학자는 무엇을 상대로 가장 치열하게 싸움을 벌여야 하는가? 철학자를 아주 쉽게 그 시대의 자식으로 만들어버리는 그런 특성과 사상들을 상대로 싸움을 벌여야 한다." 여기서 우리는 니체의 근본적인 오류를 보고 있다. 바그너가 쇼펜하우어에게 열정을 보였고 삶의 초반에 아마추어로서 철학에 관심을 두었다는 사실에 속은 나머지, 니체는 이 작곡가를 철학자로 여겼다. 그러나 바그너는 무엇보다 한 사람의 예술가였으며, 예술가의 기능은 인간을 개조시키는 것이 아니라 인간을 자신이 본 그대로, 또는 자신의 시대가 보는 그대로, 그러니까 오류와 망상 등을 묘사하는 것이다.

버나드 쇼는 유명한 셰익스피어 비판에서 셰익스피어가 동시대의 지배적인 의견과 어떤 식으로 타협했는지를 보여주고 있다. 셰익스피어는 너무나 지적인 남자였기 때문에 로잘린드[79]를 괜찮은 여자로 볼 수 없었지만, 당시에 연극을 보러 다니던 사람들은 그녀를 괜찮게 보았으며, 그래서 그는 그녀를 관객들의 취향에 맞게 다듬었다. 인습에 그런 식으로 양보하지 못하는 예술가는 관중 없는 예술가가 될 것이다. 바그너는 기독교인이 절대로 아니었지만, 그는 성배를 찾는 것이 문명화된 인간의 90%에게 강력한 호소력을

79 셰익스피어의 희극 '당신 좋으실 대로'(As You Like It)의 주인공.

발휘한다는 사실을 알았으며, 따라서 그는 그것을 드라마로 바꿔 놓았다. 이것은 성실성을 의식적으로 회피한 것이 아니었으며, 단지 효율성에 대한 예술가의 잠재의식적 감각을 표현한 것이었다.

그러므로 바그너에 대한 니체의 반대는 모두 오류에 근거하고 있으며, 따라서 그 반대를 지나치게 진지하게 받아들여서는 안 되는 것이 분명하다. 그의 책이 예술에 대한 예리한 관찰을 일부 담고 있는 것은 틀림없는 사실이고 또 그의 전제를 받아들이는 경우에 그의 일반적인 결론이 맞을 수 있지만, 우리는 그의 전제를 결코 허용할 수 없다. 바그너는 자신의 철학에 배반자일 수 있지만, 만약 그가 자신의 철학에 충실했더라면, 그의 예술은 불가능했을 것이다. 그리고 그 예술의 숭고한 아름다움을 고려한다면, 우리는 바그너가 자신의 믿음을 지키지 않은 것을 용서할 수 있다.

『바그너의 경우』는 일단의 어리석은 비평가들이 바그너가 아니라 니체가 변절자라고, 또 미친 철학자가 자기 자신에 반하는 주장을 시작했다고 주장하도록 만들었다. 이런 우스꽝스러운 비판에 대한 대답으로, 니체는 『니체 대 바그너』라는 얇은 책을 하나 발표했다. 그 책은 전적으로 앞서 발표한 책들에서 따온 문장들로 채워졌으며, 이 문장들은 니체가 쇼펜하우어의 결론들로부터 이탈한 이후로 곧장 일직선을 걸어 왔다는 사실을 결정적으로 증명했다. 니체는 『비극의 탄생』에서도 디오니소스 추종자였고 『차라투스트라는 이렇게 말했다』에서도 여전히 디오니소스 추종자였다.

III

예언자 니체

1장
니체의 기원

니체의 철학적 가계도를 작성하는 것이 그의 비평가와 해설가들이 즐겨 하는 오락 중 하나이다. 한 예로, 니체의 작품들을 영어로 번역하는 팀의 에디터를 맡은 오스카 레비는 니체를 괴테와 스탕달(Stendhal)의 후계자로, 그리고 "유럽 전역을 휩쓸던 칸트 철학을 정지시키려 했던 최초의 사람"[80]인 스탕달이 시작한 "제2의 르네상스"의 정점을 찍은 인물로 꼽고 있다. 뮈게(Maximilian August Mügge) 박사는 이 계보에 동의하지만, 니체가 소크라테스 이전 그리스인들, 특히 헤라클레이토스(Heracleitus)의 지적 후손이며 스피노자와 슈티르너(Max Stirner)의 후손이기도 하다고 지적한다.

프랑스인 알프레드 푸이예(Alfred Fouillée)도 니체에게 그리스의

---

80 'The Revival of Aristocracy', London, 1906.

혈통을 부여하고 있지만, 그 이후의 니체의 조상을 찾으면서 그는 레비와 뮈게가 제시한 4명을 배제하고 대신에 홉스와 쇼펜하우어, 다윈, 루소(Jean-Jacques Rousseau)와 디드로(Denis Diderot)를 꼽는다. 또 토머스 커먼(Thomas Common)은 "아마 니체는 샹포르와 쇼펜하우어에게 빚을 가장 많이 졌을 것"이지만 홉스의 영향도 상당히 많이 받았다고 말한다. 커먼은 아울러 니체가 다윈에서 시작해 헉슬리와 스펜서를 비롯한 진화론자들이 발달시킨 사상들을 의식적으로나 무의식적으로 어떤 식으로 이어받았는지를 보여주려고 노력했다. 독일 철학자 알렉산더 틸레(Alexander Tille)는 니체와 진화론자들의 관계에 관한 책을 한 권 썼다.

마지막으로, 미국인 폴 엘머 모어(Paul Elmer More)는 푸이예에게서 힌트를 얻어 니체의 원칙들 중 많은 것들의 씨앗을 홉스에게서 발견하고, 이어서 지난 2세기 동안에 생겨난 윤리 이론의 변형들에 대해 상세하게 논하고 있다. 흄이 하나의 동기로서 동정 개념을 갖고 홉스의 이기심 개념을 어떻게 누르게 되었는지, 이 동정 이론이 어떻게 하여 이기주의 이론을 압도하고 감상주의로 쇠퇴하면서 사회주의와 여러 망상들이 들어설 길을 열어주게 되었는지, 또 니체가 어떻게 일종의 홉스의 부활 같은 것을 꾀하게 되었는지에 대해 설명하고 있는 것이다.

이런 종류의 분석은 더 많이 열거할 수 있다. 그 분석들 중 일부는 매우 독창적이고 또 일부는 그저 그런 수준이다. 이런저런 비평가들로부터 니체에 영향을 준 인물로 꼽히는 사람은 아주 많다. 크세노파네스(Xenophanes)와 데모크리토스(Democritus), 피타고라스, 칼리클레스(Callicles), 파르메니데스(Parmenides), 아르켈라오스(Arcelaus) 엠페도클레스(Empedocles), 피론(Pyrrho), 헤게시푸스(Hegesippus), 엘레아의 제논(Eleatic Zeno), 마키아벨리, 콩트, 몽테뉴, 맨더빌(Bernard Mandeville), 라 브뤼예르, 퐁트넬, 볼테르, 칸트, 라 로슈푸코, 엘베시우스(Helvétius), 애덤 스미스(Adam Smith), 맬더스(Thomas Malthus), 버틀러(Joseph Butler), 블레이크(William Blake), 프루동(Pierre Proudhon), 폴 레, 플로베르(Gustave Flaubert), 텐(Hippolyte Taine), 고비노(Arthur de Gobineau), 르낭(Ernest Renan), 심지어 칼 마르크스도 포함된다. 의미 없는 이름들을 나열한 긴 목록이고 개척자와 프로테스탄트들의 명부일 뿐이다. 프랑스인 쥘 드 고티에(Jules de Gaultier)는 매력적인 이 주제에 책 한 권을 할애했다.

그러나 만약에 공통적인 사상과 비슷한 문장들을 찾는, 지겹기도 하고 종종 무관하기도 한 이런 작업에서 벗어나 니체의 지적 발달의 실제 사실들로 눈길을 돌린다면, 결과는 크게 달라질 것이다. 그러면 우리는 니체의 조상이 두 개의 흐름을 이룬다는 사실을 확인하게 된다. 한 줄기는 니체가 어린 학생과 대학생으로서 공부했던 그리스인들로부터 흐르고, 다른 한 줄기는 니체가 젊은 시절에 위대한 발견으로 여겼고 또 그의 삶에 유일하게 매우 큰 영향력을 행사한 철학자인 쇼펜하우어에서 발원한다.

니체의 초반기 사고에 기본적으로 그리스의 색채가 두드러졌다는 점에 대해서는 새삼 강조할 필요가 없다. 정말로, 그가 직업으로 문헌학자를 택하도록 만든 것이 그리스의 문학과 삶에 대한 관심이었으며, 그가 문헌학자에서 철학자로 변신하도록 만든 것도 똑같은 관심이었다. 그의 철학 체계의 토대는 그가 그리스 신 아폴론과 디오니소스의 갈등에 주목했을 때 놓아졌으며, 그 이후의 모든 것은 당연히 그 토대에서 나왔다.

그러나 니체가 초기에 동경했던 그리스인들로부터 끌어낸 것은 하나의 사상 그 이상이었고 평론가들이 나열한 잡다한 사상들의 총합 그 이상이었다. 그것은 그리스인들의 관점이었고, 그리스인들의 정신이었으며, 신과 인간을 대하는 그리스인들의 태도였다.

요약하면, 니체는 하나님을 두려워하며 성장한 독일 목사의 아들이기를 그만두고 정신적으로, 그보다 앞서 셸리(Percy Bysshe Shelley)가 그랬듯이, 화려하고 멋진, 섬들이 많은 그리스의 시민이 되었다. 기독교의 감상성이 니체에게서 헌 옷처럼 흘러내렸으며, 이어 니체는 말하자면 발가벗은 상태에서도 수치심을 모르는 가운데 앞으로 나아갔다. 그 같은 변화를 이루기 위해선 책들을 읽는 그 이상의 노력이 필요했지만, 그 자극과 자신감, 적용 가능한 삶의 철학의 시작은 책들에서 비롯되었다.

『적그리스도』에서 말하고 있는 사람은 독일인도 아니었고, 니체가 자부심을 느꼈던 폴란드 귀족도 아니었으며, 소크라테스 이전에 용맹스러웠던 시대의 그리스인이고 헬레니즘 시대의 순수와 젊음의 대변인이었다.

틀림없이, 니체가 프랑크푸르트의 현자 쇼펜하우어에게 처음에 열광하도록 만든 것은 쇼펜하우어의 글에 담긴 그리스적인 요소였다. 말하자면, 그렇게 오랜 세월 동안 윤리의 지하 감옥에 갇혀 있어야 하는 저주를 받은 본능을 해방시켜야 한다는 점을 강조한 내용이 니체를 사로잡았다는 뜻이다.

1865년에 라이프치히의 분위기는 도덕적 안개로 무거웠으며, 쇼펜하우어의 과감한 항의는 그 안개를 뚫고 불어오는 칼 같은 바닷바람처럼 느껴졌음에 틀림없다. 그때 젊고 열정적이었던 니체는 발견의 황홀경에 빠져 흥분한 상태였으며, 그래서 그는 쇼펜하우어의 철학을 꼼꼼하게 비판하지 않은 채 통째로 받아들였다.

니체도 젊은이, 특히 독일 젊은이의 방황을 겪어야 했다. 이 그리스인은 아직 나움부르크에서 아티카로 향하는 길의 중간에 있었으며, 그는 지금 뒤를 돌아보기 위해 잠시 멈춰섰다. 니체는 어딘가에서 이렇게 말했다. "글은 행마다 부정(否定)과 체념을 외치고 있었다. … 이런 갑작스런 변화의 증거들은 그 시절 나의 일기장에 나타나는 불안한 우울에서 발견된다. 일기마다 쓸모없는 자책이 넘쳐나고 인간 정신 전체를 회복시키고 변형시키기 위해 높은 곳을 바라보던 시선이 느껴진다. 나는 나의 모든 자질들과 포부들을 음침한 자기 비하의 법정 앞으로 끌어냄으로써, 나 자신을 신랄하고 또 무자비하게 혐오하는 모습을 보였다. 나는 심지어 육체적 고행을 실천하기도 했다. 예를 들면, 연달아 2주일 동안 새벽 2시에 잠자리에 들고 6시에 정확히 일어나기도 했다." 그러나 고행은 오랜 기간

이어지지 않았다. 14일 만에 자책과 고통은 끝났다. 동시에 젊음의 방황도 끝났다.

이 그리스인은 새로운 모습으로 나타났다. 그 어느 때보다 헬레니즘의 요소를 더 강하게 보였다. 그래서 니체는 거의 처음부터 쇼펜하우어의 사상 중에서 받아들인 것 못지 않게 많은 것을 부정했다. 쇼펜하우어의 전제가 그의 철학 체계 안으로 들어갔다. 생의 의지가 몇 년 뒤에 권력 의지의 아버지가 되었다. 그러나 쇼펜하우어의 결론은 니체에게 더 이상 열정적으로 받아들여지지 않았으며 니체로 하여금 그것을 면밀히 조사하도록 만들었다. 그리하여 니체는 이중으로 득을 보았다. 첫째, 인간 행위에 관한 명확한 이론을 배울 수 있었으며, 이것은 니체 자신의 모호한 감정들을 명확하게 이해하는 데 도움을 주었다. 둘째, 니체는 인간 운명에 관한 쇼펜하우어의 절망적인 이론에 반발하면서 많은 것을 배우게 되었는데, 쇼펜하우어의 이론은 니체의 내면에서 생겨나고 있던 이론과 정반대였다.

그의 온갖 반대에도 불구하고, 또 그를 한동안 사로잡았던 체념주의에 본능적으로 맞섰음에도 불구하고, 니체는 행복을 추구하려는 노력을 불신했던 쇼펜하우어의 흔적을 언제나 보였다. 위대한 발견이 있고 9년의 세월이 흐른 뒤, 니체는 스승의 말을 인용하면서 그 점을 인정하고 있다는 사실을 우리는 확인한다. "행복한 삶은 불가능하다. 인간이 바랄 수 있는 최고의 삶은 영웅적인 삶이다." 그리고 그보다 더 뒤에 니체가 "양떼가 풀을 뜯으며 누리는 행복"을 비난하고 있는 것이 확인된다. 게다가, 니체는 훗날 언제나 확신보다 매혹에 더 끌리면서도 영원 회귀라는, 인간이 생각해 낸 사상 중에서 가장 절망적인 사상에도 동의했다.

그러나 이 모든 것에서 뚜렷한 구분을 확인할 수 있어야 한다. 쇼펜하우어는 행복한 삶을 단념하면서 영웅적인 삶까지 부정했지만, 니체는 그런 종류의 부정을 절대로 하지 않았다는 점이다. 반대로, 니체의 철학 전체는 바로 그 단념에 대한 항의이다. 영웅적 삶이 행복을 안겨다 주지 않고 심지어 좋은 것조차 안겨주지 못할 수 있지만, 어쨌든 그런 삶은 자체의 영웅적 자질들의 빛 속에서 빛을 발할 것이다. 요약하면, 숭고한 노력 자체가 하나의 목적, 아니 모든 목적들 중에서 가장 고귀한 목적이라는 뜻이다.

보다 높은 인간은 임금(賃金)을 위해 일하지 않으며, 축복이라는 임금을 위해서는 더더욱 일을 하지 않는다. 그런 인간을 위한 보상은 투쟁에, 위험에, 포부에 있다. 평화와 사랑, 번영과 평안에 따르는 행복에 대해 말하자면, 그것은 "가게 주인들과 여자들, 영국인들과 암소들"을 위한 것이다. 그런 행복을 추구하는 사람은 자유로운 정신의 숭고한 기쁨과 위험을 감당할 능력이 없다는 사실을 고백하고 있으며, 그런 행복을 발견하지 못해 울부짖는 사람은 자신이 세상에 살기에 적절하지 않은 존재라는 점을 고백하고 있다.

인생 말년에 이르러, 니체는 "위대함을 이루기 위해 내가 추구하고 있는 원칙은 '아모르 파티'(amor fati)[81]이다. … 운명은 반드시

81 '운명을 사랑하라'는 뜻의 라틴어.

견뎌내야 하는 것일 뿐만 아니라 사랑하기도 해야 하는 것이라는 뜻이다."라고 말했다. 그러므로 니체는 쇼펜하우어의 염세주의를 차용하면서 그것을 최종적으로 타협을 모르는 낙관주의로, 그러니까 쓸데없이 신들에게 간청하려 드는, 희망의 노예 낙관주의가 아니라 용기의 주인 낙관주의로 바꿔놓았다.

니체의 사고에 직접적으로 미친 영향력들의 큰 부분에 대해서는 이쯤에서 끝내도록 하자. 인간이 인간을 보는 관점에 일어난 혁명, 다시 말해 1859년 찰스 다윈의 『종의 기원』의 출간으로 촉발된 순수한 "가치들의 재평가" 작업의 영향도 그보다 절대로 덜하지 않았다. 기독교에 관한 장에서, 나는 니체가 그 문제에서 한 역할에 대해 간단히 설명하고, 또 그 역할이 그보다 앞섰던 인물들의 역할과 어떤 식으로 연결되는지를 보여주었다.

니체 자신은 모든 영국인들을 싫어했듯이 다윈을 공격하길 좋아하고, 자신이 다윈의 결과물에서 가치 있는 것을 끌어냈다는 점을 부정했지만, 그런 부정이나 거부를 지나치게 진지하게 받아들이는 것은 바람직하지 않다. 입센처럼, 니체도 종종 자기 자신의 지적 의무에 관해서는 신뢰할 만한 증인이 되지 못했다.

니체는 사상을 다루는 한에선 솔직하고 명쾌한 사고를 보여주지만, 그 사상들 뒤에 자리 잡고 있는 인간 존재들의 문제로 돌아갈 때면, 특히 자신이 풀려고 노력하고 있는 문제들에 접근하고 있는 것 같은 사람들에 대해 논할 때면, 그는 믿기 어려울 정도의 불관용과 질투, 심술, 독선, 그리고 쓸데없고 무자비한 싸움에 대한 야만적인 욕망 등을 보였으며, 이런 요소들이 서로 작용함에 따라 그의 글은 모호하고 심지어 부조리한 면까지 보이게 되었다. 다윈과 다양한 진화론자들, 특히 스펜서에 대한 그의 냉소가 그런 예이다.

설령 그가 그들을 실제로 따르지 않았다 하더라도, 그는 적어도 그들과 나란히 걸었으며, 그들이 그 길의 장애물을 일부 제거하면, 그도 혜택을 입었다. 어쨌든, 진화론자들이 세상에 내놓은 한 가지는 니체의 최종 철학 속으로 들어갔으며, 그것이 없었더라면 니체의 철학은 최종적인 발달을 이루지 못했을 수도 있다. 그 한 가지는 바로 인간을 포유동물로 본 인식이다. 진화론자들이 인간의 지식에 기여한 위대한 공로는 바로 그것이었다. 진화론자들은 인간이 천국의 문 앞에서 빈둥거리고 있는 존재라는 것을, 또 신들의 문간방에 있는 알랑쇠라는 것을 깨달았다. 진화론자들은 그런 인간을 땅으로 끌어내리고 인간에게 스스로를 도울 것을 촉구했다.

한편, 이 문제를 더 깊이 파고드는 독자는 니체가 다양한 장소에서 서로 다른 현자들을 가까이 하고 있는 것을 발견할 것이다. 니체는 나폴레옹 보나파르트의 위대한 변호자이자 나폴레옹 철학의 옹호자인 스탕달에게 많은 빚을 졌다고 증언했다.

니체는 이렇게 말한다.

"스탕달은 내 인생에 일어난 가장 행복한 우연 중 하나였다. … 통찰력이 탁월한 심리학자의 눈과 사실들을 파악하는 뛰어난 능력을 가진 존재로서, 또 정직한 무신론자로서, 스탕달은 꽤 소중한 존재이다. 그는 프랑스에서 발견하기 어려운 그런 종의 일원이다. …

어쩌면 내가 스탕달을 질투하는 것일까? 그는 나로부터 무신론자로서 할 수 있는 최고의 농담을 할 기회를 박탈해 버렸다. 그가 '신을 위한 유일한 변명은 신은 존재하지 않는다는 것이다.'라는 말을 이미 남겼으니까."[82]

니체가 막스 슈티르너에게 진 빚을 뒷받침할 증거는 이보다 덜 분명하지만, 그가 슈티르너의 영향을 받았다는 소리가 자주 들린다. 뮈게는 "그 문제에 관한 연구가 상당히 많이 이뤄졌다."고 말한다. 슈티르너의 주요 저서인 『유일한 존재와 그의 소유』(Der Einzige und sein Eigentum)는 니체가 태어나던 해인 1844년에 처음 발표되었으며, 개인의 해방을 강력히 호소하는 내용을 담은 그 책엔 훗날 니체가 강조한 생각과 표현이 많이 들어 있다. 뮈게는 그중 몇 개를 인용한다. "무엇이 선이고 무엇이 악인가? 나 자신이 나 자신의 규칙이며, 나는 선하지도 않고 악하지도 않다. 선이나 악 같은 단어는 나에게 아무런 의미를 지니지 않는다. … 승리와 패배라는 두 가지 변화 사이를 투쟁의 운명은 왔다 갔다 한다. 주인이 될 것이냐 노예가 될 것이냐! … 사랑이 결정할 것이 아니라 이기심이 결정해야 한다."

다른 표현들도 슈티르너의 책을 읽은 독자들에게 익숙하게 다가올 것이다. "진리를 믿는 한, 당신은 당신 자신을 믿지 않는다. 그러는 당신은 하인이고, 종교적인 인간이다. 당신만이 진리이다. … 내가 생각하고 행동하는 것이 기독교적인지 아닌지, 내가 신경 쓸 일

---

82 '이 사람을 보라' 2부 중에서.

이 뭔가? 그것이 인간적이고 자유롭고 인도적인지, 아니면 그것이 비인간적이고 편협하고 비인도적인지, 그것에 대해 내가 뭘 물을 수 있겠는가? 다만 그것이 내가 원하는 것을 성취하기만 한다면, 그리고 내가 그것에 만족을 느끼기만 한다면, 그것으로 끝이다. 거기에 속성을 부여하는 것은 당신 맘이다. 어떻게 하든 그건 나에게 똑같으니까."

그러나 J. L. 워커(Walker)가 바잉턴(Steven T. Byington)이 영어로 번역한 책의 서문에서 말하듯이, 슈티르너와 니체 사이에는 심지어 이 대목에서도 뚜렷한 차이가 있다. 슈티르너의 호소는 위대하든 평범하든 불문하고 모든 사람에게 절대 자유를 부여하자는 것이고, 니체는 보다 높은 계급을 위한 자유만을 지지한다. 니체의 경우에 비천한 자들은 속박된 상태에서 지내야 한다고 주장한다. 그러므로 만약에 니체가 실제로 슈티르너로부터 무엇인가를 차용했다면, 그것은 분명히 니체의 철학 체계의 최종적 구조 속으로 변형되지 않은 채로 들어가지는 않았다.

니체가 사상들을 차용했다고 비난하려는 시도는 조금 더 이어진다. 예를 들면, 뮈게는 니체 이전에 나왔던 다음과 같은 구절들을 헤라클레이토스로부터 인용하고 있다. "전쟁은 보편적이고 옳으며, 모든 사물들은 투쟁을 통해 생겨나며 투쟁에 이용된다. … 선과 악은 동일하다. … 어떤 사람이 가장 가치 있는 사람이라면, 나에게 그 한 사람은 1만 명의 가치가 있다." 그리고 폴 엘머 모어는 다음의 구절을 홉스로부터 인용하고 있다. "가장 먼저, 나는 모든 인간

의 일반적인 경향으로 권력에 대한 끊임없는 욕망을 꼽는다. 권력
욕은 아마 죽어야만 끝날 것이다." 여기에다가 독자는 이것을 덧붙
일 수 있다. "어떤 사람의 욕망의 대상이 되는 것은 무엇이든 그 사
람의 입장에서 보면 선하다고 할 수 있다. … 선하다거나 악하다거
나 경멸할 만하다는 등의 단어들은 언제나 그 표현을 사용하는 사
람과 관련해서 쓰이고, 절대적으로 선하거나 악한 것은 절대로 존
재할 수 없으며, 대상 자체의 본성에 대해 선하거나 악하다고 판단
할 공통적인 규칙도 절대로 없다."[83]

그러나 이 모든 구절들은 단지 과거 시대의 사람들은 인간의 포
부와 분투에서 기준의 변동성과 기준의 기원을 보았다는 것을 증
명하고 있을 뿐이다. 헤라클레이토스뿐만 아니라 많은 다른 그리
스인들도 윤리적 회의주의를 표현했다. 윤리적 회의주의는 오랫동
안 그리스 철학에서 지배적인 영향력을 발휘했다. 따라서 니체가
윤리적 회의주의를 차용했다는 비난을 듣는다면, 그것은 내가 이
미 말한 내용을 말하는 것에 지나지 않는다. 니체는 젊은 시절에 그
리스의 포도를 따먹었으며 지적인 어떤 면으로 보나 그 자신이 그
리스인이 되었던 것이다. 사람은 인생을 보는 관점을 가져야 하며,
그 사람이 직접 독서를 통하거나 어느 정도의 자유로운 선택을 통
해 이르게 된 관점은 주변 사람들로부터 생각 없이 받아들인 관점
에 비해 신뢰성에서 결코 떨어지지 않는다. 헤라클레이토스를 비
롯한 다양한 그리스인들이 니체에게 기여한 것은 그들이 그에게

83 '리바이어든' 1부 중에서.

철학을 주었다는 사실이 아니라, 그들이 그를 한 사람의 철학자로 만들었다는 사실이다. 니체에게 흥미롭게 다가오며 자극했던 것은 그들이 제시한 대답보다는 그들이 던진 질문이었다. 만약에 간혹 니체가 그 철학자들의 대답과 비슷한 대답을 제시한다면, 그것은 그가 옛날의 그 철학자들과 동족 관계라는 점을 증명할 뿐이다.

분석적인 측면과 정반대인 예술적 측면에서 보면, 영향력이 가장 컸던 니체의 스승은 아마 현대 독일의 가장 고귀한 지적 인물로 오늘날 서로 경쟁을 벌이고 있는 학파들의 공통적인 조상으로 꼽히는 괴테였을 것이다. 니체의 표현을 빌리면, 괴테는 "선하고 위대한 인간일 뿐만 아니라 문화 그 자체이기도 했다".

니체의 글은 자신의 영웅을 칭송하는 내용으로 가득하며, 니체는 괴테의 글을 여덟 살 또는 열 살 소년으로서 처음 읽기 시작했다. 니체의 할머니 에르무테 니체(Erdmuthe Nietzsche)는 괴테의 시대에 바이마르에서 신학 교수를 했던 크라우제(Johann Friedrich Krause) 박사의 여형제였으며, 그녀는 괴테가 저택을 갖고 있던 도시에서 살았기 때문에 틀림없이 괴테와 만날 기회를 가졌을 것이다. 그녀의 어머니 파스토르 크라우제(Pastor Krause)는 아마 괴테의 일기에 등장하는 무트겐(Muthgen)이었을 것이다.

그러나 이런 모든 인연에도 불구하고, 니체의 할머니는 『파우스트』(Faust)와 『선택적 애착』(Elective Affinities)이 "어린 소년에게 적합하지 않다."고 생각했으며, 그래서 '성년식'을 행하는 것은 나움부르크에 살던 어린 니체의 놀이 친구의 아버지였던 핀다르 판사(Judge Pindar)에게 넘어갔다. 30년 뒤에, 니체는 핀다르 씨에게 빚을 졌고 괴테에게 그것보다 훨씬 더 큰 빚을 졌다는 사실을 감사하는 마음으로 인정했다.

니체는 괴테에 대해 이렇게 말했다.

"그는 비현실적인 시대의 한가운데에 엄격한 현실주의자로 우뚝 서 있었다. … 그는 삶으로부터 자신을 차단시키지 않고 삶 속으로 들어갔다. 그는 절대로 기죽지 않은 가운데 최대한 많은 것을 자신에게로 흡수했다. … 그가 추구했던 것은 완전성이었다."[84]

니체는 또 하인리히 하이네(Heinrich Heine)의 열렬한 숭배자였으며 그 시인의 "달콤하고 열정적인 음악"을 모방하려고 노력했다. 그는 "사람들이 언젠가는 하이네와 내가 독일어로 글을 쓴 예술가들 중에서 가장 위대한 예술가라고, 또 두 사람은 순수한 독일인[85]이 쓸 수 있었던 최고의 작품을 까마득히 멀리 추월했다고 평가할 것이다."[86]라고 말했다.

니체가 대단히 존경한 또 한 사람의 시인은 괴테-실러 시대에 남부 독일의 광상시 작가로서 자유로운 리듬으로 송가(頌歌)를 쓰고 화려한 산문체로 철학 소설을 쓴 프리드리히 횔덜린(Friedrich Hölderlin)이었다. 횔덜린은 40년 동안 광기를 보이다가 니체가 태어나기 한 해 전에 세상을 떠났다. 칼 조엘(Karl Joel)과 뮈게 박사를

---

84 '우상의 황혼' 중에서.

85 하이네는 유대인이었고, 니체는 자신을 폴란드인으로 생각하길 즐겼다.

86 '이 사람을 보라' 2부 중에서.

비롯한 일부 비평가들은 횔덜린을 고리로 니체와 독일의 낭만주의 운동을 연결시키려 들었으나, 진실은 니체와 횔덜린이 낭만주의 작가였다면 독일 낭만주의보다는 고대 그리스의 학파에 더 가까웠다는 점이다. 틀림없이, 초인의 복음만큼 감상성과 애국심이 두드러진 순수한 독일 낭만주의와 거리가 먼 것도 없다. 니체가 낭만주의 작가들로부터 확실히 배운 것은 독일어를 부드럽고 쉽게 쓰고, 학파들의 인위적인 속박을 무시하고, 집시의 표현을 수용하는 태도였다. 요약하면, 낭만주의 작가들은 니체에게 글을 쓰는 방법을 가르쳤다. 그러나 그들은 니체에게 무엇을 써야 하는지에 대해서는 가르쳐주지 않았다.

그렇다 하더라도, 니체는 프랑스인들로부터도 독일인 못지않은 영향을 받았다. 특히 그가 방랑할 때면 책을 통해 끊임없는 동반자가 되어 주었던 몽테뉴와 라 브뤼예르, 라 로슈푸코, 퐁트넬, 보브나르그와 샹포르의 영향이 컸다. 그는 그들로부터 자신의 주장을 경구 형식으로 담아내는 다소 뚜렷한 장치뿐만 아니라 변증법을 하나의 순수 예술로 보는 인식까지, 다시 말해 문체를 추구하는 태도까지 차용했다.

니체는 언젠가 이렇게 말했다.

"내가 끊임없이 다시 찾는 이들은 소수의 프랑스 작가들이다. 나는 프랑스 문화만을 믿고 있으며, 유럽의 다른 지역, 특히 독일에서 문화라 불리는 모든 것을 나는 단순히 오해로 여기고 있다. … 내가 독일에서 만난, 문화 수준이 높은 몇몇 사람들은 프랑스식 훈련을 받은 사람이었다. 특히 코지마 바그너는 취향의 문제에서 어느 모로 보나 내가 들은 최고의 권위자였다."[87]

이 같은 선호가 지나친 감이 있었다. 그 결과, 그는 단어들을 갖고 장난을 치고, 단어들의 결합을 실험하고, 단어들을 진주 목걸이의 진주 다루듯이 조심스럽게 연결시키면서 대체로 독일인이 아니라 프랑스인처럼 글을 썼다. 어느 비평가는 "좋든 나쁘든, 니체는 간결함과 명료함 같은 낭만주의 요소들을 독일 산문에 소개했다. 산문을 그 자신이 독일적이고 무겁다고 묘사한 그런 요소들로부터 독립시킨 것은 그의 노력 덕분이었다."고 말한다.

나머지에 대해 말하자면, 그는 독일 문인들의 전당에 신으로 남은 클로프슈토크(Friedrich Gottlieb Klopstock)와 헤르더(Johann Gottfried Herder), 빌란트(Christoph Martin Wieland), 레싱과 실러를, 정통 독일 철학의 거장인 칸트와 헤겔을 부정할 때보다 더 가혹하게 비판했다.

87 '이 사람을 보라' 2부 중에서.

2장
니체와 비판자들

니체에 대한 반대를 주로 그가 불경스럽다거나 그의 철학과 태도가 세상의 경건과 고상함을 짓밟는다는 식으로 제기하는 그런 무리의 비판자들은 처음부터 옆으로 제쳐놓도록 하자. 그런 부류의 사람들 중에는 교외의 설교단에서 첫 번째 독송과 두 번째 독송 사이의 반시간을 이용해 그를 처치하려 드는 교구 목사도 포함된다. 그들은 1870년대와 1880년대의 선임자들이 다윈과 헉슬리와 스펜서를 다뤘던 것과 똑같은 방식으로 니체를 다뤘다. 그들이 고발장을 읽고 심판을 보고 판결을 내리도록 가만 내버려 두라!

니체의 학생은 즉각 그런 비판의 부적절성을 깨달을 수 있어야 한다. 신성 모독이라는 비난을 불러일으키고 그런 비난의 소리를 들었던 것은 바로 니체가 문제의 밑바닥까지 터널을 뚫듯 파고들던 시작 단계부터 신중하게 기울인 노력이었다.

기독교 도덕을 비판하는 틀을 짜면서, 그는 설득력 있고 정당할 뿐만 아니라 최대한 공격적으로 비판하려고 노력했다. 문제작의 선전적 가치를 니체만큼 강하게 믿었던 사람은 아마 없을 것이다. 그는 성기(聖器) 수호자들에게 충격을 안겨주고, 그들에게 적극적으로 방어해야 하는 부담을 강요하고, 그들을 공개적인 공간으로 끌어내고, 화약 냄새를 강하게 풍기고 분노를 불러일으킴으로써 관심이 전투 쪽으로 쏠리도록 하기 위해 최대한 노력했다. 만약 그가 그 같은 노력에 성공한다면, 그래서 그가 진정으로 기독교 교단을 격노하게 만든다면, 그런 경우에 그런 의도적인 성취를 기독교에 불리한 증거로 제시하는 것은 틀림없이 터무니없을 것이다.

그런 비판보다 더 적절하고 더 그럴 듯한 비판들, 그러니까 유럽과 미국에서 활동하는 수많은 니체의 적들이 제기한 비판들은 편의상 5가지 주장으로 압축될 수 있다.

(a) 니체는 퇴폐적인 사람이고 광인이다. 따라서 그의 철학은 일고
  의 가치도 없다.
(b) 니체의 글은 무질서하고 모순적이며, 그런 글에서 일관성 있는
  철학 체계를 발견하는 것은 불가능하다.
(C) 자기희생은 이익보다 손해가 더 크며, 따라서 그것을 실천하는
  민족의 평균 적응력이 떨어지게 된다는 니체의 주장은 인간 경
  험과 모순된다.

(d) 니체가 제시한 세계상은 모든 문명화된 사람들에게 내재한 생각들과 정반대이다.

(e) 기독교 도덕에 대한 그의 비판이 근거가 충분하다고 인정한다 하더라도, 니체는 그것을 대체할 것을 아무것도 제시하지 않는다.

첫 번째 주장과 두 번째 주장을 놓고 시간을 낭비할 필요는 전혀 없을 것 같다. 첫 번째 주장은 1893년에 막스 노르다우가 발표한 『퇴화』(Degeneration)에서 그럴 듯하게 제기되었다. 당시에 이 책은 니체의 책 못지않게 뜨거운 논란을 낳았다. 노르다우의 주장은 이탈리아 범죄학자 체사레 롬브로소(Cesare Lombroso)로부터 꽤 솔직하게 차용한 퇴화 이론에 바탕을 두고 있다. 롬브로소는 정신의학에 어느 정도 기여했으나, 그 공로는 유령과 테이블 태핑[88], 텔레파시, 심령 사진, 범죄자들과 천재들의 육체적 특징 등에 관한 그의 책들에 의해 거의 상쇄되어 버렸다.

퇴화와 쇠퇴는 1880년대와 90년대에 일반 대중의 상상력을 채웠던 용어들이며, 니체도 간혹 그 단어들이 명확한 의미를 지닌다고, 또 자신의 정신의 유형은 퇴화한 상태라고 생각했던 것 같다. 노르다우의 정의에 따르면, 퇴화는 "원래의 유형에서 병적으로 일탈한 상태"이다. 여기서 말하는 원래의 유형이란 종(種)의 육체적 및 정신적 규범을 뜻한다.

노라다우는 "병적"이라는 단어는 "허약한" 또는 "정상적인 기능

88 강신술에서 죽은 사람의 영혼이 테이블을 두드리는 것을 말한다.

을 수행할 수 없는"이라는 뜻이라는 점을 강조한다. 그러나 그는 즉시 모든 일탈을 병적이고 퇴화한 것으로 보기 시작한다. 사실은 그 역(逆)이 명백한 사실인데도 말이다.

예를 들면, 노르다우는 물갈퀴가 달린 발을 가진 사람은 퇴화한 사람이라고 말한 다음에 그 같은 전제를 근거로 자신의 주장을 펼친다. 그러면서, 쉽게 상상할 수 있는 어떤 상황에서 물갈퀴가 있는 발이 단점이 아니라 강점이 될 수 있으며 또 삶의 일상적인 조건에서 그런 발이 장점인지 단점인지를 정확히 결정하지 못한다는 사실을 깡그리 무시한다.

그는 니체에게서 발견하는 퇴화의 징후들도 마찬가지 방식으로 다뤘다. 그는 니체가 당시의 평균적인 독일인과, 심지어 높은 문화에 속하는 평균적인 독일인과 엄청나게 다르다는 점을 보여주고 있다. 니체는 생각도 다르게 하고, 글도 다르게 쓰고, 영웅도 다른 영웅을 숭배하고, 신도 다른 신을 믿는다는 것이었다.

그러나 그는 그것을 근거로 니체의 사고 작용이 병적이거나 허약했다는 것을, 니체가 내린 결론들이 타당하지 않다는 것을 결코 입증하지 못한다. 노르다우가 그 책으로 세상을 놀라게 한 이후로, 롬브로소의 퇴화 이론은 심리학자들과 병리학자들 사이에 그 기반을 잃게 되었으나, 지금도 이따금 그것을 근거로 니체를 공격하는 비판자가 나오기 때문에 여기서 짚고 넘어갈 필요가 있다.

노르다우가 니체의 광기를 놓고 논한 부분이 니체의 퇴화를 논한 부분보다 오히려 더 지적이다. 노르다우가 제시하는 사실들이 논쟁의 여지를 덜 남기기 때문에 하는 말이다. 그러나 여기서도 마찬가지로 노르다우는 어떤 사상의 증거는 그것을 품은 사람의 건전성에서 찾을 것이 아니라 사상 자체의 건전성에서 찾아야 한다는 사실을 망각하고 있다. 예를 들어, 푸딩의 질에 대해 묻는다면, 그것을 만든 요리사가 선한 여자인지를 물을 것이 아니라 푸딩 자체가 훌륭한지를 물어야 하는 것이다.

노르다우는 저자가 광인으로 죽었다는 사실을 근거로 그의 철학 자체를 폐기하려 노력하면서, 논의의 여지는 없지만 본질을 벗어난 비난들을 축적하는 데만 성공하고 있다. 노르다우는 여러 가지를 보여주고 있다. 니체가 전적으로 자신의 지혜만을 믿고, 특별히 좋아하는 주장을 진저리가 날 만큼 반복하기를 좋아하고, 비판을 좀처럼 견뎌내지 못하고, 자신에게 반대하는 사람을 지속적으로 저평가하고, 가끔 단순히 대중에게 충격을 안기는 즐거움을 얻기 위해 신성 모독을 저지르고, 종종 자신의 수다에 최면 걸리듯 빠져든다는 점을 강조하고 있는 것이다.

그러나 이런 비난에 대한 해명은 우리가 무작위로 꼽는 혁명적인 열광자 거의 모두가 그런 비난의 대상이 될 수 있다는 사실에 담겨 있다. 그런 열광자들의 예를 든다면, 사보나롤라(Girolamo Savonarola)와 톨스토이(Leo Tolstoi), 루터, 입센, 개리슨(William Lloyd Garrison), 필립스(William Phillips), 윌크스(John Wilkes), 바쿠닌, 마르크스 등이 있고, 노르다우도 거기에 포함된다.

니체가 광기를 보이는 상태에서 죽었다는 것은 틀림없는 사실이고, 그의 광기가 갑자기 시작된 것이 아니라는 사실 또한 분명하다. 그리고 그의 글, 특히 그가 죽기 1, 2년 전에 쓴 글 여기저기서 광기가 나타난다는 점을 솔직히 인정할 수도 있지만, 그의 중요한 견해들, 그러니까 그의 명성이 근거하고 있는 사상들이 광인의 공상이라는 주장은 분명히 엉터리다. 만약 니체가 암소에게 날개가 있다는 점을 입증하려 들었다면, 노르다우가 오늘날 시도하고 있는 것처럼 니체의 철학을 폐기하는 것도 정당할 수 있다. 그러나 기독교가 진보를 방해하고 있다는 점을 입증하려고 노력하면서 제시한 니체의 논거는 진기하고 과감할 수는 있어도 절대로 비합리적이지는 않다. 또 니체가 그 같은 주장을 제시하면서 전개한 추론에도 비합리적인 구석이 전혀 없었다.

이를 뒷받침하는 증거로, 정신이 건전한 많은 사람들이 니체가 살아 있을 때나 죽은 뒤에 니체의 주장을 놓고 진지하게 토론을 벌이고 그의 글에서 생각할 거리를 많이 발견했다는 사실보다 더 확실한 것은 없다. 입센도 정신이 오락가락하는 상태에서 삶을 마감했고 슈만도 그랬지만, 합리적인 비평가라면 어느 누구도 입센의 '페르 귄트'(Peer Gynt)와 슈만의 '피아노 5중주'의 작품성을 부정하려 들지 않는다.

이 장을 시작할 때 제시한 반대들 중 두 번째 반대의 선봉에 선 사람도 마찬가지로 노르다우이며, 여기선 자칭 지혜의 뱀이 그의 뒤를 많이 따르고 있다. 니체는 건설하지는 않고 허물기만 했으며, 자신이 부정한 기독교 도덕을 대체할 것을 제시하지 않고 죽었다고 노르다우는 말한다. 이 책의 앞 장들을 읽은 것 외에 니체에 대해 아무것도 모르는 독자에게도 그 같은 비난의 모순이 분명하게 드러날 것이다.

정말로, 니체보다 더 포괄적인 윤리 체계를 남긴 사람은 없었다. 콩트나 허버트 스펜서도 그러지 못했다. 그가 윤리 체계를 십여 권의 책 여기저기 뿌려놓고 이따금 그것을 세부적으로 수정한 것이 사실이라면, 그의 근본적인 견해들도 아주 선명하게 언급되었고 처음부터 끝까지 변하지 않은 것 또한 사실이다. 그러나 설령 그가 자신의 사상들을 일관된 형태로 정리하지 못하고 죽었다 하더라도, 그리고 그의 최종적 결론을 취합하고 추론하고 전체에서 모순을 제거하는 작업이 그의 신봉자들의 몫으로 남겨졌다 하더라도, 그 결론들을 진지하게 연구하고 그것들을 실제의 가치 그대로 받아들이는 것은 가능할 것이다.

노르다우는 뒤엎고자 하는 사상을 대체할 균형 잡힌 세계관을 제시하지 못하는 사람은 절대로 개혁가가 될 수 없다는 것을, 그렇게 하지 못하는 사람은 단지 신성 모독적인 구호를 외치며 돌을 던지는 존재에 불과하다는 것을 하나의 원칙으로 제시하고 있다. 그러나 우리 모두는 이것이 사실이 아니라는 것을 잘 알고 있다. 세상이 경험한 거의 모든 개혁은 한 사람에 의해 성취된 것이 아니라 연속적으로 노력한 여러 사람에 의해 성취되었다. 정말로, 변화의 필요성을 처음 외친 사람이 그 변화가 성취되는 것을 볼 만큼, 아니면 그 변화의 정확한 방법과 조건을 명확하게 규정할 만큼 오래 사는 경우는 무척 드물다.

니체는 기독교 도덕을 비판한 최초의 인물이 아니었으며, 그는 또 후계자들에게 전혀 여지를 남겨 놓지 않을 정도로 그 문제를 말끔히 처리하지도 않았다. 그러나 그는 그보다 앞섰던 그 어떤 사람보다도 그 문제에 더 많은 기여를 했으며, 그가 제시한 사상들은 너무나 날카롭고 설득력 있기 때문에 그보다 뒤에 활동한 비평가는 누구나 그의 사상들을 반드시 고려해야 한다.

초인의 예언가에게 쏟아진 첫 두 가지 반대에 대한 이야기는 이 정도로 끝내도록 하자. 두 가지 주장은 똑같이 하찮은 반대를 제기하는 것일 뿐이며, 두 번째 주장은 사실이 아닌 비난에 해당한다.

다른 3가지 반대는 보다 건전한 논리에 근거를 두고 있으며, 슬기롭게 다뤄지는 경우에 니체의 철학 체계를 전체적으로나 부분적으로 반대하는 합리적인 근거가 될 수 있다. 그런 주장을 제기하고 있는 문헌을 전반적으로 검토하는 것이 흥미로울 수 있지만, 그 작업은 엄청난 지면을 요구할 것이다. 그래서 몇 가지 전형적인 시도를 대략적으로 살피는 것으로 만족해야 한다.

이런 시도들 중 가장 친숙한 것은 자기희생이라는 구세주적인 의무는 그 손실이 얼마나 크든 인간 종족에 큰 이익을 안겨주었다는 주장으로 나타난다. 우리가 기독교적인 사랑 때문에 더 나아졌고, 그 향상이 전적으로 기독교 덕분이라는 것이다. 이 주장을 가장 그럴 듯하게 제시한 사람은 아마 영국인 베닛 흄(Bennett Hume)일 것이다. 만약 기독교의 사랑이 없었다면, 병든 사람과 광인을 위한 병원도 없고 수용 시설도 없었을 것이며, 따라서 인간을 보다 건강하고 보다 능률적인 존재로 만들려는 조화로운 노력도 없었을 것이라고 흄은 말한다. 그러므로 하나의 도덕 체계로서 기독교의 영향이 인간에게 유리하게 작용했다는 점을 인정해야 한다는 것이 흄의 주장이다.

이 주장은 본격 조사를 시작하면 두 가지 이유로 금방 허물어지고 만다. 첫째, 적응력을 다시 찾지 못할 것이 거의 확실한 부적합자들을 지키는 데 따를 이점이 의문스럽고, 둘째로, 현대의 인도주의가 과학적이고 감상적이지 않아서 유익한 한 순수한 기독교 사상과 거의 아무런 관계가 없기 때문에, 기독교 교회도 우리 시대까지 사실상 거기에 반대했다. 앤드류 화이트가 과학과 교회 사이에 벌어진 중대한 전쟁의 역사에 대해 쓴 책을 읽는 사람은 누구나 천연두와 말라리아의 정복, 수술의 발달, 향상된 광기 치료 방법, 사망률의 전반적인 하락 같은 위대한 혜택은 기독교 성직자들의 감상적인 자선이 아니라 맹목적인 믿음에 맞서는 반항자들의 지적인 사회 개량의 결실이라는 확신을 품지 않을 수 없다.

또 다른 비판자인 프랑스인 알프레드 푸이예는 공격 표적으로 강한 사람에게 투쟁은 환영할 만하고 이로운 일이며 위험을 감수하려는 의지가 수반되는 지적 이기주의가 진보의 길이라는 니체의 원칙을 선택했다. 투쟁은 언제나 힘의 소비를 의미하고, 힘은 그런 식으로 소비될 때 투쟁이 야기하고 자극하는 반대의 힘에 의해 약화된다고 푸이예는 주장한다. 이 주장을 뒷받침하기 위해 다윈이 무덤에서 불려나왔으나, 이 주장의 옹호자는 다윈이 너무나 자주 내세운 그 친숙한 생리학적 원칙을 망각한 것 같다. 힘이 반복적 사용에 따른 효과들 중 하나라는 원칙 말이다. 그리고 푸이예는 조직적인 보호의 결과든 아니면 다른 방식으로 일어나든, 사용하지 않게 된 것은 불가피하게 약해지고 위축될 수밖에 없다는 다윈의 추론도 망각하고 있다. 바꿔 말하면, 푸이예가 꿈꾸는 강한 인간의 이상형은 자기 자신에게서 힘을 제거할 가장 간편한 길을 대단한 열정으로 찾는 사람이다.

노르다우와 버논 리를 비롯한 여러 비평가들은 니체를 똑같은 측면에서 공격하고 있다. 말하자면, 겸손과 자기희생에 대한 니체의 비판에 대해 반박하고, 오직 적자만이 생존한다고 주장하는 자연선택의 법칙만으로는 인간의 진보를 보장하지 못한다는 점을 보여주려고 노력하고 있는 것이다.

예를 들어, 버논 리는 모든 사람이 약한 형제에게 무엇인가를 양보해야 한다는 의무감을 전혀 갖지 않게 되는 경우에 인간은 곧 야생 짐승의 무리에 지나지 않게 될 것이라고 주장한다. 그녀는 겸손을, 인간이 자제심을 잃고 날뛰는 것을 막기 위해서 인간에게 강요된 일종의 브레이크 같은 것으로 보고 있다. 인간은 자기 자신을 세상의 나머지를 다 합친 것보다 더 크게 보도록 창조되었다고 그녀는 말한다. 이 같은 가치 왜곡이 모든 개인의 의식에서 확인되고, 만약 그 왜곡에 맞서는 것이 아무것도 없다면, 과장된 자아들 사이에 절망적인 투쟁이 일어날 것이다. 겸손이 이 투쟁을 완전히 종식시키지는 못해도 약화시킨다는 것이 버논 리의 주장이다. 자기 자신의 중요성을 확대하고 자신의 관점을 다른 사람들에게 강요하려고 노력함으로써 죽음을 초래하는 인간의 타고난 경향이 다른 사람들의 행복을 고려하는 것이 의무라는 생각에 의해 억제된다는 것이다.

이 모든 것에 대해 반대하는 이유는 버논 리가 겸손을 그린 그림이 자기희생이나 의무라는 이타적인 사상에 근거한 무엇인가의 그림이 아니라 대단히 지적인 이기주의의 그림이라는 점에 있다. 버논 리가 그리는 기독교 신사가 자신의 동기에 대해 어떤 위선적인 설명을 제시하든, 그 신사는 단순히 주변의 개들에게 뼈다귀를 던지고 있는 사람임에 틀림없다. 그런 현명한 신중함과 진복팔단의 희생은 서로 엄청나게 다르다. 사실, 그런 신중함에 대해 니체는 반대하지 않는다. 니체가 그리는 보다 높은 인간은 단순히 싸움을 벌이는 사람과 거리가 멀다. 그런 인간은 공개적인 싸움을 두려워하지 않으며, 또 반대자에게 상처를 입힐까 하는 두려움 때문에 뒤로 물러서는 일도 없다. 그러나 그는 동시에 휴전을 해야 하는 때도 있고 속임수를 써야 하는 때도 있다는 사실을 이해하고 있다.

한마디로 말해, 보다 높은 인간이 이기주의를 추구하는 노력은 주먹만으로 이뤄지는 것이 아니라 머리로도 이뤄진다. 그는 적과 경쟁자들을 덮쳐야 할 때를 알지만 그와 동시에 적과 경쟁자들이 자신을 덮치지 못하게 해야 할 때도 알고 있다. 따라서 버논 리의 다소 정교한 반박은 틀림없이 건전한 어떤 결론에 이르겠지만 결코 니체의 철학을 폐기 처분하지는 못한다.

자기희생이 유익하다는 주장의 다른 곁가지들이 끊임없이 논쟁을 불러일으키고 있으며, 거기선 똑같은 사실이 종종 정반대로 해석되기도 한다. 기독교 사랑이 진보에 미치는 효과에 대해서는 이미 살펴보았으며, 부적합한 사람들을 보호하려는 감상적인 노력과 그들을 삶에 적합한 존재로 만들려는 지적 노력 사이에 엄청난 차이가 있다는 것도 확인했다. 또 기독교가 이론적으로야 어떤 효과를 발휘하든, 실질적으로 보면 전자 쪽의 노력을 강화하고 후자 쪽의 노력을 가로막는 결과를 낳았다는 사실도 확인했다.

이런 식으로 교리에다가 교회의 죄들을 덮어씌우는 것은 불공정하다는 주장이 종종 제기되지만, 두 가지가 어떤 식으로 분리될 수 있는지에 대한 설명은 지금까지 전혀 없었다.

교리의 근본적 가치를 검증하는 테스트로서, 그 교리가 그것을 믿는 인간들에게 끼치는, 눈에 보이는 영향보다 더 건전한 것이 있을까? 그리고 그 교리의 조항들을 검증하는 테스트로서, 그것을 신봉한다고 고백하는 사람들로부터 만장일치의 지지를 받는 성직자들과 해설가들의 진술보다 더 건전한 것이 있을까?

지금 우리는 어떤 비밀스런 원칙이 아니라 실용적인 원칙을, 말하자면 효율적인 방침을 다루고 있다는 점을 기억하도록 하자. 만약 자비라는 기독교 이상이 효율적인 방침으로 지켜져야 한다면, 그 자비를 실제로 작용하고 있는 상태에서 조사하는 것이 확실히 공정할 것이다. 그런 식으로 접근할 때, 생각이 깊은 관찰자는 틀림없이 자비라는 이상이 진정한 진보에 반한다고, 또 그 이상이 부적절한 사람들로부터 부적절성을 털어내는 데는 거의 아무런 기여를 하지 않고 그들을 감상적으로 보호하는 방패 역할만 한다고 결론을 내릴 것이다.

게다가, 자비라는 기독교의 이상은 내일 10명을 구할 수 있는 방향으로 오늘 1명을 희생시키는 그 깊은 생각에 반한다. 정말로, 하느님의 말씀 밖에서 진리를 추구하거나, 세속적인 미래에 대해 생각하거나, 무한한, 그래서 똑같이 소중한 영혼들을 소유한 존재들 사이에 가치를 구분하는 것은 부도덕하다는 기독교의 가르침이 인간에게 끼친 피해보다 더 명백한 것은 없다.

그러나 자기희생이 하나의 종교적 의무라는 교리를 옆으로 제쳐놓는다면, 자기희생은 편의의 수단이라는 원칙이 남는다. 말하자면, 강한 사람들이 약한 사람들을 돕는 것은 곧 자기 자신을 돕는 일이기도 한 것이다.

이 두 번째 교리를 감상성을 배제하고 지적으로 적용하는 경우에, 그것은 니체 철학의 어떤 것과도 어긋나지 않는다는 점을 강조해야 한다. 반대로, 니체는 무능한 일반 대중을 활용하는 것이 지니는 가치를 강조하려고 노력했으며, 그들을 활용하려면 그들의 습관과 욕망에 약간의 양보를 하거나 답례를 제시해야만 한다. 그래서 일반 대중이 흡수하는 것보다 더 많은 것을 내놓도록 만들지 못한다면, 그 같은 활용은 수지맞는 일이 되지 못한다.

그런 측면에서 중요한 일은 낮은 계급의 사람들이 건강을 지키도

340

록 하는 것이다. 일반 대중은 너무 무지하고 게으르기 때문에 건강을 유지하는 데 필요한 것들을 제대로 처리하지 못한다. 그래서 그일은 그들보다 높은 인간들에 의해 처리되어야 한다.

흑인들을 예방 접종시키는 데 필요한 비용을 공적 기금에서 지출한다면, 그것은 우리가 흑인들에게 동정심을 느끼거나 그들의 행복을 갈망하기 때문이 아니라, 단지 그들이 천연두에 걸려 우리의 부엌과 외양간에서 우리의 건강을 위협하고 우리의 일을 방해하는 일이 없도록 하기 위해서다. 흑인들은 그 문제에 목소리를 내는 것이 허용되기라도 하면 언제나 예방 접종에 항의의 뜻을 표한다. 이유는 그들이 예방 접종 이론을 이해하지 못하고, 따라서 예방 접종의 횡포만을 보기 때문이다. 그럼에도 불구하고 우리는 흑인들에게 예방 접종을 시키고, 그들의 집단적 효율성을 증대시킨다. 그런일은 어느 정도의 비용을 안기지만, 우리는 거기서 이익을 확인한다. 바로 여기서 우리는 솔직히 편의에 근거한 자기희생의 좋은 예를 보고 있으며, 니체는 그런 것에 대해서는 반대의 말을 전혀 하지 않는다.

그러나 니체가 강력히 주장하는 바는 우리가 일에 감상성을 섞는 것을 경계하고 편의주의라는 개념에서 이타주의를 배제하도록 노력해야 한다는 것이다. 그가 설명하는 바와 같이, 세상의 문제는 그같은 타락이 거의 언제나 일어나고 있다는 사실에 있다. 말하자면, 우리가 자비를, 그것이 가치 있는 일이라서가 아니라 단순히 그것이 유쾌한 일이라는 이유로 지나치게 자주 실천하고 있는 것이다.

기독교의 이상은 사람들을 "황홀하게 만드는 방법을 알고 있다." 고 니체는 말한다. 우리는 인간의 경험을 통해 확인된 안전한 전제, 즉 약한 사람을 돕는 것은 가끔 미덕이라는 전제에서 곧장 약한 사람을 돕는 것은 언제나 미덕이라는 비논리적인 결론으로 나아간다. 따라서 우리가 부적절한 사람들을 무조건적으로 부드럽게 다루고, 효과없는 개선책에 엄청난 비용을 투입하고, 자연의 법칙들에 맞서는 무의미한 노력을 펴게 되었다.

우리는 낮은 계층의 결함 있는 아이들을 보살펴 겉보기에 건강한 모습으로 바꿔놓음으로써 그들이 자신과 똑같은 부류의 후손을 남기도록 만드는 결과를 낳고 있다. 우리는 소매치기를 가석방시켜 경전을 손에 들고 사회로 나가도록 한 다음날 지갑을 잃는다. 우리는 이교도 지역으로 선교사를 보내 이교도들을 위해 병원을 짓고 그들을 문명화시키고 교육시키지만, 훗날 그들과 싸워야 한다. 한마디로 요약하면, 편의주의에 근거한 자기희생이 더럽혀지지 않은 상태로 남는 경우가 극히 드물다. 열 번 중 아홉 번은 감상적인 경향이 재빨리 자기희생을 압도하게 되고, 그러면 자기희생은 편의보다 감상성으로 치우치게 된다.

설상가상으로, 감상성은 그런 감정의 대상에 일종의 낭만적인 매력까지 더하는 결과를 낳는다. 주일학교에서 가르치는 처녀가 중국인 세탁소 종업원의 영혼을 구하려다가 대개 그와 사랑에 빠지는 것으로 끝나듯이, 다양한 종류의 자비의 거장은 대개 자비의 수혜자에게 공상적인 온갖 미덕을 부여하는 것으로 끝난다.

동정이 어떤 묘한 연금술에 의해 은밀한 찬양으로 변한다. "정신이 가난한 자들은 축복 받았다."는 말이 "가난한 자들은 축복 받았다"로 변한다. 이처럼 무능을 찬양하는 것은 위험한 오류라는 점이 분명히 강조되어야 한다. 사실, 환경에 제대로 적응하지 못하는 현상에는 존경할 만한 구석이 하나도 없다. 반대로, 부적절성은 실제로 보면 틀림없이 불명예의 한 징후이다. 그 개인 본인 또는 그에게 자질들을 물려준 조상들의 태만과 게으름, 무지와 비행(非行)을 보여주는 신호인 것이다.

이 같은 사실이 인간 종족에게 기억되고, 무능력한 사람들의 기본적인 열등성이 강조되고, 고의적인 태만에 대한 처벌이 신속하고 무자비하게 이뤄지는 것이 대단히 중요하다. 그런데 실은 그런 것들에 따르는 불이익이 자비로 인해 아무것도 아니게 되는 경우가 너무나 잦으며, 처벌 받아야 할 결함이 엉뚱하게도 허구의 고난으로 미화된다. 따라서 자비가 방종의 도구로 변하고 쇠퇴를 낳는 능동적인 요소가 되고, 이 땅에는 생명의 위험이 더욱 커지게 된다.

레이 랭케스터(Ray Lankester) 경은 이렇게 말한다. "문명화된 인간은 자연에 성공적으로 맞서고 있는 반란군과 비슷하다. 이 반란군은 앞으로 한 걸음 내디딜 때마다 자신을 더욱 큰 위험에 노출시키고 있다."고 말한다. 이 말을 뒷받침할 예들을 제시해야 할 필요성은 전혀 느껴지지 않는다. 영국의 빈민법이 100년 동안 무엇을 성취했는지를, 그 빈민법이 어떻게 불행을 더욱 크게 키워 전문적인 구호 대상자라는 계급을 만들어냈는지를, 그리고 빈민법이 어떤 식으로 그 계급을 계속 유혹해서 최종적으로 그들을 역사 속의 어떤 문명화된 민족도 닿지 못한 깊은 나락으로 빠뜨렸는지를 우리는 잘 알고 있다. 빈민법은 전문적인 구호 대상자 계급의 짐을 영국 국민들에게 지움으로써 영국 민족 전체를 약화시키고 병들게 만들어 민족의 미래를 위험에 빠뜨리는 데 일조했다.

자기희생의 유용성에 대한 논의는 이만하면 충분할 것 같다. 현명하고 냉혹한 통찰이 지배하는 한, 자기희생의 유용성은 부정할 수 없지만, 거기에 감상성이 끼어드는 순간 그 즉시 자기희생은 의문의 대상이 되고 만다. 그래도 감상성은 어쨌든 인간 영혼에 고유하다는 반론이 제기될 수 있다. 말하자면, 우리가 아무리 노력한다 해도 감상성을 제거하지 못할 것이라는 말이다.

면밀히 들여다보면 바로 여기서, 서양 철학이 시작된 이래로 인간 사고의 전체 흐름을 물들여 온 어떤 사상의 흔적이 발견될 것이다. 오늘날에도 그 사상은 설교단을 주먹으로 내려치고 두 팔을 내저으며 동료 인간들에게 회개하라고 외치는 모든 사람들에게 반박할 수 없는 진리로 받아들여지고 있다.

그 사상은 2,000년 동안 모든 윤리적 탐구를 방해했으며, 수많은 도덕적 삼단 논법에서 하나의 전제로 통하고 있고, 지금까지 존재했던 모든 인습 타파주의자의 공격에도 끄떡없이 살아남았다. 그것은 오늘날 학교에서도 가르쳐지고 있고 우리의 모든 법률과 예언과 계시의 밑바닥에도 깔려 있다. 그것은 기독교뿐만 아니라 세상에 알려진 모든 신학과 도덕의 토대이자 초석이다. 모든 원칙들의 왕이고 모든 오류들의 황제인 그것은 도대체 무엇일까?

간단히 말해, 인간의 가슴에 절대로 지워지지 않게 새겨져 있는 "자연 도덕"의 규칙들이 있다는 사상이다. 시대와 장소를 불문하고 모든 인간들이 어떤 조건도 없이 만장일치로 동의했고 지금도 동의하고 있고 앞으로도 영원히 동의할 그런 도덕이, 말하자면, 어떤 것은 옳고 어떤 것은 그르다고, 어떤 것은 훌륭하고 어떤 것은 훌륭하지 않다고, 어떤 것은 신을 즐겁게 만들고 어떤 것은 신을 화나게 만든다고 정한 그런 도덕이 있다는 사상 말이다.

기독교 윤리와 소위 "자연 신학"에 관한 모든 논문을 보면, 첫 장에서 "자연 도덕"에 관한 규칙들이 확인된다. 토마스 아퀴나스 (Thomas Aquinas)는 그것을 "영원한 법칙"이라고 불렀다.

고대 그리스와 로마인들도 도덕에 회의를 품었음에도 도덕에 대한 믿음을 은밀히 품었다. 아리스토텔레스(Aristoteles)도 도덕을 구체화하려고 노력했으며, 고대 로마의 법률가들도 자연 도덕의 규칙들을 끊임없이 전제했다. 그 규칙들 대부분은 오늘날 기독교 권에서 극소수를 제외하고 모든 사람들에게 신봉되고 있다.

그 규칙들 중에서 가장 익숙한 것은 아마 살인에 반대하는 규칙일 것이다. 제6계명이 그것이다. 또 다른 것은 물건과 아내와 가축 같은 재산을 훔치지 말라는 규칙이다. 세 번째로 익숙한 것은 가족의 유대를, 따라서 부족의 유대를 위한 것으로, 제5계명이다. 이 규칙들 뒤에 숨어 있는 이론은 그것들이 현명할 뿐만 아니라 모든 인간에게 고유하고 영원하며, 진정으로 계몽된 사람은 그 타당성을 직관적으로 알아보며 그것들을 위반할 때 죄의식을 느끼게 된다는 것이다.

거기에다가 기독교는 열한 번째 계명을, 그러니까 다섯 번째 계명을 무한히 확장한 계명을, "서로 사랑하라."라는 계명을 보탰다. 이 계명은 2,000년의 세월이 흐르는 사이에 새로운 가르침에서 보편적인 가르침으로 바뀌었다. 말하자면, 그 가르침의 명확했던 기원이 흐려지면서 그것이 "영원한 법들"의 "자연적인 미덕들"이라는 집단으로 들어가게 되었다는 뜻이다.

예수 그리스도가 최후의 만찬에서 그런 말을 했을 때, 그것은 보편적으로 받아들여지는 것과는 거리가 멀었으며, 그리스도도 그 가르침에 대한 믿음을 사도들의 두드러진 특징들 중 하나로 보았다. 그러나 지금 우리의 도덕주의자들은 그것이 우리 모두의 피 속에 들어 있으며, 우리가 그걸 부정하려 해도 부정할 수 없다는 이야기를 들려주고 있다. 정말로, 형제애는 기독교의 영혼이며, 오늘날 독실한 사람들이 벌이는 유일한 노력은 형제애를 보편적인 이론에서 보편적인 사실로 끌어올리는 것이다.

그러나 물론 진실은 형제애는 절대로 보편적이지 않으며 소위 인간의 영혼에 인간으로 하여금 형제애를 발휘하도록 촉구하는 것은 아무것도 없다는 것이다. 오늘날 우리가 형제애에 매달리고 있는 것은 그것이 우리의 내면에 고유해서가 아니라 단지 그것이 우리 시대의 도덕적 유행이기 때문이다.

예수 그리스도의 사도들은 그것이 원칙으로 다듬어진다는 소리를 처음 들었을 당시에 아마 그런 생각에 대해 혁명적일 만큼 진기하다고 여겼을 것이지만, 먼 미래에 우리의 후손들은 그것을 원시적인 부조리로 여길 것이다. 한마디로 요약하면, 도덕의 규칙들은 전적으로 일시적이고 임시적일 뿐이라는 뜻이다. 왜냐하면 인간의 내면에 "자연 도덕" 같은 것은 절대로 없기 때문이다. 강한 사람이 자신의 힘을 약한 자들에게 줘야 한다는 감상적인 규칙도 결코 예외가 아니다.

인류 역사에서 소수의 지적인 사람들이 그 규칙에 동의하지 않았던 때가 있었으며, 지금은 많은 지식인들이 그 규칙에 동의하기를 거부하고 있다. 틀림없이, 그 규칙에 반대하는 사람들이 그것에 동의하는 사람들의 수를 크게 능가할 때가 올 것이다.

다른 "영원한 법칙들"도 마찬가지다. 그 법칙들의 영원성은 그것들을 찬미하려고 노력하는 사람들의 상상 속에만 있을 뿐이다. 니체는 이를 증명하는 일에 소중한 시간을 투입했으며, 우리는 그가 그 과제를 어떤 식으로 실행했는지 보았다.

그는 어느 시대의 어느 민족에게 "좋은" 것이 다른 시대의 다른 민족에게는 "나쁘다"는 점을 보여주었다. 예를 들면, 페리클레스(Pericles) 시대의 그리스인들의 "자연 도덕"은 포로 생활을 하던 유대인들의 "자연 도덕"과 정반대였다.

모든 역사는 니체의 견해를 뒷받침하고 있다. 인류는 "타고난" 사상들을 끊임없이 수정하고 포기하고 있다. 오늘 인간의 정신은 잔인한 처벌에 본능적으로 반대한다고 말하고 있지만, 조금만 생가해 봐도 세상은 적에게만 아니라 약한 자에게도 잔인하게 구는 사람들로 넘쳐나고 있고 과거에도 그랬다는 사실이 금방 확인되며 그런 세상이 전적으로 자연스럽고 적절해 보였다. 우리는 인간이 공정하고 정의로우려는 충동을 "타고난다"고 말하지만, 그럼에도 문명화가 가장 많이 이뤄진 사회에서도 많은 사람들이 정의감을 자칼보다 조금도 더 많이 보이지 않는다.

그러므로 감상적으로 자신을 희생시키려 하는 "타고난" 본능이 니체의 디오니소스 철학이 넘지 못할 장애물로 버티고 있다는 주장은 옆으로 제쳐두어도 무방하다. 그런 장벽은 절대로 없다. 그런 본능도 절대로 존재하지 않는다. 그것은 단순히 하나의 생각일 뿐이다. 막강하고 일관된 생각이지만, 여전히 변할 수 있고 치명적인 생각이다. 틀림없이, 그 생각의 변동성을 증명하려고 모든 것을 건 사람에게 반박하는 증거로 바로 그 생각 자체를 들이대는 것은 터무니없다.

이제 비판자들이 니체의 철학에 반대하면서 제기한 마지막 주장을 살필 차례이다. 기독교 도덕에 대한 그의 비판이 충분한 근거를 갖고 있다는 점을 인정한다 하더라도, 그가 그것을 대체할 수 있는 것을 전혀 제시하지 않았다는 지적이다. 이 같은 주장을 가장 강력히 펴는 사람은 바로 니체를 대상으로 적대적이면서도 매우 독창적인 연구를 한 미국 비평가 폴 엘머 모어이다.

모어는 오늘날 사회주의와 개인주의로, 기독교와 니체주의로 서로 적대적인 모습으로 나타나고 있는 두 가지 사상의 발달을 보여주기 위해 로크(John Locke)까지 거슬러 올라간다. 인간이 계시를 믿었던 동안에, 인간 행위들의 원천에 닿으려는 순수한 노력은 전혀 없었다고 모어는 말한다. 이유는 경전이 승인하는 모든 충동은 자연스럽고 도덕적인 것으로 믿어졌고 경전에 반하는 모든 충동은 심지어 그런 충동에 습관적으로 굴복하는 사람들에 의해서도 죄로 믿어졌기 때문이다.

그러나 그 같은 사상이 제거되었을 때, 그것을 대신할 무엇인가가 필요했다. 그때 로크가 어떤 이론을, 말하자면 좋은 것이라는 개념은 쾌락의 느낌 위에 세워졌고 나쁜 것이라는 개념은 고통의 느낌 위에 세워졌다는 이론을 제시했다. 이어 데이비드 흄이 나타나서 동정이 미덕의 감각을 안겨주기 때문에 쾌락의 원천이라는 점을 정교하게 입증하려고 노력했다. 그래서 선(善)의 새로운 개념은 최종적으로 한쪽 발은 솔직한 이기심 위에, 다른 쪽 발은 동정 위에 올린 채 서게 되었다.

모어는 그 다음 세기에 어떻게 해서 루소와 그 추종자들의 영향 아래에서 이 요소들 중 두 번째 요소의 중요성이 강화되기 시작했는지를, 또 최종적으로 어떻게 해서 첫 번째 요소가 거의 완전히 망각되고 진복팔단의 감상성보다 더 나쁜 비(非)기독교적인 감상성이 일어나게 되었는지를 보여준다. 비기독교적인 감상성은 영국과 프랑스, 독일에서 철학과 문학과 정치 분야의 거의 모든 것을 물들였다. 그로 인해 길을 잃게 된 사람들이 비기독교적인 감상성에 반대하는 목소리를 높였지만, 그 감상성의 물결은 저항하지 못할 만큼 거셌다. 그 결과물은 다양하고 인상적이었다. 독일에서 낭만주의 운동이 일어나고 영국에서 인도주의가 일어났으며, 무엇보다 중요한 결과물은 사회주의였다.

동정을 이런 식으로 찬양하는 것은 무분별하고, 우리가 살고 있는 이 시대에 동정의 효과는 만족과 거리가 멀다는 점을 모어는 기꺼이 인정하려는 경향을 보인다. 니체가 주장하는 바와 같이, 인도주의가 과도하다는 것도 완벽하게 사실이고, "탁월한 사람보다 평균적인 사람에게 혜택을 주는 것을 목표로 잡고 있는 교육과 정부의 제도에는 진정한 진보를 위협하는 요소가 있다"는 말도 맞는 말이다. 그러나 모어는 동정에 고유한 위험은 이기심에 고유한 위험과 다르지 않다고, 또 흄의 이중적인 윤리의 어느 한쪽에 서는 경우에 다른 쪽에 서는 경우에 비해 결코 더 나쁘지 않다고 주장한다.

이기주의에 의해 균형이 맞춰지지 않은 동정은 우리가 감상적인 마음에서 능률을 해치는 실수를 저지르도록 만들고, 동정에 의해 균형이 맞춰지지 않은 이기주의는 우리를 미개의 상태로 이끈다. 만약 이기주의와 동정 중에서 선택해야 하는 상황이 벌어진다면, 선택은 아마 실현 불가능하다는 점 때문에 동정이 될 것이다. 낭만주의 작가들 중에서 가장 눈물이 많은 사람들도 감상에 젖어 지내면서도 자신의 행복에 신경을 많이 쓴다. 정말로, 그들 중 많은 사람들은 꽤 두드러진 이기주의를 드러냈으며, 영국 소설가 스턴(Laurence Sterne)을 향해 살아 있는 어머니의 궁핍을 해결하는 것보다 죽은 나귀를 슬퍼하며 우는 것을 더 좋아한다는 식으로 빈정

거린 바이런의 말은 어느 정도 맞다.

그러나 모어를 포함해, 초인을 비판하는 사람들은 이런 식으로 니체의 철학에 반대하는 주장을 펴면서 한 가지 중대한 오류를 저지르고 있는데, 그것은 니체가 기독교 도덕을 완전히 폐지하길 원했다고, 또 지적인 이기주의를 위해서 동정을 완전히 버릴 것을 제안한다고 단정하는 오류다. 실제로 니체는 그런 희망을 전혀 품지 않았으며 그런 제안을 절대로 하지 않았다.

정말로, 니체의 정신에는 인간들의 절대 다수가 오늘날의 기독교 도덕을 다소 닮은 어떤 도덕 체계에 언제나 무조건적으로 매달린다는 인식만큼 더 확고하게 자리 잡고 있었던 것이 없었다. 니체는 절대 다수의 인간이 우상을 버리게 될 것이라는 기대를 절대로 품지 않았을 뿐만 아니라, 자신의 작업으로 인해 그런 결과가 나타날 수도 있다는 암시에 대해 대단히 불쾌하게 생각했다.

니체의 설교 전부는 일반 대중에 속하는 사람들을 향한 것이 아니라 극소수의 예외적인 사람들을 향한 것이었다. 또 복종하면서 사는 사람들을 향한 것이 아니라 명령하면서 사는 사람들을 향한 것이었다. 또 하나의 종족으로서 종족 전체를 향한 것이 아니라 오직 종족의 주인들을 향한 것이었다.

니체의 독자가 이 중요한 사실을 간과하는 것이 불가능해 보이지만, 그럼에도 그 사실은 대부분의 비판자들에 의해 지속적으로 간과되고 있다. 니체의 비판자들은 만약 니체가 행한 가치들의 재평가가 모든 사람들에 의해 행해진다면, 세상은 지금보다 조금도 더 나아지지 않고 오히려 더 나빠졌을 것이며, 사람들이 가치들의 재평가를 통해 성취하는 것은 짚으로 만든 가짜 도깨비를 파괴하는 것에 지나지 않는다는 점을 교묘하게, 또 꽤 설득력 있게 증명하려 들었다.

니체는 스스로 흄의 이원론의 근본적인 가치를 느꼈다. 그가 하고자 했던 것은 그것을 파괴하는 것이 아니라 그것을 복원하고, 또 복원하면서 그것을 능동적인 갈등의 상태로 끌어올리고, 말하자면 이기주의를 동정만큼 고귀하게 다루고, 그렇게 함으로써 두 가지를 서로 영원히 반대하는 상태로 놓는 것이었다. 그는 이기주의가 모든 면에서 보다 높은 계급의 인간들이 따르기에 더 안전한 충동이라고 믿었다. 이유는 단지 그것이 위쪽으로 향하는 진보에 이롭게 작용하는 자연의 법칙들과 훨씬 더 비슷하기 때문이다. 그러나 니체는 낮은 계급이 마취에 취한 듯 만족하고 있는 상태를 깨뜨려 봐야 보다 높은 계급에 이득이 될 게 하나도 없다는 것도 보았다.

그러므로 니체는 자신이 맹렬히 공격하던 것을 다른 곳에서는 변호하고 나서는 모습도 보였다. 동정과 자기희생, 자비 같은 사상들은 낮은 계급들을 달래고 만족시켰으며, 그래서 니체는 낮은 계급이 그런 것들에 집착하는 것에 만족했다. "오늘날의 오합지졸 중에서 내가 가장 혐오하는 것은 누구인가? 바로 사회주의자이다. 노동자의 본능을 훼손하고, 노동자가 자신의 무가치한 존재에 만족하고 있는 감정을 파괴하고, 노동자가 시기심을 품게 하고 복수하도록 가르치는 사회주의자 말이다."[89]

　한마디로 말해, 니체는 모든 인류가 초인 종족으로 바뀌는 꿈을 절대로 꾸지 않았으며, 그가 보았던 유일한 비전은 맨 꼭대기에 초인들이 자리 잡고 있는 그런 것이었다.

　이제 끝을 맺을 때가 되었다. 니체의 철학은 조건뿐만 아니라 목표에서도 전적으로 귀족주의적이었다. 그는 자신이 기민하고 무모한 인간들이라는 뜻으로 쓰는 초인들이 일반 대중의 망상과 타성에 의해 족쇄가 채워져 있다고 믿었다. 또 낮은 계급에 어떤 피해를 입히든 상관없이 앞으로 나아가려는 초인들의 충동이 의무와 책임이라는 엉터리 개념 때문에 억제되고 있다고 믿었다. 이런 엉터리 개념들을 깨부수고, 인간 종족의 진보가 무리의 안락보다 더 중요하다는 점을 보여주고, 꾸물거리며 떠나지 않는 죄악이라는 유령을 파괴하는 것이, 그러니까 니체 본인의 표현을 빌리면 인간을 순수하게 만드는 것이 그의 노력이었다.

　그러나 그가 말하는 인간은 언제나 보다 높은 인간을, 내일의 인간을 의미했으며, 평범한 인간들이 아니었다. 평범한 인간들에 대해선 니체는 오직 경멸만을 표한다. 니체는 평범한 인간들의 영웅들을, 그들의 이상들을, 선과 악에 대한 그들의 정의(定義)들을 비웃었다.

　니체는 이렇게 말했다.

　"일반 대중이 지나가는 눈길이라도 받을 가치가 있는 모습으로

89　'적그리스도' 중에서.

나타나는 경우는 3가지뿐이다. 첫째, 질 떨어지는 종이에 인쇄된, 자신들보다 더 뛰어난 존재들의 흐릿한 복사처럼 보일 때이다. 둘째, 하나의 불가피한 반대로 나타날 때이다. 셋째로, 도구로 나타날 때이다. 이것 이상으로는 나는 일반 대중을 통계학으로, 그리고 악마에게로 넘긴다. … 나는 아직 존재하지 않는 인간들의 종족을 위해 글을 쓰고 있다. 나는 이 땅의 주인들을 위해 글을 쓰고 있다."[90]

---

90 '권력 의지' 중에서.

니체를 공부하는 방법

니체의 책들을 본격적으로 읽고자 하는 독자는 아포리즘으로 구성된 책들 중 하나로, 가능하다면 『여명』으로 시작하는 것이 좋다. 거기서부터 『선과 악을 넘어서』 『도덕의 계보』 『적그리스도』 순으로 나아가면 된다. 이 책들을 다 읽고 나면, 이제 『차라투스트라는 이렇게 말했다』를 읽을 준비를 끝내게 된다.

『차라투스트라는 이렇게 말했다』를 읽고 나면 『이 사람을 보라』를 거쳐서 『즐거운 학문』과 『인간적인, 너무나 인간적인』 『권력 의지』를 파고들면서 니체의 철학 세계에 깊이 빠져들 수 있다. 바그너에 관한 팸플릿은 니체의 사상을 공부하는 사람보다는 바그너 숭배자들에게 더 중요하며, 초기의 문헌학적 비판을 담은 에세이들은 세월이 흐르면서 중요성을 상당 부분 상실했다. 니체의 시는 독일어를 읽을 줄 아는 사람이 아니라면 피하는 것이 좋다. 영어로 번역된 그의 시는 대부분 만족스럽지 못하다.

니체의 표준적인 전기는 니체의 여동생 푀르스터 니체가 3권으로 쓴 『프리드리히 니체의 삶』(Das Leben Friedrich Nietzsche's: 1895)이다. 푀르스터는 1911년에 이 책을 압축했으며, 이것이 A.M. 루도비치(Ludovici)에 의해 『니체의 삶』(The Life of Nietzsche)이란 제목으로 영어로 번역되었다.

불행하게도, 오빠에게 열성적으로 헌신했던 여동생은 오빠이자 영웅이었던 니체의 삶에 일어난 에피소드를 다루기에 가장 적합한 인물은 아니었다. 그녀가 남긴 간극과 그녀가 시도했던 미화 작업은 다니엘 알레비(Daniel Halévy)가 쓴 『프리드리히 니체의 삶』(The Life of Friedrich Nietzsche)에서 채워지고 바로잡아졌다.

인명 찾기